Original illisible
NF Z 43-120-10

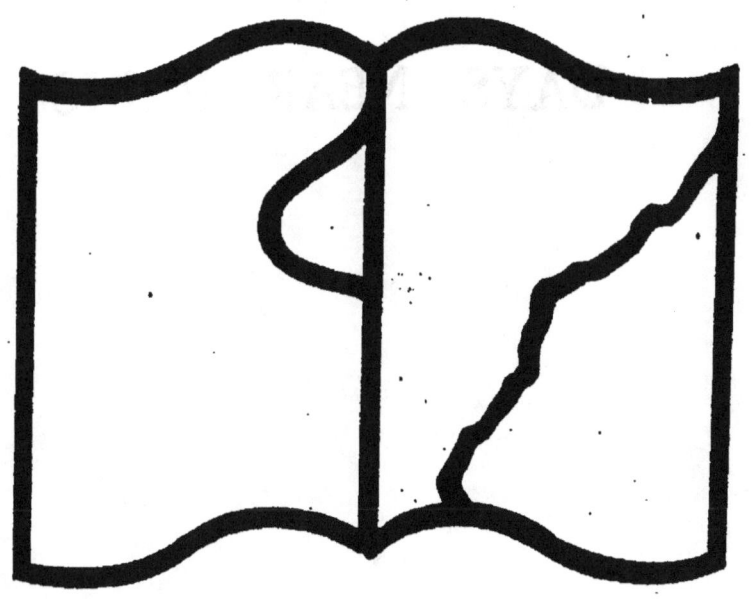

Texte détérioré — reliure défectueuse
NF Z 43-120-11

"VALABLE POUR TOUT OU PARTIE
DU DOCUMENT REPRODUIT".

DAYS NEAR PARIS

DAYS NEAR PARIS

BY

AUGUSTUS J. C. HARE

AUTHOR OF 'PARIS' 'WALKS IN ROME' 'WALKS IN LONDON' ETC.

LONDON
SMITH, ELDER, & CO., 15 WATERLOO PLACE
1887

[All rights reserved]

PREFACE.

THE following excursions are given in the order in which they encircle Paris, beginning with S. Cloud. The woodcuts are from my own sketches, transferred to wood by Mr. T. SULMAN.

AUGUSTUS J. C. HARE.

CONTENTS.

		PAGE
I.	S. CLOUD AND SÈVRES	1
II.	VERSAILLES	15
III.	S. GERMAIN	106
IV.	RUEIL, MALMAISON, AND MARLY	119
V.	POISSY AND MANTES, ARGENTEUIL	144
VI.	S. DENIS, ENGHIEN, AND MONTMORENCY	162
VII.	S. LEU TAVERNY, THE ABBAYE DU VAL, AND PONTOISE	189
VIII.	ECOUEN, ROYAUMONT, S. LEU-D'ESSERENT, CREIL, NOGENT-LES-VIERGES	201
IX.	CHANTILLY AND SENLIS	211
X.	COMPIÈGNE AND PIERREFONDS	227
XI.	NANTOUILLET, DAMMARTIN, AND ERMENONVILLE	240
XII.	VINCENNES AND BRIE-COMTE-ROBERT	245
XIII.	MEAUX	257
XIV.	FONTAINEBLEAU	263
XV.	CORBEIL, SAVIGNY-SUR-ORGE, MONTLHÉRY, ETAMPES	286
XVI.	SCEAUX, CHEVREUSE, AND LIMOURS	302
XVII.	MEUDON, BELLEVUE, PORT ROYAL, RAMBOUILLET	317
XVIII.	MONTFORT-L'AMAURY AND DREUX	350
	INDEX	359

I.

S. CLOUD AND SÈVRES.

THERE are four ways of reaching S. Cloud. 1. The pleasantest is to drive through the Bois de Boulogne, which is very enjoyable, or (2) to take the American tramway—leaving the Place de la Concorde—which goes to Boulogne and the Pont de S. Cloud (fares, 55 c. and 35 c.). 3. By the steamers (only in summer)—*les Hirondelles parisiennes*—which start every half-hour from the Quai des Tuileries opposite the Louvre (fares, weekdays, 30 c.; Sundays, 50 c.), and pass Sèvres (see below). 4. By rail from the Gare S. Lazare, which is the more ordinary way, if, as is often the case, S. Cloud be visited on the way to another point of interest.

The railway-line passes—

8 k. *Courbevoie*, where Louis XV. built magnificent barracks, which still exist. Under the Empire they were used for the Imperial Guard. The plain is now full of villas and gardens.

10 k. *Puteaux*, with pretty views over the Seine, and rich cherry orchards.

12 k. *Suresnes* (the ancient Surisnae), where the *couronnement d'une rosière* takes place annually on the Sunday nearest to August 1, at the church in the valley on the left. Suresnes is at the base of *Mont-Valérien*, originally the site of a calvary and hermitage, now of a famous fortress. There is a splendid view across the Bois de Boulogne to

Paris. Jean Jacques Rousseau admired it with Bernardin de Saint-Pierre.

'Paris élevait au loin ses tours couvertes de lumières, et semblait couronner ce vaste paysage. Ce spectacle contrastait avec de grands nuages plombés qui se succédaient à l'ouest et paraissaient remplir la vallée. Comme nous marchions en silence, en considérant ce spectacle, Rousseau me dit, "Je viendrai, cet été, méditer ici."'— *Bernardin de S. Pierre.*

15 *k.* S. Cloud (Hotel *de la Tête Noire,* Place Royale ; Hotel *du Château,* at the entrance of the Avenue du Château and the parc : endless restaurants).

Very near the station is the *Château de S. Cloud,* set on fire by the bombs of Mont-Valérien, in the night of October 13, 1870, and now the most melancholy of ruins. Sufficient, however, remains to indicate the noble character of a building partly due to Jules Hardouin and Mansart. The château is more reddened than blackened by the fire, and the beautiful reliefs of its gables, its statues, and the wrought-iron grilles of its balconies are still perfect. Grass, and even trees, grow in its roofless halls, in one of which the marble pillars and sculptured decorations are seen through the gaps where windows once were. The view from the terrace is most beautiful.

The name of S. Cloud comes from a royal saint, who was buried in the collegiate church, pulled down by Marie Antoinette (which stood opposite the modern church), and to whose shrine there is an annual pilgrimage. Clodomir, King of Orleans, son of Clovis, dying in 524, had bequeathed his three sons to the guardianship of his mother Clotilde. Their barbarous uncles, Childebert and Clotaire, coveting their heritage, sent their mother a sword and a pair of scissors, asking her whether she would prefer that they should perish by the one, or that their royal locks should be shorn with the other, and that they should be shut up in a convent. 'I would rather see them dead than shaven,' replied Clotilde proudly. Two of the princes were then murdered by their uncles, the third, Clodowald, was hidden by some faithful servants, but fright made him cut off his hair with his own hands, and he entered a monastery at a village then called Nogent, but which derived from him the name of S. Clodowald, corrupted into S. Cloud.

Clodowald bequeathed the lands of S. Cloud to the bishops of Paris, who had a summer palace here, in which the body of François I. lay in state after his death at Rambouillet. His son, Henri II., built a villa here in the Italian style; and Henri III. came to live here in a villa belonging to the Gondi family, whilst, with the King of Navarre, he was besieging Paris in 1589. The city was never taken, for at S. Cloud Henri was murdered by Jacques Clément, a monk of the Jacobin convent in Paris, who fancied that an angel had urged him to the deed in a vision.

'Jacques Clément sortit de Paris le 31 juillet et se dirigea vers Saint-Cloud. Aux avant-postes des assiégeants, il rencontra le procureur-général La Guesle, qui avait suivi l'armée, et lui dit qu'il apportait au roi "lettres et nouvelles des serviteurs qu'il avait dans Paris." La Guesle l'emmena dans son logis, l'interrogea et fut si satisfait de ses réponses, qu'il alla sur-le-champ prévenir le roi. Jacques annonçait que les royalistes parisiens étaient en mesure de s'emparer d'une des portes de la ville. Il soupa gaiement avec les gens du procureur-général et dormit si paisiblement qu'on fut obligé de le réveiller le lendemain pour le mener chez le roi. Henri, après avoir lu le passe-port et la prétendue lettre de créance, fit approcher le moine. Frère Jacques déclara qu'il avait à dire au roi en secret des choses d'importance. Le capitaine des gardes Larchant et La Guesle lui-même, l'introducteur du jacobin, essayèrent de s'opposer à ce que Clément parlât au roi seul à seul. Mais Henri III., bien qu'il eût reçu plusieurs avis qu'on en voulait à ses jours, fit retirer à quelques pas La Guesle et le grand-écuyer Bellegarde, qui était à ses côtés, et "tendit l'oreille" au jacobin. Un instant après, le roi poussa un grand cri : "Ah ! le méchant moine, il m'a tué !" Frère Jacques avait tiré un couteau de sa manche et l'avait plongé dans le bas-ventre du roi.

'Henri se leva en sursaut, arracha le fer de la plaie, d'où les boyaux sortirent aussitôt, et frappa l'assassin au visage. La Guesle se jeta sur le moine, le renversa d'un coup d'épée, et les *Ordinaires*, les Quarante-Cinq, accourus au cri du roi, massacrèrent l'assassin sur la place. Ils ne laissèrent aux bourreaux qu'un cadavre à supplicier. Henri expira, le 2 août 1589, entre deux et trois heures du matin, à l'âge de trente-huit ans.

'Ainsi furent vengés à la fois Coligni et Guise : ainsi furent accomplis les vœux de la haine populaire : Dieu avait éteint la race des Valois !'—*H. Martin*, '*Hist. de France.*'

From this time the house of the banker Jérôme Gondi, one of the Italian adventurers who had followed the fortunes of Catherine de Medicis, was an habitual residence of the Court. It became the property of Hervard, Controller of Finances, from whom Louis XIV. bought it for his brother Philippe d'Orléans, enlarged the palace, and employed Lenôtre to lay out the park. Monsieur married the beautiful Henriette d'Angleterre, youngest daughter of Charles I., who died here (June 30, 1670) with strong suspicion of poison; S. Simon affirms the person employed to have confessed to Louis XIV. having used it at the instigation of the Chevalier de Lorraine (a favourite of Monsieur), whom Madame had caused to be exiled. One of the finest sermons of Bossuet describes the 'nuit désastreuse, où retentit comme un éclat de tonnerre cette étonnante nouvelle : Madame se meurt ! Madame est morte ! Au premier bruit d'un mal *si étrange*, on accourt à Saint-Cloud de toutes parts, on trouve tout consterné, excepté le cœur de cette princesse.'

In the following year Monsieur was married again, to the Princess Palatine, when it was believed that his late wife appeared near a fountain in the park, where a servant, sent to fetch water, died of terror. The vision turned out to be a reality—a hideous old woman, who amused herself in this way. 'Les poltrons,' she said, 'faisaient tant de grimaces, que j'en mourrais de rire. Ce plaisir nocturne me payait de la peine d'avoir porté la hotte toute la journée.'

Monsieur gave magnificent fêtes to the Court at S. Cloud, added to the palace with great splendour, and caused the great cascade, which Jérôme Gondi had made, to be enlarged and embellished by Mansart. It was at S. Cloud that Monsieur died of an attack of apoplexy, brought on by overeating, after his return from a visit to the king at Marly.

'On peut juger quelle rumeur et quel désordre cette nuit à Marly, et quelle horreur à Saint-Cloud, ce palais des délices. Tout ce qui était à Marly accourut comme il put à Saint-Cloud ; on s'embarquait avec les plus tôt prêts, et chacun, hommes et femmes, se jetait et s'entassait dans les carrosses sans choix et sans façon. Monseigneur alla avec Madame la Duchesse. Il fut si frappé, par rapport à l'état duquel il ne faisait que sortir, que ce fut tout ce que put faire un écuyer de Madame la Duchesse, qui se trouva là, de le traîner et le porter presque tremblant dans le carrosse. Le roi arriva à Saint-Cloud avant trois heures du matin. Monsieur n'avait pas eu un moment de connaissance depuis qu'il s'était trouvé mal. Il n'en eut qu'un rayon d'un instant, tandis que sur le matin le père du Trévoux était allé dire la messe, et ce rayon même ne revint plus.

'Les spectacles les plus horribles ont souvent des instants de contrastes ridicules. Le père du Trévoux revint et criait à Monsieur : "Monsieur, ne connaissez-vous pas votre confesseur ? Ne connaissez-vous pas le bon petit père du Trévoux qui vous parle ?" et fit rire assez indécemment les moins affligés.

'Le roi le parut beaucoup ; naturellement il pleurait aisément, il était donc tout en larmes. Il n'avait jamais eu lieu que d'aimer Monsieur tendrement ; quoique mal ensemble depuis deux mois, ces tristes moments rappellent toute la tendresse ; peut-être se reprochait-il d'avoir précipité sa mort par la scène du matin ; enfin il était son cadet de deux ans, et s'était toute sa vie aussi bien porté que lui et mieux. Le roi entendit la messe à Saint-Cloud, et sur les huit heures du matin, Monsieur étant sans aucune espérance, Mme de Maintenon et Mme la Duchesse de Bourgogne l'engagèrent de n'y pas demeurer davantage, et revinrent avec lui dans son carrosse. Comme il allait partir et qu'il faisait quelques amitiés à M. de Chartres, en pleurant fort tous deux, ce jeune prince sut profiter du moment : "Eh ! Sire, que deviendrai-je ?" lui dit-il en embrassant les cuisses ; "je perds Monsieur, et je sais que vous ne m'aimez point." Le roi surpris et fort touché l'embrassa, et lui dit tout ce qu'il put de tendre. En arrivant à Marly, il entra avec Mme la Duchesse de Bourgogne chez Mme de Maintenon. Trois heures après, M. Fagon, à qui le roi avait ordonné de ne point quitter Monsieur qu'il ne fût mort ou mieux, ce qui ne pouvait arriver que par miracle, lui dit dès qu'il l'aperçut : "Eh bien ! M. Fagon, mon frère est mort ?" "Oui, sire," répondit-il, "nul remède n'a pu agir !" Le roi pleura beaucoup. On le pressa de manger un morceau chez Mme de Maintenon, mais il voulut dîner à l'ordinaire avec les dames, et les larmes lui coulèrent souvent pendant le repas, qui fut court ; après lequel il se renferma chez Mme de Maintenon jusqu'à sept heures, qu'il alla faire un tour dans ses jardins. Il travailla avec Chamillart, puis avec Pontchartrain pour le cérémonial de la mort de Monsieur, et donna là-dessus ses ordres à Desgranges, maître des cérémonies. Il soupa une heure plus tôt qu'à l'ordinaire, et se coucha fort tôt après. Il avait eu sur les cinq heures la visite du roi et de la reine d'Angleterre, qui ne dura qu'un moment.

'Au départ du roi la foule s'écoula de Saint-Cloud peu-à-peu, en sorte que Monsieur mourant, jeté sur un lit de repos dans son cabinet, demeura exposé aux marmitons et aux bas-officiers, qui la plupart, par affection ou par intérêt, étaient fort affligés. Les premiers officiers et autres qui perdaient charges et pensions faisaient retentir l'air de leurs cris, tandis que toutes les femmes qui étaient à Saint-Cloud, et qui perdaient leur considération et tout leur amusement, couraient çà et là, criant échevelées comme des bacchantes.

'Madame était cependant dans son cabinet, qui n'avait jamais eu ni grande affection ni grande estime pour Monsieur, mais qui sentait sa perte et sa chute, et qui s'écriait dans sa douleur de toute sa force : "Point de couvent ! qu'on ne me parle point de couvent ! Je ne veux point de couvent !" La bonne princesse n'avait pas perdu le jugement ; elle savait que, par son contrat de mariage, elle devait opter, devenant veuve, un couvent ou l'habitation du château des Montargis. Soit qu'elle crût sortir plus aisément de l'un que de l'autre, soit que sentant combien elle avait à craindre du roi, quoiqu'elle ne sût pas encore tout, et qu'il eût fait des amitiés ordinaires en pareille occasion, elle eut encore plus peur du couvent. Monsieur étant expiré, elle monta en carrosse avec ses dames, et s'en alla à Versailles suivie de M. et de Mme la Duchesse de Chartres, et de toutes les personnes qui étaient à eux.

'Après un si affreux spectacle, tant de larmes et tant de tendresse, personne ne douta que les trois jours qui restaient du voyage de Marly ne fussent extrêmement tristes; lorsque ce même lendemain de la mort de Monsieur, des dames du palais entrant chez Mme de Maintenon où elle était, le roi avec elle et Mme la Duchesse de Bourgogne sur le midi, elles l'entendirent de la pièce où elles se tenaient, joignant la sienne, chantant des prologues de l'Opéra. Un peu après le roi, voyant Madame la Duchesse de Bourgogne fort triste en un coin de la chambre, demanda avec surprise à Mme de Maintenon ce qu'elle avait pour être si mélancolique, et se mit à la réveiller, puis à jouer avec elle et quelques dames du palais qu'il fit entrer pour les amuser tous deux. Ce ne fut pas tout que ce particulier. Au sortir du dîner ordinaire, c'est-à-dire un peu après deux heures, et vingt-six heures après la mort de Monsieur, Monseigneur le Duc de Bourgogne demanda au Duc de Montfort s'il voulait jouer au brelan. "Au brelan!" s'écria Montfort dans un étonnement extrême, "vous ne songez donc pas, monsieur, Monsieur est encore chaud." "Pardonnez-moi," répondit le prince, "j'y songe fort bien, mais le roi ne veut pas qu'on s'ennuie à Marly, il m'a ordonné de faire jouer tout le monde, et de peur que personne ne l'osât faire le premier, d'en donner moi l'exemple." De sorte qu'ils se mirent à faire un brelan, et que le salon fut bientôt rempli de tables de jeu.'—*S. Simon*, '*Mémoires*,' 1701.

The château continued to be occupied by Madame, daughter of the Elector, the rude, original, and satirical Princess Palatine, in whom the modern House of Orleans has its origin,[1] and here she died during the regency of her son.

'Madame était une princesse de l'ancien temps, attachée à l'honneur, à la vertu, au rang, à la grandeur, inexorable sur les bienséances. Elle

[1] Henri Martin, xiii. 355.

ne manquait point d'esprit, et ce qu'elle voyait elle le voyait très bien. Bonne et fidèle amie, sûre, vraie, droite, aisée à prévenir et à choquer, fort difficile à ramener ; grossière, dangereuse à faire des sorties publiques, fort allemande dans toutes ses mœurs, et franche, ignorant toute commodité et toute délicatesse pour soi et pour les autres, sobre, sauvage et ayant ses fantaisies. Elle aimait les chiens et les chevaux, passionnément la chasse et les spectacles, n'était jamais qu'en grand habit ou en perruque d'homme, et en habit de cheval, et avait plus de soixante ans que saine ou malade, et elle ne l'était guère, elle n'avait pas connu une robe de chambre.'—*S. Simon*, '*Mémoires.*'

The Régent d'Orléans, nephew of Louis XIV., received Peter the Great at S. Cloud in 1717. In 1752 his grandson, Louis Philippe d'Orléans, gave at S. Cloud one of the most magnificent fêtes ever seen in France.

'28 Sept. La fête de Saint-Cloud a été magnifique et populaire : tout le peuple de Paris y a couru, de façon qu'il était entièrement dehors dimanche, et que, le lendemain, c'était encore une procession de tout le peuple qui revenait. Toutes les vignes de la plaine vis-à-vis Saint-Cloud ont été ravagées, et le roi a remis à ces vignerons la taille pour trois ans.'—*Barbier*, '*Journal.*'

In 1785 the Duc d'Orléans sold S. Cloud for six million francs to Queen Marie Antoinette, who made great alterations in the internal arrangements of the building, where she resided during the early days of the Revolution.

'Un jour, pendant un voyage de la cour à Saint-Cloud, je fus témoin d'une scène bien attendrissante, et que nous eûmes soin de ne pas divulguer. Il était quatre heures après midi, la garde n'était pas montée, il n'y avait presque personne ce jour-là à Saint-Cloud, et je faisais une lecture à la reine, qui travaillait à son métier dans une pièce de son appartement dont un balcon donnait sur la cour. Les fenêtres étaient fermées : nous entendîmes cependant un bruit sourd formé par un grand nombre de voix qui semblaient n'articuler que des sons étouffés. La reine me dit d'aller voir ce que c'était ; je levai le rideau de mousseline, et j'aperçus au-dessous du balcon plus de cinquante personnes : cette réunion était composée de femmes, jeunes et vieilles, parfaitement mises dans le costume en usage à la campagne, de vieux chevaliers de Saint-Louis, de jeunes chevaliers de Malte et de quelques ecclésiastiques. Je dis à la reine que c'était probablement une réunion de plusieurs sociétés des campagnes voisines, qui désiraient la voir. Elle se leva, ouvrit la fenêtre et parut sur le balcon; voilà tous ces braves gens qui lui disent à voix basse: " Ayez du courage, madame, les bons Français souffrent pour vous et avec vous; ils prient pour vous, le ciel les exaucera; nous vous aimons, nous vous respectons, nous révérons notre vertueux roi." La reine fondait en larmes et avait porté son mouchoir sur ses yeux. "Pauvre reine, elle pleure!" disaient les femmes et les jeunes filles; mais la crainte de compromettre Sa Majesté et même les personnes qui lui montraient tant d'amour m'inspira de prendre la main de Sa Majesté, avec le signe de vouloir la faire rentrer dans sa chambre; et, levant les yeux, je fis entendre à cette estimable société que la prudence dictait ma démarche. On le jugea ainsi, car j'entendis: " Elle a raison cette dame," et puis des: " Adieu, madame;" et tout cela avec des accents d'un sentiment si vrai et si douloureux, qu'en me les rappelant, au bout de vingt ans, j'en suis encore attendrie.'—*Mme Campan.*

It was at S. Cloud that the *coup d'état* occurred which made Napoleon first-consul. This led him to choose the palace of S. Cloud, which had been the cradle of his power, as his principal residence, and, under the first empire, it was customary to speak of 'le cabinet de Saint-Cloud,' as previously of 'le cabinet de Versailles,' and afterwards of 'le cabinet des Tuileries.' Here, in 1805, Napoleon and Josephine assisted at the baptism of the future Napoleon III.

' Dimanche, à trois heures après-midi, Leurs Majestés Impériales, suivies de la cour, se rendirent à Saint-Cloud pour le baptême du prince Napoléon-Louis, fils de S. A. I. Mgr. Louis. Cette cérémonie a été faite avec la plus grande pompe par Sa Sainteté. L'impératrice était précédée par les pages, les écuyers, et les chambellans de S. M.; à droite de l'impératrice était sa dame d'honneur et, un peu en arrière, son premier aumônier; à sa gauche, son premier écuyer, sa dame d'atours; un page portait la queue de la robe de S. M.' &c.—*Le Moniteur,* 27 *Mars,* 1805.

It was also in the palace of S. Cloud that Napoleon I. was married to Marie Louise, April 1, 1810.

In this palace of many changes the allied sovereigns met after the fall of the first empire. Blucher, after his fashion, slept booted and spurred in the bed of Napoleon; and the capitulation of Paris was signed here July 3, 1815.

Louis XVIII. and Charles X. both lived much at S. Cloud, and added to it considerably; but here, where Henri IV. had been recognised as King of France and Navarre, Charles X. was forced by the will of the people to abdicate, July 30, 1830. Two years after, Louis Philippe established himself with his family at S. Cloud, and his daughter Clémentine was married to Duke Augustus of Saxe-Coburg in its chapel, April 28, 1843. Like his uncle, Napoleon III. was devoted to S. Cloud, where—'d'un cœur léger'—the declaration of war with Prussia was signed in the library, July 17, 1870, a ceremony followed by a banquet, during which the 'Marseillaise' was played. The doom of S. Cloud was then sealed. On the 13th of the following October the besieged Parisians beheld the volumes of flame rising behind the Bois de Boulogne, which told that S. Cloud, recently occupied by the Prussians, and frequently bombarded in consequence from Mont-Valérien, had been fired by French bombs.

In the *Lower Park* of S. Cloud, an avenue, entered from the Place Royale, and bordered on one side by booths and shops, leads at once to the foot of the Grande Cascade.

But visitors will generally start on a (short) walk from the château, at the back of which they will find the gardens (Parc Réservé), the *Petit Parc* of Marie Antoinette, now always open to the public. The walk, between the flower-beds, facing the château, leads to the water called *Pièce de la*

Grande Gerbe, whence in a few minutes a crossway is reached, formed by the *Allées de Versailles, de la Félicité,* and *de la Lanterne.* If we follow, to the left, the Allée de la Lanterne, we reach at once the terrace, where the Belvidere of Napoleon I. formerly stood, known as the Lanterne de Diogène, and destroyed during the siege of Paris in 1870. The view towards Paris is most interesting and beautiful. There is some idea of erecting a Crystal Palace, like that of Sydenham, on this site !

Following the Allée du Château as far as a grassy amphitheatre, a path on the right leads down to the lower walks at *Le grand Jet d'Eau*, or *Jet de la Grande Gerbe*, which (when it plays) is 42 mètres in height.

> 'Persuadez aux yeux, que, d'un coup de baguette,
> Une fée, en passant, s'est fait cette retraite.
> Tel j'ai vu de Saint-Cloud le bocage enchanteur
> L'œil de son jet hardi mesure la hauteur ;
> Aux eaux qui sur les eaux retombent et bondissent,
> Les bassins, les bosquets, les grottes applaudissent,
> Le gazon est plus vert, l'air plus fraix, des oiseaux
> Le chant s'anime au bruit de la chute des eaux ;
> Et les bois, inclinant leur tiges arrosées,
> Semblent s'épanouir à ces douces rosées.'—*Delille.*

Hence, a few steps bring us to *La Grande Cascade*, the most magnificent of the 'grandes-eaux,' which plays from 4 to 5 P.M. on the second Sunday of every month in summer, and on the three Sundays of the fête de S. Cloud, which lasts from three to five weeks from the first Sunday in September. The upper part of the cascade is due to Lepautre, by whom it was constructed for Monsieur, brother of Louis XIV.; the lower to Mansart. The two cascades are completely harmonious, though separated by the walk called *Allée de Tillet*, from a house which once occupied the site. True Parisians of the middle classes have no greater pleasure than a day spent at S. Cloud—'pour voir jouer les eaux.'

At the end of one of the principal avenues, Allée de Breteuil, below the Allée du Château, is the *Pavillon de*

LA GRANDE CASCADE, S. CLOUD.

Breteuil, built by the Bailli de Breteuil, Chancellor of the Duke of Orleans.

Joining the park of S. Cloud is that of *Villeneuve l'Etang*, which belonged to the Duchesse d'Angoulême, who frequently resided there as Dauphine, during the reign of Charles X., devoting herself to the education of her nephew, afterwards Comte de Chambord. It was here that, a fortnight before the revolution of 1830, which drove her from

France, she received a visit—accompanied by vehement demonstrations of loyalty and affection — from Louis Philippe.

The favourite summer retreat of Napoléon III.—where the garden still retains the seat of the Empress Eugénie and the swing and miniature railway of the Prince Imperial—is now occupied by the dog-kennels and experiments of M. Pasteur.

Between S. Cloud and Versailles, with a station on the railway, is *Ville d'Avray* (Restaurant *de la Chaumière*), with pools surrounded by wood, constantly painted by Corot, to whom a monument (by Dechaune) has been erected, near the house which he occupied. Marc Antoine Thierry, first valet de chambre of Louis XVI., built a château here, below which was a (still existing) fountain, whose pure waters, exclusively reserved for the king's table, were daily sent for from Versailles.

The steamer descends the Seine, passing under the Pont de Solferino, Pont de la Concorde, Pont des Invalides, and Pont d'Alma. Then the Champ de Mars is seen on the left, the Palais du Trocadéro on the right. After the Pont d'Iéna, Passy is passed on the right, and the Ile des Cygnes on the left. Then comes the Pont de Grenelle, after which Auteuil is passed on the right and Javel on the left. After leaving the Pont-viaduc du Point-du-Jour, the Ile de Billancourt is seen on the left. After the Pont de Billancourt, the steamer passes between the Iles de Billancourt and Séguin to Bas Meudon. Hence, skirting the heights of Bellevue, it reaches its sixth station—

Sèvres (Severa).—Here, very near the river, at the end

of the bridge, is the famous *Manufacture de Porcelaine*, open daily to visitors from 12 to 4 from October 1 to March 31, and from 12 to 5 from April 1 to September 30. The workshops are only supposed to be visible on Mondays, Thursdays and Saturdays, with an order from the administration, but strangers are generally admitted.

A china manufactory, which had already existed at S. Cloud, Chantilly, and Vincennes, was first established here in 1756, and having been bought from its owners in 1760, at the instigation of Mme de Pompadour, by Louis XV., became thenceforth a royal manufacture.

'La manufacture de Sèvres n'avait pas à craindre de concurrence, car l'arrêt du conseil de 1760 avait interdit à l'industrie privée, sous peine d'amende et de confiscation, la fabrication de "toutes sortes d'ouvrages et pièces de porcelaine peintes ou non peintes, dorées ou non dorées, unies ou de relief, en sculpture, fleurs et figures."'—*Paul Lacroix, Dix-huitième siècle.*

The collections shown are divided into the *Exposition des produits de Sèvres* and the *Musée Céramique*. In the a eliers, visitors are shown the three processes of *le Tournage, le Coulage*, and *la Cuisson des pâtes et des émaux*.

The village of Sèvres clusters round the church of *S. Romain*, which dates from the XIII. c., but has been much altered at different times. In the cemetery is the tomb of Sénancour—the poet of the first Revolution—with the words of his choice (from his 'Libres Méditations'), 'Eternité, deviens mon asyle!'

If the traveller enters the park of S. Cloud by the Sèvres gate, a few minutes bring him to an avenue leading to the extremity of a piece of water which ends in the Grande Cascade,

II.

VERSAILLES.

SUMMER visitors to Versailles should, if possible, be there on a Sunday when the *grandes eaux* are playing. This fairy scene is advertised in the newspapers, at the Gare de l'Ouest, and on the omnibuses which serve the station.

Nothing can prevent a visit to Versailles from being exceedingly fatiguing. There is too much to be seen for one day. Even superficial visitors should give one day at least to the interior of the palace, and another to the gardens and the Trianons.

If an attempt be made to see the whole in one day, a carriage should certainly be taken from the Palace to the Trianons.

The *palace* is visible daily, *except Mondays*, from 12 to 4. Visitors are allowed to wander unattended.

The *park* and *gardens* are visible daily from 6 A.M. to 8 P.M. The fountains play about 4 P.M. on the first Sunday of every month in summer, except the *Bassin de Neptune*, which only plays from 5 to 5.30 P.M.

The *Grand Trianon*, *Musée des Voitures*, and *Petit Trianon* are shown daily, *except Monday*, from 12 to 4. Visitors are here hurried round by a guide.

The *palace chapel* is shown on production of a passport.

All the sights of Versailles are open *free* to the public.

The galleries of the palace are very cold in winter.

There are three ways of reaching Versailles. 1. The pleasantest, by the tramway from the Quai du Louvre (interior, 1 fr.; impériale, 85 c.). Trams every quarter of an hour from 8 A.M. The road crosses the Seine at Sèvres, passes through Chaville and Viroflay, and ends at the Place d'Armes at Versailles, on the side opposite the palace, at the angle of the Rue Hoche.

2. By rail from the *Gare S. Lazare* (rive droite) in 35 min. express;

50 min. slow trains. The line is the same as that to S. Cloud. There are omnibuses (30 c.), and tramway (25 c. and 15 c.), and carriages (1 fr. 25 c. the course; 1 fr. 50 c. the hour, without pourboire) from the station to the palace. On leaving the station, pedestrians must turn left by Rue Duplessis. Reaching the market, turn right by Rue de la Paroisse to the church of Notre Dame, built by Hardouin-Mansart, 1684-86; then turn left, passing the statue of General Hoche (born at Versailles, 1768) to the Place d'Armes, where you find the palace on your right.

3. By rail from *Gare Montparnasse* (very far from the English quarter of Paris) by Clamart, Meudon, and Belleville, described in Ch. xvii. From the station at Versailles, take the Avenue Thiers, then (right) the Avenue de Sceaux, which will lead to the Place d'Armes, opposite the palace.

Tickets: *Single*—First class, 1 fr. 65 c.; second class, 1 fr. 20 c. *Return*—First class, 3 fr. 30 c.; second class, 2 fr. 40 c. On *Jours des grandes eaux*: Return—First class, 3 fr. 30 c.; second class, 2 fr. 40 c. *Return tickets are available by either line.*

Carriages for drives in the neighbourhood of Versailles cost 2 fr. an hour, or 2 fr. 50 c. on Sundays and fête days.

Hotels: des Reservoirs (which faced the mansion of the Princes de Condé, where La Bruyère died); *de France.*

Restaurant: du Musée, Rue des Reservoirs, good and reasonable.

'Venez, suivez mon vol au pays des prestiges,
  A ce pompeux Versailles.'—*Delille,* '*Jardins.*'

'Versailles
  Où les rois furent condamnés à la magnificence.'
  Voltaire, '*Henriade.*'

The first palace of Versailles was a hunting lodge built by Louis XIII. at the angle of the present Rue de la Pompe and Avenue de S. Cloud. This he afterwards found too small, and built, in 1627, a moated castle, on the site of a windmill in which he had once taken shelter for the night. The buildings of this château still exist, respected, as the home of his father, in all the alterations of Louis XIV., and they form the centre of the present palace. In 1632

Louis XIII. became seigneur of Versailles, by purchase from François de Gondi, Archbishop of Paris.

The immense works which Louis XIV. undertook here, and which were carried out by the architect Mansart, were begun in 1661, and in 1682 the residence of the Court was definitely fixed at Versailles, connected by new roads with the capital. Colbert made a last effort to keep the king at Paris, and to divert the immense sums which were being swallowed up in Versailles to the completion of the Louvre.

'Voici, sire, un métier fort difficile que je vais entreprendre ; il y a près de six mois que je balance à dire à Votre Majesté les choses fortes que je lui dis hier et celles que je vais lui dire encore. . . . Votre Majesté sait qu'au départ des actions éclatantes de la guerre, rien ne marque davantage la grandeur et l'esprit des princes que les bâtiments, et toujours la postérité les mesure à l'aune de ces superbes machines qu'ils ont élevées pendant leur vie. Ah ! quelle pitié que le plus grand des roix et les plus vertueux . . . fût mesuré à l'aune de Versailles ! *Et toutefois il y a à craindre ce malheur.* Pendant que Votre Majesté a dépensé de très-grandes sommes en cette maison, elle a négligé le Louvre, qui est assurément le plus superbe palais qu'il y ait au monde, et le plus digne de la grandeur de Votre Majesté ; et Dieu veuille que tant d'occasions qui la peuvent nécessiter d'entrer dans quelques grandes guerres ne lui ôtent les moyens d'achever ce superbe bâtiment.'—*Guillaumot.*

The very dulness of the site of Versailles, leaving everything to be created, was an extra attraction in the eyes of Louis XIV.

'Colbert veut que le roi soit ce qu'avait été Richelieu, la France personnifiée ; qu'il soit la pensée, comme Paris est la tête de la France, et que la pensée, pour ainsi dire, ne fasse pas divorce avec le cerveau où elle s'élabore.

'Louis, au contraire, tend insensiblement à absorber la France dans sa personnalité, à être l'état au lieu d'exprimer et de représenter l'état, à être par soi et pour soi au lieu d'être par et pour la France. Paris l'importune et lui pèse ; il sent sa grandeur à l'étroit dans cette cité reine qui ne procède pas de lui et qui l'enveloppe dans de gigantesques bras ; il hait cette puissance populaire qui a humilié son enfance et plus d'une fois terrassé ses prédécesseurs. Jaloux de Paris, il jalouse jusqu'à l'ombre de ses propres aïeux, ou, du moins, il ne veut être en rien assujetti à leur mémoire. S'il préfère ses châteaux à Paris, il préfère Versailles à ses autres châteaux, parce que Fontainebleau, Chambord, Saint-Germain, sont des existences toutes créés, où François I. et Henri IV. ont marqué l'ineffaçable empreinte de leur gloire : à Versailles, tout est à faire, sauf le modeste point de départ donné par Louis XIII., sauf ce petit château de son père que le Grand Roi respectera par une piété filiale qui ne coûtera rien à son orgueil. Louis XIV. ne craint pas le souvenir de Louis XIII.

'A Versailles, tout est à créer, disons-nous, non-seulement les monuments de l'art, mais la nature même. Ce tertre solitaire, bien qu'assez agréable par les bois et les collines qui l'entourent, est sans grandes vues, sans sites, sans eaux, sans habitants ; c'est un *favori sans mérite*, suivant le mot spirituel d'un contemporain ;[1] mais c'est un mérite que de ne point avoir de mérite par soi-même et de tout devoir au maître ! Ce que fait Louis pour le choix de son palais, on a lieu de craindre qu'il le fasse un jour pour le choix de ses généraux et de ses ministres !

'Il n'y a point de sites, point d'eau, point d'habitants à Versailles : les sites, on les créera en créant un immense paysage de main d'homme ; les eaux, on les amènera de toute la contrée par des travaux qui effraient l'imagination ; les habitants, on les fera, si l'on peut le dire, sortir de terre en élevant toute une grande ville pour le service du château. Louis se fera ainsi une cité à lui, une forme à lui, dont il sera seul la vie. Versailles et la cour seront le corps et l'âme d'un même être, tous deux créés à même fin, pour la glorification du dieu terrestre auquel ils devront l'existence.'—*Martin,* '*Hist. de France.*'

The great difficulty to be contended with in the creation of Versailles was the want of water, and this, after various other attempts had failed, it was hoped to overcome by a canal which was to bring the waters of the Eure to the royal residence. In 1681 22,000 soldiers and 6,000 horses were employed in this work, with such results of sickness, that the troops encamped at Maintenon, where the chief part of the work was, became unfit for any service. On October 12, 1678, Mme de Sévigné writes to Bussy-Rabutin :—

Le duc de Créqui.

'Le roi veut aller à Versailles ; mais il semble que Dieu ne le veuille pas, par l'impossibilité de faire que les bâtiments soient en état de le recevoir et par la mortalité prodigieuse des ouvriers, dont on emporte toutes les nuits des chariots pleins de morts. On cache cette triste marche, pour ne pas effrayer les ateliers et ne pas décrier l'air de ce *favori sans mérite*. Vous savez ce bon mot de Versailles.'

Nine millions were expended in the Aqueduct of Maintenon, of which the ruins are still to be seen, then it was interrupted by the war of 1688, and the works were never continued. Instead, all the water of the pools and the snow falling on the plain between Rambouillet and Versailles was brought to the latter by a series of subterranean water-courses.

No difficulties, however—not even pestilence, or the ruin of the country by the enormous cost—were allowed to interfere with 'les plaisirs du roi.' The palace rose, and its gigantic gardens were peopled with statues, its woods with villages.

'Les premiers travaux de Versailles avaient été conduits par ce même Levau à qui Colbert avait enlevé le Louvre. Levau mort, en 1670, la direction des travaux, avec le titre de premier architecte du roi, est confiée à un très-jeune homme, Jules Hardouin-Mansart, dont l'oncle, François Mansart, avait eu un grand renom dans l'architecture et avait contribué plus que personne à pousser les constructeurs dans l'imitation servile de l'antique. Le neveu fait oublier l'oncle, et devient le Lebrun de l'architecture. Le petit mais pittoresque château de Louis XIII. est enveloppé d'immenses constructions qui se rapprochent du style de Perrault et qui offrent au regard un étage richement décoré, élevé sur un soubassement plus simple et couronné d'un attique. Du côté de Paris, où le château de Louis XIII. reste en vue, le contraste de cet édifice avec les constructions nouvelles fait de Versailles un entassement irrégulier, mais d'un effet singulier et frappant, par la disposition de ces trois cours qui vont diminuant la largeur jusqu'à la troisième, espèce de sanctuaire au fond duquel repose la majesté royale. Du côté opposé, l'aspect change comme par enchantement : là, tout est l'œuvre de Louis XIV., tout est nouveau et complètement symétrique. Le vaste développement des lignes horizontales compense le peu d'élévation des bâtiments. Là, plus aucun des heureux accidents de la vieille architecture nationale. La monotonie de cette uniformité absolue n'est interrompue que par l'extrême saillie du corps central en avant des deux ailes, saillie qui annonce la partie du palais consacrée par la présence du maître. Ce corps central domine de toutes parts, soit qu'on le regarde en face du milieu des jardins, soit que, du pied des collines boisées de Satory, on le voit de flanc s'élever sur sa prodigieuse terrasse, entre ce double Escalier de Géants auquel on ne peut rien comparer. Il faut monter de partout, afin de parvenir jusqu'au lieu où trône la majesté suprême.

'La même pensée remplit l'intérieur du palais. La peinture y déifie Louis sous toutes les formes, dans la guerre et dans la paix, dans les arts et dans l'administration de l'empire; elle célèbre ses amours comme ses victoires, ses passions comme ses travaux. Tous les héros de l'antiquité, toutes les divinités de l'Olympe classique lui rendent hommage ou lui prêtent tour à tour leurs attributs. C'est Auguste, c'est Titus, c'est Alexandre, c'est Jupiter tonnant, c'est Hercule vainqueur des monstres; plus souvent, Apollon inspirateur des Muses et roi de la lumière. La mythologie n'est plus qu'une grande énigme dont le nom de Louis est le mot unique; il est à lui seul de tous les dieux. Si les dieux abdiquent devant lui, les rois et les nations sont terrassés à ses pieds. A mesure que son règne se déroule, l'art reproduit sur la toile et le marbre en traits hyperboliques chacun de ses triomphes, chaque humiliation de ses ennemis, et fixe sur les voûtes éclatantes de Versailles un hosanna perpétuel en l'honneur du futur maître du monde.

'Louis, toujours servi dans ses désirs par la fécondité de son siècle, a trouvé un troisième artiste, Lenostre, pour compléter Lebrun et Mansart. Grâce a Lenostre, Louis, des fenêtres de son incomparable *galerie des glaces*, ne voit rien qui ne soit de sa création. L'horizon entier est son ouvrage, car son jardin est tout l'horizon. C'est là tout à la fois le chef-d'œuvre de l'étonnant artiste qui a couvert la France de ses monuments de verdure, et le chef-d'œuvre de cet art singulier qu'il faut juger, non point isolément, mais dans ses rapports avec les édifices aux lignes desquels il marie ses lignes, architecture végétale qui encadre et complète l'architecture de pierre et de marbre, Des bosquets entiers ont été apportés tout grandis du fond des plus belles forêts de France, et l'art d'animer le marbre, et l'art de mouvoir les eaux, les remplissent de tous les prodiges que peut rêver l'imagination. Une peuple innombrable de statues anime les bocages et les pelouses, se mire dans les eaux ou sort du sein de l'onde. Toutes les déités des forêts, des fleuves et de la mer, tous les rêves de la poésie antique semblent s'être donné rendez-vous aux pieds du grand roi. Neptune semble de faire jaillir de toutes parts les eaux de Versailles, qui se croisent dans les airs en voûtes étincelantes : Neptune s'est fait le serviteur de Louis ; Diane, la solitaire déesse des bois, est devenue son amante, sous les traits de la chaste La Vallière. Apollon, son symbole favori, préside à tout ce monde enchanté. Aux deux extrémités de la perspective, on voit le soleil mythologique, transparent emblème du soleil de Louis, émerger des flots sur son char pour éclairer et régir la terre, et s'y replonger pour se délasser du gouvernement céleste dans l'ombre voluptueuse de *la grotte de Thétis*.

'Louis a fait ce qu'il voulait : il a créé autour de lui un petit univers, où il est le seul être nécessaire et presque le seul être réel.'—*Martin,* '*Hist. de France.*'

> Oh ! que Versaille était superbe
> Dans ces jours purs de tout affront
> Où les prospérités en gerbe
> S'épanouissaient sur son front !
> Là, tout faste était sans mesure ;
> Là, tout arbre avait sa parure ;
> Là, tout homme avait sa dorure ;
> Tout du maître suivait la loi.
> Comme au même but vont cent routes,
> Là les grandeurs abondaient toutes ;
> L'Olympe ne pendait aux voûtes
> Que pour compléter le grand roi !
>
> Vers le temps où naissaient nos pères
> Versailles rayonnait encore.
> Les lions ont de grands repaires ;
> Les princes ont des palais d'or.
> Chaque fois que, foule asservie,
> Le peuple au cœur rongé d'envie
> Contemplait du fond de sa vie
> Le fier château si radieux,
> Rentrant dans sa nuit plus livide,
> Il emportait dans son œil vide
> Un éblouissement splendide
> De rois, de femmes et de dieux !
>
> *Victor Hugo,* '*Les Voix Intérieures.*'

Under Louis XV. Versailles was chiefly remarkable as being the scene of the extravagance of Mme de Pompadour, and the turpitude of Mme du Barry. Mme Campan has described for us the life, the very dull life there of 'Mesdames,' daughters of the king. Yet, till the great Revolution, since which it has been only a shadow of its former self, the town of Versailles drew all its life from the château.

'L'esprit de cette ville secondaire n'est autre que l'esprit du château; et l'on connoît l'esprit du château au bout d'un jour d'examen. Ce qui s'est fait la veille, se sera exactement le lendemain; et qui a su un jour, a su toute l'année.—*Tableau de Paris*, 1782.

'Depuis les Césars, aucune vie humaine n'a tenu tant de place au soleil. Rue des Réservoirs, l'ancien hôtel et le nouvel hôtel du gouverneur de Versailles, l'hôtel du gouverneur des enfants du comte d'Artois, le garde-meuble de la couronne, le bâtiment pour les loges et foyers des acteurs qui jouent au Palais, les écuries de Monsieur.—Rue des Bons-Enfants, l'hôtel de la garde-robe, le logement des fontainiers, l'hôtel des officiers de la comtesse de Provence.—Rue de la Pompe, l'hôtel du grand-prévôt, les écuries du duc d'Orléans, l'hôtel des gardes du comte d'Artois, les écuries de la reine, le pavillon des Sources.—Rue Satory, les écuries de la comtesse d'Artois, le jardin anglais de Monsieur, les glacières du roi, le manège des chevau-légers de la garde du roi, le jardin de l'hôtel des trésoriers des bâtiments.—Par ces quatre rues, jugez les autres.—On ne peut faire cent pas dans la ville sans y rencontrer un accessoire du palais : hôtel de l'état-major des gardes du corps, hôtel de l'état-major des chevau-légers, hôtel immense des gardes du corps, hôtel des gendarmes de la garde, hôtels du grand-louvetier, du grand fauconnier, du grand-veneur, du grand-maître, du commandant du canal, du contrôleur-général, du surintendant des bâtiments, hôtel de la chancellerie, bâtiments de la fauconnerie et du vol de cabinet, bâtiments du vautrait, grand chenil, chenil-dauphin, chenil dit des chiens verts, hôtel des voitures de la cour, magasin des bâtiments et menus-plaisirs, ateliers et magasins pour les menus-plaisirs, grande écurie, petite écurie, autres écuries dans la rue de Limoges, dans la rue Royale et dans l'avenue de Saint-Cloud, potager du roi comprenant vingt-neuf jardins et quatre terrasses, grand-commun habité par deux mille personnes, maisons et hôtels dits des *Louis* où le roi assigne des logements à temps ou à vie. Avec des mots sur du papier, on ne rend point l'impression physique de l'énormité physique.—Aujourd-hui, de cet ancien Versailles mutilé et approprié à d'autres usages, il ne reste plus que des morceaux; allez le voir pourtant. Considérez ces trois avenues qui se réunissent sur la grande place, larges de quarante toises, longues de quatre cents, et qui n'étaient point trop vastes pour la multitude, le déploiement, la vitesse vertigineuse des escortes lancées à fond de train et les carrosses courant "à tombeau ouvert;" voyez, en face du château, les deux écuries, avec leurs grilles de trente-deux toises, ayant coûté, en 1682, trois millions, c'est-à-dire quinze millions d'aujourd-hui, si amples et si belles que, sous Louis XIV. lui-même, on se faisait tantôt un champ de cavalcades pour les princes, tantôt une salle de théâtre, et tantôt une salle de bal; suivez alors du regard le développement de la gigantesque place demi-circulaire, qui, de grille en grille et de cour en cour, va montant et se resserrant, d'abord entre les hôtels des ministres, puis entre les deux ailes colossales, pour s'achever par le fastueux encadrement de la cour de marbre, où les pilastres, les statues, les frontons, les ornements multipliés et amoncelés d'étage en étage portent jusque dans le ciel la raideur majestueuse de leurs lignes et l'étalage surchargé de leur décor. D'après un manuscrit relié aux armes de Mansart, le palais a coûté 153 millions, c'est-à-dire environ 750 millions d'aujourd'hui; quand un roi veut représenter, c'est à ce prix qu'il se loge.—Jetez maintenant les yeux de l'autre côté, vers les jardins, et cette représentation vous deviendra plus sensible. Les parterres et le parc sont encore un salon en plein air; la nature n'y a plus rien de naturel; elle est tout entière disposée et rectifiée en vue de la société; ce n'est point là un endroit pour être seul et se détendre, mais un lieu pour se promener en compagnie et saluer. Ces charmilles droites sont des murailles et des tentures. Ces ifs tondus figurent des vases et des lyres. Ces parterres sont des tapis à ramages. Dans ces allées unies et rectilignes, le roi, la canne à la main, groupera autour de lui tout son cortège. Soixante dames, en robes lamées et bouffantes sur des paniers qui ont vingt-quatre pieds de circonférence, s'espaceront sans peine sur les marches de ces escaliers. Ces cabinets de verdure pourront abriter une collation princière. Sous ce portique circulaire, tous les seigneurs qui ont l'entrée de la chambre pourront assister ensemble au jeu d'un nouveau jet d'eau. Ils retrouvent leurs pareils jusque dans les figures de marbre et de bronze qui peuplent les allées et les bassins, jusque dans la contenance digne d'un Apollon, dans l'air théâtral d'un Jupiter, dans l'aisance mondaine et dans la nonchalance voulue d'une Diane ou d'une Vénus. Les dieux eux-mêmes sont de leur monde.—Enfoncée par l'effort de toute une société et de tout un siècle, l'empreinte de la cour est si forte qu'elle s'est gravée dans le détail comme dans l'ensemble et dans les choses de la matière comme dans les choses de l'esprit.'—*Taine,* ' *Origines de la France Contemporaine.*'

Approaching from the town, on entering the grille of the palace from the Place d'Armes we find ourselves in the vast *Cour des Statues*—'solennelle et morne.' In the centre is an equestrian statue of Louis XIV. by *Petitot* and *Cartellier*. Many of the surrounding statues were brought from the Pont de la Concorde at Paris. Two projecting wings shut in the Cour Royale, and separate it from the Cour des Princes on the left, and the Cour de la Chapelle on the right. Beyond the Cour Royale, deeply recessed amongst later buildings, is the court called, from its pavement, the Cour de Marbre, surrounded by the little old red Château of Louis XIII.

' Au lieu de faire abattre entièrement le petit château et de faire un plan nouveau et vaste, le roi, pour sauver le vieux château, a bâti tout autour et l'a recouvert en quelque sort d'un beau manteau, ce qui a tout gâté.'—*Correspondance de Madame.*

The Cour de Marbre was sometimes used as a theatre under Louis XIV., and the opera of *Alcestis* was given there. It has a peculiar interest, for no stranger can look up at the balcony of the first floor without recalling Marie Antoinette presenting herself there, alone, to the fury of the people, October 6, 1789.

' Tout était sanglots et confusion autour de Leurs Majestés, tandis que la reine, avec une fermeté noble et touchante, consolait et encourageait tout le monde. "J'ai le courage de savoir mourir," disait-elle ; "mais je voudrais au moins que ceux qui sont assez vils pour faire le métier d'assassins eussent la conscience du crime, c'est-à-dire de se montrer tels qu'ils sont." Quelque temps après que les ministres furent arrivés chez le roi, on tira encore dans les cours quelques coups de fusil, dirigés contre les croisées de l'appartement de Sa Majesté. On m'a raconté que M. de la Luzerne, ministre de la marine, ayant vu une balle frapper le mur près de la fenêtre où se trouvait la reine, s'avança, et se glissa, comme par curiosité, entre elle et cette fenêtre. Le motif de ce mouvement n'échappa pas à la reine. "Je vois bien," dit-elle à M. de la Luzerne, "quelle est votre intention, et je vous en remercie, mais je ne veux pas que vous restiez là ; ce n'est pas votre place, c'est la mienne." Et elle le força de se retirer. . . .

'Sa Majesté parut, pour la seconde fois, sur le balcon. A cette seconde apparition, une voix demanda : *La reine au balcon !* Cette princesse, qui ne fut jamais si grande et plus magnanime que dans les moments où le danger était le plus imminent, se présenta sans hésiter sur le balcon, tenant M. le Dauphin d'une main, et Madame Royale de l'autre. Une voix cria alors : *Point d'enfants !* La reine, par un mouvement de ses bras en arrière, repoussa ses enfants dans la salle, et resta seule sur le balcon, croissant les mains sur sa poitrine, avec une contenance d'un calme, d'une noblesse, d'une dignité impossible à dépeindre, et semblant ainsi attendre la mort. Cet acte de résignation étonna tellement les assassins et inspira tant d'admiration au gros peuple, qu'un battement de mains général, et des cris *Bravo ! vive la reine !* répétés de tous côtés, déconcertèrent les malveillants. Je vis cependant un de ces forcenés ajuster la reine, et son voisin baisser le canon du fusil d'un coup de main.'—Weber, '*Mémoires.*'

The palace of Versailles has never been inhabited by royalty since the chain of carriages drove into this court on Oct. 6 to convey Louis XVI. and his family to Paris.

'Yes, *The king to Paris* : what else? Ministers may consult, and National Deputies wag their heads ; but there is now no other possibility. You have forced him to go willingly. "At one o'clock !" Lafayette gives audible assurances to that purpose ; and universal Insurrection, with immeasurable shout, and a discharge of all the fire-arms, clean and rusty, great and small, that it has, returns him acceptance. What a sound ; heard for leagues ; a doom-peal ! And the Château of Versailles stands ever since vacant, hushed, still, its spacious courts grass-grown, responsive to the hoe of the weeder.'—*Carlyle.*

From the *Grande Cour* the gardens may be reached by passages either from the *Cour des Princes* on the left, or from the *Cour de la Chapelle* on the right. The palace has had three chapels in turn. The first, built by Louis XIII., was close to the marble staircase. The second, built by Louis XIV., occupied the site of the existing Salon d'Hercule. The present *Chapel*, built 1699-1710, is the last work of Mansart.

> 'Cette belle chapelle de Versailles, pour la main-d'œuvre et les ornemens, qui a tant coûté de millions, si mal proportionnée, qui semble un *enfeu* par le haut et vouloir écraser le château, n'a été fait ainsi que par artifice. Mansart ne compta les proportions que des tribunes, parce que le roi ne devait presque jamais y aller en bas, et il fit exprès cet horrible exhaussement par-dessus le château pour forcer par cette difformité à élever le château d'un étage ; et, sans la guerre qui arriva, pendant laquelle il mourut, cela se serait fait.'—*S. Simon, 'Mémoires.'*

> 'Louis XIV. n'aimait pas les dômes, et lorsqu'il demanda le plan de la chapelle de Versailles à son architecte favori, Hardouin-Mansart, qu'il venait de nommer surintendant des bâtiments à la place du marquis de Villecerf, mort en 1699, il eut soin de lui dire, pour toute instruction : Surtout, pas de dôme !'—*Paul Lacroix.*

Here we may think of Bossuet, thundering before Louis XIV. 'les royaumes meurent, sire, comme les rois,' and of the words of Massillon, 'Si Jésus-Christ paraissait dans ce temple, au milieu de cette assemblée, la plus auguste de l'univers, pour vous juger, pour faire le terrible discernement,' &c. Here also we may imagine Louis XIV. daily assisting at the mass, and his courtiers, especially the ladies, attending also to flatter him, but gladly escaping, if they thought he would not be there.

> 'Brissac, major des gardes-du-corps, ne pouvait souffrir le faux. Il voyait avec impatience toutes les tribunes bordées de dames l'hiver au salut les jeudis et les dimanches où le roi ne manquait guère d'assister, et presque aucune ne s'y trouvait quand on savait de bonne heure qu'il n'y viendrait pas ; et sous prétexte de lire dans leurs heures, elles avaient toutes de petites bougies devant elles pour les faire connaître et remarquer. Un soir que le roi devait aller au salut, et qu'on faisait

à la chapelle la prière de tous les soirs qui était suivie du salut, quand il y en avait, tous les gardes postés et toutes les dames placées, arrive le major vers la fin de la prière, qui, paraissant à la tribune vide du roi, lève son bâton et crie tout haut : "Gardes du roi, retirez-vous, rentrez dans vos salles, le roi ne viendra pas." Aussitôt les gardes obéissent, murmures tout bas entre les femmes, les petites bougies s'éteignent, et les voilà toutes parties excepté la duchesse de Guiche, Mme de Dangeau, et une ou deux autres qui demeurèrent. Brissac avait posté des brigadiers aux débouchés de la chapelle pour arrêter les gardes, et qui les firent reprendre leurs postes, sitôt que les dames furent assez loin pour ne pouvoir pas s'en douter. Là-dessus arrive le roi qui, bien étonné de ne point voir de dames remplir les tribunes, demande par quelle aventure il n'y avait personne. Au sortir du salut, Brissac lui conta ce qu'il avait fait, non sans s'espacer sur la piété des dames de la cour. Le roi en rit beaucoup et tout ce qui l'accompagnait. L'histoire s'en répandit incontinent après; toutes ces femmes auraient voulu l'étrangler.'—*S. Simon, 'Mémoires,' 1708.*

'Je me souviens d'un édifiant et beau discours de M. Massillon qui fut interrompu par un fou rire de la Duchesse de Boufflers. Le texte en était *Bienheureux les peuples dont les rois sont d'ancienne race*; il n'y avait certainement rien là qui fût de nature à provoquer des éclats de rire, mais à chaque fois que le texte sacré revenait à la bouche de l'orateur, M. de Villeroy, Gouverneur de S. M., se mettait à pleurer d'attendrissement, à sangloter d'un air obséquieux en regardant le roi, et à grimacer si sensiblement, que la pauvre jeune femme ne pouvait y résister, ce qui fut un scandale étrange.'—*Souvenirs de la Marquise de Créqui.*

The carefully organised system of etiquette was observed nowhere more carefully than in the chapel, especially when the king communicated.

'On poussait après l'élévation de la messe un pliant au bas de l'autel au lieu où le prêtre la commence, on le couvrait d'une étoffe, puis d'une grande nappe qui traînait devant et derrière. Au *Pater*, l'aumônier de jour se levait et nommait au roi à l'oreille tous les ducs qui se trouvaient dans la chapelle. Le roi lui en nommait deux qui étaient toujours les deux plus anciens, à chacun desquels aussitôt après le même aumônier s'avançant allait faire une révérence. La communion du prêtre se faisant, le roi se levait et s'allait mettre à genoux sans tapis ni carreau derrière ce pliant et y prenait la nappe; alors les deux ducs avertis, qui seuls avec le capitaine des gardes en quartier s'étaient levés de dessus leurs carreaux et l'avaient suivi, l'ancien par la droite, l'autre par la gauche, prenaient en même temps que lui chacun un coin de la nappe qu'ils soutenaient à côté de lui à peu de distance, tandis que les deux aumôniers de quartier soutenaient les deux autres coins de la même nappe du côté de l'autel, tous quatre à genoux, et le capitaine des gardes aussi, seul derrière le roi. La communion reçue et l'ablution prise quelques moments après, le roi demeurait encore un peu en même place, puis retournait à la sienne, suivi du capitaine des gardes et des deux ducs qui reprenaient les leurs. Si un fils de France s'y trouvait seul, lui seul tenait le coin droit de la nappe et personne de l'autre côté; et quand M. le duc d'Orléans s'y rencontrait sans fils de France, c'était la même chose. Un prince du sang présent n'y servait pas avec lui; mais s'il n'y avait qu'un prince du sang, un duc, au lieu de deux, était averti à l'ordinaire, et il servait à la gauche comme le prince du sang à la droite.'—*S. Simon*, 1707.

It was in the chapel that the flattery of royalty took its strongest form.

'Lors que Mme la Dauphine faisait ses Pâques, il y avait des *hosties choisies* pour cette princesse: apparemment Dieu s'imposait aussi une présence réelle de choix pour la bru du grand roi.'—*Dangeau*.

In the devotion which characterised the last years of Louis XIV.'s life, he was constantly in the chapel. We read in a letter of Mme de Maintenon (1686) :—

'Le roi a été à une partie de matines cette nuit. Il a entendu trois messes. Il a été à la grand' messe aujourd'hui, après laquelle il est venu voir Madame, chez laquelle il a passé une heure. Il a été chez Mme la Dauphine, de là au sermon. Il a entendu les vêpres en musique.'

At this time he had become equally severe as to the religious practice and the dress of his courtiers, male as well as female.

'Le courtisan, autrefois, avait ses cheveux, était en chausses et en pourpoint, portait de larges canons, et il était libertin. Cela ne sied plus. Il porte une perruque, l'habit serré, le bas uni, et il est dévot. Tout se règle sur la mode.'—*La Bruyère*, '*De la Mode.*'

We are able to picture the scene in this chapel during the last moments of Louis XV.

'C'était le soir ; la famille royale et toute la cour étaient prosternées dans cette superbe et imposante chapelle du château. Le sacrement des autels était exposé ; on chantait les prières de quarante heures, et l'on demandait encore à Dieu la guérison du monarque expirant. Tout à coup des nuages sombres voilèrent le ciel ; la nuit sembla envelopper de ses ténèbres toute la chapelle ; un premier coup de tonnerre se fit entendre. Bientôt le sifflement des orages, les torrents de pluie qui battaient contre les fenêtres, les éclairs qui, de minute en minute, faisaient pâlir les flambeaux allumés sur l'autel, et lançaient un jour terrible dans une obscurité lugubre ; tantôt le roulement sourd, tantôt les éclats menaçants de la foudre, qui semblaient déchirer la voile du temple ; les chants de l'Eglise, qui continuaient à travers la tempête ; l'impression de la terreur dans toutes les voix comme sur tous les visages ; le ciel tonnant quand on invoquait un Dieu miséricordieux ; cette guerre de tous les éléments, qu'il était impossible de ne pas associer par la pensée avec la destruction du plus puissant entre tous les hommes ; la vue du jeune héritier, de sa jeune compagne, tous deux saisis, tous deux fondant en larmes entre l'autel qu'ils imploraient en vain, le tombeau où ils voyaient descendre leur père, le trône où ils frémissent de monter ; enfin la sortie de la chapelle quand le service fut terminé, le recueillement, le silence profond au milieu duquel on n'entendait pas un son de voix, mais seulement des pas précipités, chacun s'empressant d'aller dans son intérieur respirer du poids dont il se sentait oppressé ; cette scène fut encore rangée entre les auspices menaçants sous lesquels allait s'ouvrir le nouveau règne.'—Weber, 'Mémoires.'

On Sundays and fête days there is always a musical low mass in the chapel at 9 a.m.

In describing the *Musée*, the apartments are taken in the order in which they are usually visited, and which it is better to follow, if one does not wish to be lost. All the furniture of Versailles was sold during the Revolution (in 1793) and, though a few pieces have been recovered, the palace is for the most part unfurnished, and little more than a vast picture-gallery. From the antechamber of the chapel open two galleries on the ground floor of the north wing. One is the *Galerie des Sculptures*; the other, divided by different rooms looking on the garden, is the *Galerie de l'Histoire de France*. The first six rooms of the latter formed the apartments of the Duc de Maine, the much indulged son of Louis XIV. and Mme de Montespan.

Where there are such acres of pictures, and where all are named, we only notice here those which are remarkable as works of art or of historic interest connected with the place itself.

Salle IV.—

Ary Scheffer. The Death of Gaston de Foix at the Battle of Ravenna.

Salle VIII.—

Pesey. Louis XIV. receiving the Oath of Dangeau, Grand-Master of the Order of S. Lazare; a picture interesting here as representing the original chapel.

*Salle XI.—*Pictures illustrative of the life of Louis XVI.

At the end of the gallery (but only to be entered now from the Rue des Reservoirs) is the *Salle de l'Opéra*. In spite of the passion of Louis XIV. for dramatic representations, no theatre was built in the palace during his reign. Some of the plays of Molière and Racine were acted in improvised theatres in the park; others, in the halls of the palace, without scenery or costumes; the *Athalie* of Racine, before the king and Mme de Maintenon, by the young ladies of S. Cyr. The present Opera-House was begun by Jacques Ange-Gabriel under Louis XV. for Mme de Pompadour and finished for Mme du Barry.

'Disposition des plus heureuses, grandioses d'ensemble et de style, richesse et harmonie de détails, tout se trouve réuni pour faire de cette salle un incomparable chef-d'œuvre.'—*Vaudoyer*.

The Opera House was inaugurated on the marriage of the Dauphin with Marie Antoinette, and nineteen years after was the scene of that banquet, the incidents of which were represented in a manner so fatal to the monarchy, given by the body-guard of the king to the officers of a regiment which had arrived from Flanders.

'Le roi fut informé de l'enthousiasme éclatant qui animait cette réunion de loyaux chevaliers, et du serment que ces militaires venaient de renouveler de défendre, jusqu'au dernier soupir, des maîtres qui avaient été jusque là un objet de vénération et d'amour pour leur peuple. Leurs majestés et leur enfants vinrent, avec une suite peu nombreuse, honorer et embellir cette assemblée par leur présence. Ils y furent invités par M. le comte de Tessé, écuyer de la reine, et par M. le comte d'Agoult, major des gardes du corps, qui, frappés du coup d'œil de la salle, du nombre des convives, de l'effet de la table en fer à cheval, à la manière dont cette salle était éclairée, et de l'affluence des spectateurs groupés dans les loges, crurent avec raison qu'un spectacle semblable ne pouvait qu'intéresser la famille royale. Elle arriva d'abord au premières loges qui sont en face du théâtre. Les musiciens firent entendre, au bruit des applaudissements, l'air populaire : *Où peut-on être mieux qu'au sein de sa famille?* Cet air fut accompagné des acclamations redoublées : *Vive le roi! vive la reine! vive la famille royale!* Bientôt l'auguste famille fut priée de descendre, et de faire la tour de la salle. Marie Antoinette, par un mouvement irrésistible, imitant son auguste mère, prit M. le Dauphin par la main, et le promena autour des tables, fière de faire voir, aux généreux défenseurs du trône le bel enfant qui en était l'héritier présomptif. A l'aspect de tant de majesté et de grâces, de tant de beauté et d'innocence, l'ivresse du sentiment et de l'admiration fut portée à son comble ; des larmes de sensibilité remplirent tous les yeux, et la musique entonna aussitôt l'air touchant de *Richard Cœur de Lion* :

O Richard ! O mon roi !
L'univers t'abandonne.

Cet air, qui faisait une allusion si frappante à la situation de Louis XVI, et qui depuis si longtemps est proscrit en France, fût répété au chœur par toutes les bouches. Jamais il n'y eut concert aussi loyal ; jamais un sentiment plus pur n'électrisa toute une assemblée. Les physionomies augustes du roi et de la reine portèrent ce soir-là l'empreinte du contentement et du bonheur, au lieu de celle de la mélancolie qu'elles offraient depuis plusieurs mois.

'Dans la soirée, l'on vit des dames de service de la cour former, avec quelques morceaux de papier blanc, des cocardes qu'elles distribuèrent, dans les appartements du château, à des gardes de corps et à des officiers qu'elles rencontrèrent sur leur passage. Tout cela était simple, gai, et ne devait être regardé que comme parfaitement dans le caractère français : c'était l'expression d'un grand dévouement pour le roi et sa famille. Une semblable démonstration de joie, dans le château royal, devait-elle être imputée à crime ?'—Weber, 'Mémoires.'

Returning from the end of the picture gallery, we may pass through the *Galerie des Sculptures*, chiefly casts from royal and other monuments. Some, however, are brought from Paris churches destroyed at the Revolution, and amongst these we may especially notice, beginning at the entrance—

1879, 1880. The Duc de Vitry, Maréchal de France, and his wife, 1666.
1892. Henri Chabot, Duc de Rohan. By François Anguier.
1885. Louis Potier, Marquis de Gesvres, 1643. By Lehongr.
1883. René Potier, Duc de Tresmes, 1670.
1898. François d'Argouges, first President of the Parliament of Brittany. By Coysevox.
1915. Ferdinand Philippe Louis, Duc d'Orléans, 1842. By Pradier.
1901. Philippe d'Orléans, Regent of France. By Lemoyne.
*1854. Jeanne Darc. By Princess Marie d'Orléans, daughter of Louis Philippe.

'Sinon la majesté enthousiaste de Jeanne, au moins sa pureté, sa grâce et son dévouement résigné. C'est l'ouvrage d'une jeune femme moins illustre par son rang que par son beau talent et son noble caractère, et dont la France entière a plaint la fin prématurée. — *Martin, 'Hist. de France.'*

Near (left) a cast from the great monument of Ferdinand and Isabella, we enter a suite of five rooms formerly occupied by the ladies and gentlemen in waiting, adorned with modern historic pictures, and known from their subjects as *Salles des Croisades*. Returning to the Galerie de Sculpture and following it to the vestibule of the chapel, we must now take the little staircase on the left of the chapel, which will conduct us to another vestibule of the chapel on the first floor. Here we enter (right) the second *Galerie de Sculpture*, from the midst of which we reach the Salles de Peinture, called *Galerie de Constantin*, a set of seven rooms adorned with modern historic pictures and busts, some of them very interesting as representing the Court, surroundings, life, campaigns, and battles of Napoleon III., the idol of France at the time they were executed.

Returning from these rooms to the *Galerie de Sculpture*, and, turning at the end, we reach the landing, where we find a staircase which leads us up to the second floor, the *Attique du Nord*, panelled with part of the vast Versailles collection of portraits, chiefly copies and poor as works of art, but including a few of great interest, especially here, in the palace where so many of the originals lived and died. Turning to the left by the door opposite the stairs, we enter—

Salle I., where we may notice with interest as originals.

3052. Charles VII. XVI c.
3116. François I. XVI c.
3118. Claude de France.
3121. Renée de France.
3198. Don Carlos, Infant of Spain. Attributed to *Sir A. More*.

D

Salle II.—

3282. *Porbus*: Henri IV. as a child, at the time when he had to be flogged to make him go to mass.

3347. *Mirevelt*: Maurice de Nassau.

Salle III.—

3367. *Simon Vouet*: Louis XIII.

It used to be said of Louis XIII., 'Il ne dit pas tout ce qu'il pense; il ne fait pas tout ce qu'il veut; il ne veut pas tout ce qu'il peut.'

3391. *Philippe de Champaigne*: Cardinal de Richelieu.

Richelieu described his own character to the Marquis de la Vieuville: 'Je n'ose rien entreprendre sans y avoir bien pensé, mais quand une fois j'ai pris ma résolution, je vais à mon but, je renverse tout, je fauche tout, et ensuite je couvre tout de ma soutane rouge.'

Salle IV.—

3443. *Testelin*: Chancellor Seguier.
3441. Anne of Austria.
3488. *Lebrun*: Vicomte de Turenne, Maréchal de France.
3445. *Testelin*: Louis XIV., as a boy.
3445. Henrietta Maria, Queen of England.

'Sa vivacité privait toutes ses actions de cette gravité qui est nécessaire aux personnes de son rang, et son âme était trop emportée par ses sentiments.'—*Mme de Motteville.*

Salle V.—

3624. *Mignard*: Anne Marie de Bourbon, Mlle de Blois, afterwards Princesse de Conti, as a child.

'27 Dec. 1679. La cour est tout réjouie du mariage de M. le Prince de Conti et de Mlle de Blois. Ils s'aiment comme dans les romans: le roi s'est fait un grand jeu de leur inclination: il parla tendrement à sa fille, et l'assura qu'il l'aimoit si fort, qu'il n'avoit point voulu l'éloigner de lui: la petite fut si attendrie et si aise, qu'elle pleura. Le roi lui dit qu'il voyoit bien que c'est qu'elle avoit de l'aversion pour le mari qu'il lui avoit choisi; elle redoubla ses pleurs, et son petit cœur ne pouvoit contenir tant de joie. Le roi conta cette petite scène, et tout le monde y prit plaisir. Pour M. le Prince de Conti, il étoit transporté, il ne savoit, ni ce qu'il disoit, ni ce qu'il faisoit; il passoit pardessus tous les gens qu'il trouvoit en son chemin, pour aller voir Mlle de Blois. Mme Colbert ne vouloit pas qu'il la vît que le soir ; il força les portes, et se jeta à ses pieds, et lui baisa la main ; elle, sans autre façon, l'embrassa, et la revoilà à pleurer. Cette bonne petite princesse est si tendre et si jolie, qu'on voudroit la manger.'—*Mme de Sévigné.*

3052. *Schmitz (after Mignard)* : Mme de la Vallière and her two children.

'Au milieu de sa plus grande fortune, elle se fit peindre par Mignard, placée entre ses deux enfants, tenant à la main un chalumeau d'où pendait une bulle de savon autour de laquelle on lisait : " *Sic transit gloria mundi.*" '—*Hoefer.*

4304. Françoise Marie de Bourbon, Duchesse d'Orléans, and Louis Alexandre de Bourbon, Comte de Toulouse : children of Louis XIV. and Mme de Montespan.

3553. Louis de France, 'Le Grand Dauphin.'

'C'est l'homme le plus incompréhensible du monde ; il n'est pas sot du tout, et pourtant il se conduit toujours comme s'il l'était : cela vient de son insensibilité et de son indifférence.'—*Correspondance de Madame,* 1699.

'C'est l'homme du monde le plus difficile à entretenir, car il ne dit mot.'—*Mme de Maintenon.*

3500. Louis XIV.

3545. *Carlo Maratta* : Lenôtre.

'Illustre pour avoir le premier donné les divers dessins de ces beaux jardins qui décorent la France, Lenôtre avait une probité, une exactitude, et une droiture qui le faisaient estimer et aimer de tout le monde.'—*S. Simon.*

Salle VI.—

3629. *Mignard* : Philippe de France, grandson of Louis XIV., afterwards Philippe V. of Spain, as a child.

3578. *Hyacinthe Rigaud* : Mignard.

'L'élégante portraitiste des dames de la cour.'—*Henri Martin.*

3586. *Detroy* : Jules Hardouin-Mansard, Surintendant des bâtiments du roi.

'C'était un gros homme bien fait, d'un visage agréable, et de la lie du peuple, mais de beaucoup d'esprit naturel, tout tourné à l'adresse et à plaire, sans toutefois qu'il se fût épuré de la grossièreté contractée dans sa première condition.'—*S. Simon.*

3579. *Gilles Alloa* : Coysevox.

Salle VII.—

3640. *Rigaud* : Jean Baptiste Keller.
3566. *Vivien* : Fénelon.

'Avec la probité la plus innée, l'amour et la soif de la vérité la plus ardente et la plus sincère, la pureté la plus scrupuleuse, une présence de Dieu sensible, habituelle dans toutes les diverses fonctions et situations de ses journées, à qui il rapportait avec une sainte jalousie ses plus importantes et ses plus légères actions.'—*S. Simon.*

'Il n'a que la peau sur les os et les yeux enfoncés dans la tête, mais il cause bien agréablement, avec une grande vivacité ; il est fort poli et même gai. Il rit volontiers et aime à causer sans façon.'—*Correspondance de Madame.*

Salle VIII.—

3640. *Rigaud* : Keller.
3673. *Rigaud* : Louis Antoine de Pardaillan, Duc d'Antin, legitimate son of Mme de Montespan.

'Beau comme le jour étant jeune, il en conserva de grands restes jusqu'à la fin de sa vie, mais une beauté mâle, et une physionomie d'esprit. Personne n'avait plus d'agréments, de mémoire, de lumière, de connaissance des hommes et chacun. Brutal par tempérament, doux, poli par jugement, il sacrifia tout à l'ambition et aux richesses.'—*S. Simon.*

3637. *Mignard* : Françoise d'Aubigné, Mme de Maintenon.

'Toujours dans le contraint, d'abord pour subsister, ensuite pour s'élever, enfin pour régner, elle ne fut jamais heureuse, et n'a mérité l'excès ni des satires ni des éloges dont elle a été l'objet.'—*Duclos.*

'L'envie de faire un nom était ma passion,' she wrote to her pupils at S. Cyr.

'Mignard peignant Mme de Maintenon en Sainte Françoise Romaine, demanda au roi, en souriant, si pour orner le portrait, il ne pourrait pas l'habiller d'un manteau d'hermine. "Oui," dit le roi, "Sainte Françoise le mérite bien." Ce portrait est le plus beau qu'on ait d'elle.... Tous les courtisans l'admirèrent : l'attribut de la royauté ne leur échappa point.'—*De la Beaumelle,* '*Mémoires de Mme de Maintenon.*'

'Madame, j'ai vu la plus belle chose qu'on puisse jamais imaginer ; c'est un portrait de Mme de Maintenon, fait par Mignard ; elle est habillée en Sainte Françoise Romaine ; Mignard l'a embellie ; mais c'est sans fadeur, sans incarnat, sans blanc, sans l'air de jeunesse, et sans toutes ces perfections, il nous fait voir un visage et une physionomie au-dessus de tout ce que l'on peut dire; des yeux animés, une grâce parfaite, point d'atours, et avec tout cela aucun portrait ne tient devant celui-là.'—*Mme de Coulanges à Mme. de Sévigné, October* 1694.

3652. *Rigaud*: Dangeau (Philippe de Courcillon, Marquis de Dangeau).

'Une espèce de personnage en détrempe. Toute sa capacité n'allait qu'à se bien conduire, de blesser personne, multiplier les bouffées de vent qui le flattaient, acquérir, conserver et jouir d'une sorte de considération.'—*S. Simon.*

3661. Marie Louise d'Orléans, Duchesse de Berry, eldest daughter of Philippe, Duc d'Orléans, and great-niece of Louis XIV., the most depraved of all French princesses—undutiful as a daughter, unfaithful as a wife, and most profligate as a widow during the regency of her father.

'Née avec un esprit supérieur, et une figure qui imposait et qui arrêtait les yeux avec plaisir, elle parlait avec une grâce singulière, une éloquence naturelle qui lui était particulière, et qui coulait avec aisance et de source, . . . que n'eût-elle fait de ces talens si les vices du cœur, de l'esprit et de l'âme, et le plus violent tempérament n'avaient tourné tant de belles choses en poison le plus dangereux? L'orgueil le plus démesuré et la fausseté la plus continuelle, elle les prit pour des vertus, dont elle se piqua toujours, et l'irréligion, dont elle croyait parer son esprit, mit le comble à tout le reste.'—*S. Simon.*

'Elle n'est pas jolie du tout. Elle est épaisse, ramassée, a de longs bras, les hanches courtes; elle marche mal et a mauvaise grâce en tout ce qu'elle fait; elle grimace horriblement, a la figure pleurarde, marquée de la petite vérole, les yeux rouges—d'un bleu clair à l'intérieur—la figure rougeaude. Mais ce qu'elle a de parfaitement beau, c'est la gorge, les mains, et les bras. Avec tout cela, son mari et son père s'imaginent que jamais Hélène ne fut aussi belle que l'est la Duchesse de Berry.'—*Correspondance de Madame.*

'On fut tellement embarrassé pour son oraison funèbre qu'on a fini par se résoudre à n'en point prononcer.'—*Mémoires de Madame.*

2084. *Rigaud*: Elisabeth Charlotte de Bavière, Duchesse d'Orléans —Madame, called by her intimates 'Lise-Lotte.' The Princess Palatine, second wife of Philippe d'Orléans, only brother of Louis XIV. She is celebrated in all the memoirs of the time, and by her own published correspondence.

'Cette princesse était fagotée comme une sorte d'Amazone, avec un pourpoint d'homme en drap galonné sur toute couture ; elle avait la jupe assortie, la perruque en trois écheveaux, comme celle de S. M., avec un chapeau tout-à-fait semblable à celui du roi, lequel chapeau ne fut seulement pas ôté ni soulevé par elle pendant qu'elle nous fit ses révérences, dont elle se tira, du reste, avec assez d'aisance et de ponctualité. Il est bon d'ajouter que cette vilaine Altesse Royale avait les pieds dans des bottes et qu'elle avait un fouet à la main. Elle était mal taillée, mal tournée, mal disposée pour toute chose et contre tout le monde. C'était une figure de pomme de locar ; courte, large, et colorée ; peu de nez, les yeux noirs et animés sans aucun air d'esprit : on a vu cette figure-là partout.'—*Souvenirs de la Marquise de Créqui.*

'La rude, originale et satirique princesse Palatine de laquelle devait sortir la moderne maison d'Orléans.'—*Henri Martin.*

3695. *Rigaud* : Louis XV. as a child.
3682. *Antoine Coypel* : His own Portrait.
3680. *Rigaud* : His own Portrait.

'Rigaud qui s'illustra en léguant à la postérité les vivantes images de plusieurs des grands hommes du siècle.'—*Henri Martin.*

3681. *Largillière* : His own Portrait.
3677. *Mignard* : La Comtesse de Feuquières, daughter of the artist.

'Un mariage d'amour est celui d'un frère de Feuquières avec la fille du célèbre Mignard, le premier peintre de son temps, qui était mort ; elle était encore si belle, que Bloin, premier valet de chambre du roi, l'entretenait depuis longtemps au vu et su de tout le monde, et fut cause que le roi en signa le contrat de mariage.'—*S. Simon.*

3701. *Santerre* : Philippe, Duc d'Orléans, Régent du Royaume.

'Il est comme l'enfant de ce conte au baptême duquel on invita les fées ; l'une lui souhaite une belle taille, l'autre éloquence, la troisième qu'il apprenne tous les arts, la quatrième qu'il apprenne tous les *exercices*, à savoir l'escrime, l'équitation, la danse, la cinquième qu'il devienne habile dans l'art de la guerre, la sixième qu'il ait plus de courage que tout autre. Mais la septième fée, on avait oublié de l'inviter. "Je ne peux reprendre à l'enfant," dit-elle, ce que mes sœurs lui ont donné, mais la vie durant je lui serai contraire, de telle façon que toutes les faveurs qu'on lui a accordées ne lui servent à rien. Ainsi lui donnerai-je une démarche si vilaine qu'on le croira bancal et bossu, je lui ferai tellement pousser la barbe noire d'un jour à l'autre et lui ferai faire en outre des grimaces d'homme rêveur qu'il en sera tout défiguré ; je le plongerai dans un tel ennui qu'il prendra en aversion tous les arts qu'il cultive, la musique, la peinture, le dessin ; je lui inspirerai le goût de la solitude et l'horreur de la société des honnêtes gens.'—*Correspondance de Madame* (*his mother*).

    3725. *Santerre* : Louise Adélaïde d'Orléans, Mlle de Chartres, abbesse de Chelles, daughter of the Regent.

    3711. Philippe V. of Spain (Philippe de France), grandson of Louis XIV.

Galerie.—

    L. 3769. *Vanloo et Parrocel* : Louis XV. on horseback, as a boy.

    3754. *J. B. Vanloo* : Marie Leczinska.

    3750. *Rigaud* : Louis XV.

    3789. *Tocqué* : Louis, Dauphin—'Monseigneur,' son of Louis XIV.

'Celui-ci était parfait pour le roi ; jamais fils n'avait eu pour son père un tel respect, une telle obéissance, autant d'amour filial. Il faut lui laisser cela ; c'est aussi la principale louange qu'on en puisse faire.' *Correspondance de Madame.*

    3751. *Vanloo* : Louis XV.

'Louis XV. avait le maintien le plus imposant. Ses yeux restaient attachés sur vous pendant tout le temps qu'il parlait ; et malgré la beauté de ses traits, il inspirait une sorte de crainte.'—*Mme Campan.*

    3765. Cardinal de Fleury, Prime Minister under Louis XV.

    3741. *Nattier* : Anne Louise Bénédicité de Bourbon-Condé, Duchesse du Maine.

'Elle avait du courage à l'excès, entreprenante, audacieuse, furieuse, ne connaissant que la passion présente et y postposant tout.'—*S. Simon.*

    3752. *Cozette* : Louis XV.—a portrait in late life.

'Ses manières n'en ressentaient nullement ses habitudes et ses goûts ; sa démarche était aisée et noble ; il portait sa tête avec beaucoup de dignité ; son regard, sans être sévère, était imposant.'—*Mme Campan.*

    3755. *Tocqué* : Marie Leczinska.

'Le plus noble modèle de toutes les vertus pieuses et sociales.'—*Mme Campan.*

'On ne pouvait être plus honnête femme, mais on ne pouvait être plus malhabile que Marie Leczinska ; sérieuse et austère, d'une dévotion rigide et souvent très-inopportune, elle fit tout ce qu'il fallait pour dégoûter un mari plus jeune qu'elle.'—*Henri Martin.*

3791. *C. Natoire*: Louis Dauphin, son of Louis XV.

'Ses hautes vertus sont connues de tous les Francais.'—*Mme Campan.*

3805. *Nattier*: Madame Victoire, daughter of Louis XV., as a girl.

3795. *L. Tocqué*: Marie Anne Christine Victoire de Bavière (La Dauphine), daughter-in-law of Louis XIV., and mother of the Ducs de Bourgogne and Berry, and of Philippe V. of Spain.

'Le roi avoit une impatience extrême de savoir comme elle était faite : il envoya Sanquin, qui est un homme vrai et incapable de flatter : " Sire," dit-il, " sauvez le premier coup d'œil, et vous en serez fort content." Cela est dit à merveille; car il y a quelque chose à son nez et à son front qui est trop long à proportion du reste, et qui fait d'abord un mauvais effet ; mais elle a si bonne grâce, de si beaux bras, de si belles mains, une si belle taille, une si belle gorge, de si belles dents, de si beaux cheveux, et tant d'esprit et de bonté, caressante sans être fade, familière avec dignité ; enfin, tant de manières propres à charmer, qu'il faut lui pardonner ce premier coup d'œil.'—*Mme de Sévigné.*

'Je vis Madame la Dauphine, dont la laideur n'est point du tout choquante, ni désagréable : son visage lui sied mal, mais son esprit lui sied parfaitement ; elle ne fait et ne dit rien qu'on ne voie qu'elle en a beaucoup. Elle a les yeux vifs et pénétrants ; elle entend et comprend facilement toutes choses ; elle est naturelle, et non plus embarrassée, ni étonnée que si elle était née au milieu du Louvre. Elle a une extrême reconnaissance pour le roi, mais c'est sans bassesse ; ce n'est point comme étant au-dessous de ce qu'elle est aujourd'hui, c'est comme ayant été choisie et distinguée dans toute l'Europe. Elle a l'air fort noble, et beaucoup de dignité et de bonté ; elle aime les vers, la musique, la conversation ; elle est fort bien quatre ou cinq heures toute seule dans sa chambre ; elle est étonnée de l'agitation qu'on se donne pour se divertir ; elle a fermé la porte aux moqueries et aux médisances.'—*Lettre de Mme de Sévigné, Mars,* 1680.

'La bonne, honnête, et chère Dauphine.'—*Correspondance de Madame, Duchesse d'Orléans.*

3885. *Tocqué*: Gresset.

3902. Madame Clotilde, Queen of Sardinia, sister of Louis XVI.

'Cette princesse était dans son enfance d'une si énorme grosseur que le peuple lui avait donné le sobriquet de *"gros madame."*'—*Mme Campan.*

3993. *Nivelon*: Louis Dauphin.
3819. *Nattier*: La Duchesse d'Orléans.
3810. *Drouais*: Madame Sophie, daughter of Louis XV.

'Madame Sophie, qui joignit à la figure la plus déplaisante l'esprit le plus médiocre, était un personnage entièrement passif.'—*Mémoires de Besenval.*

3813. *Nattier*: Madame Louise, daughter of Louis XV., before she took the veil.

'Son âme était élevée, elle aimait les grandes choses. Elle ne pouvait faire qu'une seule action d'éclat : quitter un palais pour une cellule, de riches vêtements pour une robe de bure. Elle l'a faite.'—*Mme Campan.*

3796. Marie Joséphe de Saxe, la Dauphine, mother of Louis XVI.
3806. *Nattier*: Madame Victoire.

'Madame Victoire, bonne, douce, affable, vivait avec la plus aimable simplicité, dans une société qui la chérissait ; elle était adorée de sa maison.'—*Mme Campan.*

3872. *Raphael Mengs*: Charles III.
3791. *Natoire*: Louis de France, Dauphin.
3890. *Callet*: Louis XVI.

'Ses traits étaient ceux de sa race, un peu alourdis par le sang allemand de sa mère, princesse de la maison de Saxe. De beaux yeux bleus largement ouverts, plus limpides qu'éblouissants, un front arrondi fuyant en arrière, un nez romain, mais dont les narines molles et lourdes altéraient un peu l'énergie de la forme aquiline, une bouche souriante et gracieuse dans l'expression, des lèvres épaisses, mais bien découpées, une peau fine, une carnation riche et colorée, quoique un peu flasque, la taille courte, le corps gras, l'attitude timide, la marche incertaine.'—*Lamartine, 'Hist. des Girondins.'*

'La sérénité, la douceur et le bienveillance sont peintes sur la figure du roi. On sent qu'aucune mauvaise pensée n'a accès auprès de lui.'—*Karamsine*, 1790.

3895. *Mme Lebrun*: Marie Antoinette.

'La reine est encore belle et majestueuse. Marie-Antoinette est née pour être reine. Son port, son regard, son sourire, tout indique en elle un être supérieur. On ne saurait douter que son cœur ne soit profondément blessé. Eh bien ! elle sait cacher sa douleur, et pas un nuage ne vient obscurcir l'éclat de ses beaux yeux.'—*Karamsine*, 1790.

3802. *Heinsius* : Madame Adélaïde, daughter of Louis XV. in late life.
3783. *Mme Guiard* : Louise Elisabeth de France, 'Madame l'Infante,' eldest daughter of Louis XV.
3907. *Mme Lebrun* : Marie Thérèse de France, Madame Royale, and Louis Joseph Xavier, the first Dauphin, son of Louis XVI.

Returning by the other side—

3912. *Mme Lebrun* : Louise Marie Adélaïde de Bourbon, Duchesse d'Orléans (Mlle de Penthièvre).
3865. *Drouais* : 'Monsieur,' afterwards Louis XVIII.

'Ce bel esprit sans cœur qui sera un jour Louis XVIII., jeune homme sans jeunesse, âme froide et fausse, sceptique qui n'a pris de son siècle que les négations.'—*Henri Martin*.

3899. *Vanloo* : Charles Philippe de France, Comte d'Artois, afterwards Charles X.

'Celui-là, étourdi, bruyant et libertin, avec le cœur ouvert et l'humeur facile, a les défauts de la jeunesse sans qualité saillante ni caractère déterminé.'—*Henri Martin*.

3809. *Nattier* : Madame Sophie.
3802. *Nattier* : Mme Adélaïde (called 'Loque' by her father, Louis XV.).

'Madame Adélaïde avait eu un moment une figure charmante ; mais jamais beauté n'a si promptement disparu que la sienne. Elle était impérieuse et emportée ; des manières brusques, une voix dure, une prononciation brève, la rendaient plus qu'imposante.'—*Mme Campan*.

3901. *Drouais* : Le Comte d'Artois, afterwards Charles X.

'Monseigneur d'Artois pulls the mask from a fair impertinent ; fights a duel in consequence—almost drawing blood. He has breeches of a kind new in this world—a fabulous kind ; "four tall lackeys," says Mercier, as if he had seen it, "hold him up in the air, that he may fall into the garment without vestige of wrinkle ; from which rigorous encasement the same four, in the same way, and with more effort, have to deliver him at night."'—*Carlyle*.

3704. *Nivelon*: La Dauphine—Marie Joséphe de Saxe, mother of Louis XVI.
3822. Fête given at the Ile d'Adam by the Prince de Conti.
3887. Stag taken before the Château of L'Ile d'Adam.
3825. Supper 'chez le Prince de Conti' at the Temple, with portraits of the Princesse de Beauvau, Comtesse de Boufflers, Comtesse d'Egmont, Maréchale de Luxembourg, Prince d'Hénin, Président Hénault, Pont de Vesle, Trudaine. The young Mozart, aged eight, is at the piano, accompanied by the celebrated Géliotte.
3801. *Nattier*: Madame Adélaïde.

'Madame Adélaïde manquait absolument de cette bonté qui seule fait aimer les grands. Elle portait très-loin l'idée des prérogatives du rang.'—*Mme Campan.*

3776. *Tocqué*: Abel François Poisson, Marquis de Marigny, brother of Mme de Pompadour.
3850. *Carlo Vanloo*: The painter and his family.
3775. *Boucher*: Antoinette Poisson, Mme de Pompadour.

'Dans un bal de l'Hôtel de Ville un joli masque, après avoir longtemps luttiné sa majesté, laisse tomber son mouchoir en s'éloignant ; Louis XV. le ramasse et le lui jette. . . . *Le mouchoir est jeté*, s'écrient les courtisans. Ils disent vrai.'—*Touchard-Lafosse.*

3830. *Rigaud*: François René de Voyer de Paulmy—D'Argenson.
3785. *Drouais*: Bouchardon, the sculptor.
3743. *Aved*: J. B. Rousseau.

'Jean-Baptiste Rousseau avait une figure de Silène et la tournure d'un vigneron.'—*Marquise de Créqui.*

Returning down the gallery, one enters—

Salle VIII.—

3958. *Gérard*: Madame Adélaïde.
3960. *Mme Guiard*: Madame Victoire.
3962. Elisabeth Philippine Marie Hélène de France, 'Madame Elisabeth.'

'La pieuse Elisabeth, victime de son respect et de son tendre attachement pour le roi son frère, et dont les hautes vertus méritent la couronne céleste.'—*Mme Campan.*

3963. *Carteaux*: Louis XVI. on horseback.

3970. *Drouais*: 'Monsieur,' afterwards Louis XVIII.
3974. *Drouais*: Le Comte d'Artois, afterwards Charles X.

Redescending the staircase, we reach, on the second floor, *La Galerie des Peintures*. The order in which the palace must be visited has here the inconvenience of reversing the chronological order of the pictures.

Salle I.—

1810. *Court*: The Duc d'Orléans signs the proclamation of La Lieutenance-générale.
1814, 1815. *Heim*: The Chamber presents to the Duc d'Orléans the Act which calls him to the throne.
1822. *Biard*: King Louis Philippe in the midst of the National Guard.

Salle II.—

1791. *H. Vernet*: Review by Charles X.
1792. *Gérard*: Coronation of Charles X.
1793. *Gros*: A review in camp by Charles X.

Salle III.—

1778. *Gros*: Louis XVIII. leaving the Tuileries.
1787. *Paul Delaroche*: The taking of Trocadéro.

Salle IV.—

Copies of H. Vernet.

Salle V.—

1754. *Rouget*: Marriage of Napoleon I. and Marie Louise.

Salle VI.—

1745. *Gautherot*: Napoleon I. wounded before Ratisbon.
1749. *Bellangé*: Battle of Wagram.

Salle VII.—

1731. *Bergeret*: Alexander presents the Calmucks to Napoleon I.

1732. *Taunay*: Entry of the Imperial Guard to Paris.
1735. *Taunay*: Passage of the Sierra-Guadarrama.
1739. *Hersent*: Taking of Landshut.

Salle VIII.—

1716. *Ménageot*: Marriage of Prince Eugène de Beauharnais.
1721. *Ponce Camus*: Napoleon I. at the tomb of Frederick II.
1724. *Mulard*: Napoleon receives the Persian Ambassador.

Salle IX.—

1696. *Taunay*: Descent from the Mont S. Bernard.
1709. *Taunay*: The French army entering Munich.

Salle X.—

1684. *Hennequin*: The Battle of the Pyramids.

(Here we end our visit to the northern wing. The Salon d'Hercule is the communication between this wing and the central and principal part of the palace. This is the part of chief interest, and may be visited without the rest. Those who wish to do this will ascend one of the little staircases by the side of the chapel, from the vestibule, on the ground floor, and, on reaching the vestibule on the first floor, will turn left.)

The *Salon d'Hercule* is so named from the picture of the 'Apotheosis of Hercules' on its ceiling, by *François le Moyne*, who chose the the subject in remote flattery of his patron, Hercule de Fleury, the Cardinal Minister. The 'Passage of the Rhine' is a copy of Van der Meulen: Louis XIV. did not cross the river, and is represented in the foreground.

> 'Satirique flatteur, toi qui pris tant de peine
> Pour chanter que Louis n'a pas passé le Rhin.'
> *Voltaire (from Prior).*

This salon was formed from the upper part of the old

chapel, where the many marriages of Louis XIV.'s children took place, beginning with the love-marriage of his lovely little daughter (by Mme de la Vallière), Mlle de Blois, with the Prince de Conti.

> 'L'habit de M. le Prince de Conti étoit inestimable ; c'étoit une borderie de diamans fort gros, qui suivoit les compartimens d'un velouté noir sur un fond de couleur de paille. On dit que la couleur de paille ne réussissit pas, et que Mme de Langeron, qui est l'âme de toute la parure de l'hôtel de Condé, en a été malade. En effet, voilà de ces sortes de choses dont on ne doit point se consoler. M. le Duc, Mme la Duchesse, et Mme de Bourbon avoient trois habits garnis de pierreries différentes pour les trois jours. Mais j'oubliois le meilleur, c'est que l'épée de M. le Prince étoit garnis de diamans.
>
> > 'La famosa spada
> > Al cui valore ogni vittoria è certa.
>
> La doublure du manteau du Prince de Conti étoit en satin noir, piqué de diamans comme de la moucheture. La princesse étoit romanesquement belle, et parée, et contente.
>
> > 'Qu'il est doux de trouver dans un amant qu'on aime
> > Un époux que l'on doit aimer !'
>
> *Mme de Sévigné.*

Here the Duc de Bourgogne, grandson of Louis XIV., was married to Marie Adélaïde de Savoie, long the darling of the king and Court. Here Philippe d'Orléans, Duc de Chartres (afterwards the Régent d'Orléans), was married to Françoise Marie de Bourbon, daughter of Louis XIV. and Mme de Montespan ; and here her brother, Louis-Auguste, Duc du Maine, was married to Louise-Bénédicité de Bourbon-Condé. Here also, in 1685, Louis XIV. was himself married to Mme de Maintenon by Harly, Archbishop of Paris, and the Père Lachaise, confessor of the king ; Bontems, first valet de chambre, and the Marquis de Montchevreuil being the witnesses.

The small room called the *Salle d'Abondance* leads (left, after passing an anteroom) to the *Salle des Etats-généraux* (with a statue of Bailly), whence the Petits Appartements de Louis XV.—noticed later—are sometimes reached.

The door on the opposite side of the Salle d'Abondance from which we entered, leads to the *Salle de Vénus*, marked by a group of the Three Graces. Next comes the *Salle de Diane*, with fine portraits of Marie Thérèse, attributed to *Beaubrun*, and Louis XIV., by *Rigaud*, perhaps the most characteristic of the many portraits of the king.

'Il parlait parfaitement bien ; s'il fallait badiner, s'il faisait des plaisanteries, s'il daignait faire un conte, c'était avec des grâces infinies, un tour noble et fin que je n'ai vu qu'à lui.'—*Mme de Caylus*, '*Souvenirs*.'

'Jamais homme si naturellement poli, ni d'une politesse si fort mesurée, si fort par degrés, ni qui distinguât mieux l'âge, le mérite, le rang, et dans ses réponses et dans ses manières. . . . Ses révérences, plus ou moins marquées, mais toujours légères, avaient une grâce et une majesté imcomparables. . . . Il était admirable à recevoir différemment les saluts à la tête des lignes de l'armée et aux revues. Mais surtout pour les femmes, rien n'était pareil. . . . Jamais il n'a passé devant le moindre coiffé sans ôter son chapeau, je dis aux femmes de chambre et qu'il connaissait pour telles. . . . Jamais il ne lui arriva de dire rien de désobligeant à personne. . . . Jamais devant le monde rien de déplacé ni de hasardé, mais, jusqu'au moindre geste, son marcher, son port, toute sa contenance, tout mesuré, tout décent, noble, grand, majestueux et toutefois très-naturel.'—*S. Simon*, xii. 461.

From the Salle de Diane we enter the *Salon de Mars*, which was used as a ball-room under Louis XIV., when it was decorated by some of the fine works of Paul Veronese and Titian, which are now in the Louvre. Over the chimney is the young Louis XIV. crowned by Victory. The great pictures represent the coronation of Louis XIV. and his interview with Philippe V. at the Ile des Faisans. Near the entrance is a portrait of Anne Geneviève de Bourbon, Duchesse de Longueville, the heroine of the Fronde.

'Mme de Longueville a naturellement du feu d'esprit, mais elle en a encore le fini et le tour. Sa capacité n'a pas été aidée par sa paresse. Elle avoit une langueur dans ses manières qui touchoit plus que le brillant de celles même qui étoient plus belles. Elle en avoit une, même dans l'esprit, qui avoit ses charmes, parce qu'elle avoit des réveils lumineux et surprenants.'—*Cardinal de Retz*, '*Mémoires*.'

'Il était impossible de la voir sans l'aimer et sans désirer de lui plaire. . . . Elle avait la manière de faire profession publique de bel esprit.'—*Mme de Motteville*.

'Assez folle de la faveur populaire pour aller faire ses couches à l'hôtel de ville; assez désabusée pour finir dans la pénitence d'un cloître une vie que l'amour et l'ambition avaient tour à tour agitée.'—*Vatout*.

Near the opposite door are (2054) the Duc de Longueville and (2053) the Prince de Condé. *Le Salon de Mercure* was the 'chambre de parade,' which served for the 'jeu du roi' on the 'jours d'appartement.' It contains good portraits of Louis XIII. and Anne of Austria, as well as of Louis XIV. and Marie Thérèse, of whom the king said at her death (July 30, 1683), 'Depuis vingt-trois ans, que nous sommes ensemble, voilà le premier chagrin qu'elle m'ait donné.' Here also are portraits of (2068) La Grande Mademoiselle, and of (2069) Marguerite Louise d'Orléans, wife of Cosimo de' Medici, Grand Duke of Tuscany. It was in this room, turned into a *chapelle ardente*, that the coffin of Louis XIV. lay in state for eight days.

Le Salon d'Apollon was formerly the throne-room. The three rings which supported the canopy are still in their places. Here Louis XIV. received the submission of the Doge of Venice, who answered to the courtiers who asked him what he found most remarkable at Versailles: 'C'est de m'y voir.'

Here also Louis XIV. held his last public audience, in 1715.

Amongst the pictures are—

2078. Entry of Louis XIV. and Marie Thérèse into Douai, 1667.

3503. Henriette d'Angleterre (Madame), youngest daughter of Charles I., and Philippe de France, Duc d'Orléans.

'La princesse d'Angleterre, belle-sœur du roi, apporta à la cour les agréments d'une conversation douce et animée, soutenue bientôt par la lecture des bons ouvrages et par un goût sûr et délicat. Elle inspira une émulation d'esprit nouvelle, et introduisit à la cour une politesse et des grâces dont à peine le reste de l'Europe avait l'idée.' *Voltaire.*

'Sa beauté régulière surprenoit tous ceux qui ne lui avoient vu, dans l'enfance, que de la laideur et des grâces. Si sa taille eût été parfaite, c'eût été le chef-d'œuvre de la nature. Sa conversation avoit mille agrémens : son esprit étoit enrichi de la lecture des meilleurs livres : quoique délicat et naturel, son goût étoit sûr et fin ; son humeur égale, charmante, telle qu'il la faut pour régner sur les François. Quoiqu'elle touchât au premier trône du monde, on voyoit à ses perfections, qu'elle avoit été nourrie dans le sein du malheur ; avec tout cela, le désir et le talent de plaire.'—*De la Beaumelle, 'Mémoires de Mme de Maintenon.'*

'Madame, que des siècles entiers auront peine à remplacer, et pour la beauté, et pour la jeunesse, et pour la danse.'—*Mme de Sévigné.*

3504. Anne Marie Louise d'Orléans, Mlle de Montpensier, as Bellona, and Gaston, Duc d'Orléans.

'Je suis grande, ni grasse ni maigre ; d'une taille fort belle et fort aisée. J'ai bonne mine ; la gorge assez bien faite ; les bras et les mains pas beaux, mais la peau belle, ainsi que la gorge. J'ai la jambe droite et le pied bien fait ; mes cheveux sont blonds et d'un beau cendré ; mon visage est long, le tour en est beau ; le nez grand et aquilin ; la bouche ni grande ni petite, mais façonnée, et d'une manière fort agréable ; les lèvres vermeilles ; les dents point belles, mais pas horribles aussi ; mes yeux sont bleus, ni grands ni petits, mais brillants, doux et fiers comme ma mine. J'ai l'air haut, sans l'avoir glorieux.'— *Portrait de Mlle de Montpensier fait par elle-même, Nov. 1657.*

As for Gaston d'Orléans—

'Il ressemblait à un fils de roi, mais mal nourri.'—*Mme de Motteville.*

2085. Henriette d'Angleterre, Duchesse d'Orléans.
2080. Henriette Marie de France, Queen of England. 'La reine malheureuse.'
2089. Marie Louise d'Orléans, Queen of Spain.

Le Salon de la Guerre is a magnificent room. The ceiling is adorned with pictures by *Lebrun*, celebrating the victories of Louis XIV.

'Les magnifiques tableaux historiques qui ornent la grande galerie de Versailles et ses deux salons, n'ont pas eu peu de part à irriter toute l'Europe contre le roi, et la liguer encore plus contre sa personne que contre son royaume.'—*S. Simon,* '*Mémoires,*' 1695.

(Over the chimney-piece) *Coysevox*: A relief of Louis XIV. on horseback, trampling upon his enemies.

La Grande Galerie des Glaces was built by Louis XIV. in the place of a terrace between two pavilions. The larger pictures are by *Lebrun*, the sculptured children on the cornice by *Coysevox*; the inscriptions are attributed to Boileau and Racine. All the symbolical paintings exalt Louis XIV. as a god.

'Rien n'était pareil à lui aux revues, aux fêtes, et partout où un air de galanterie pouvait avoir lieu par la présence des dames: mais toujours majestueux, quoique quelquefois avec de la gaîté, et jamais devant le monde rien de déplacé ni de hasardé; jusqu'au moindre geste, son marcher, son port, toute sa contenance, tout mesuré, tout décent, noble, grand, majestueux, et toutefois très-naturel, à quoi l'habitude et l'avantage incomparable et unique de toute sa figure donnaient une grande facilité. Aussi, dans les choses sérieuses, les audiences d'ambassadeurs, les cérémonies, jamais homme n'a tant imposé; et il fallait commencer par s'accoutumer à le voir, si en le haranguant on ne voulait s'exposer à demeurer court. Ses réponses en ces occasions étaient toujours courtes, justes, pleines et très rarement sans quelque chose d'obligeant, quelquefois même de flatteur, quand le discours le méritait. Le respect aussi qu'apportait sa présence en quelque lieu qu'il fût imposait un silence et jusqu'à une sorte de frayeur.'—*S. Simon.*

This gallery, which has a noble view down the gardens of the palace, was the scene of the great fêtes of the Court.

'Non-seulement le roi était sensible à la présence continuelle de ce qu'il y avait de distingué, mais il l'était aussi aux étages inférieurs. Il regardait à droite et à gauche à son lever, à son coucher, à ses repas, en passant dans les appartements, dans les jardins de Versailles, où seulement les courtisans avaient la liberté de le suivre; il voyait et remarquait tout le monde, aucun ne lui échappait, jusqu'à ceux qui n'espéraient pas même être vus. Il distinguait très bien en lui-même les absences de ceux qui étaient toujours à la cour, celles des passagers qui y venaient plus ou moins souvent, les causes générales ou particulières de ces absences; il les combinait, et ne perdait pas la plus légère occasion d'agir à leur égard en conséquence. C'était un démérite aux uns, et à tout ce qu'il y avait de distingué, de ne faire pas à la cour son séjour ordinaire, aux autres d'y venir rarement, et une disgrâce sûre pour qui n'y venait jamais, ou comme jamais. Quand il s'agissait de quelque chose pour eux : "Je ne le connais point," répondait-il fièrement. Sur ceux qui se présentaient rarement : "C'est un homme que je ne vois jamais," et ces arrêts-là étaient irrévocables.' *S. Simon,* 'Mémoires.'

Here also the memoirs of the time bring many strange scenes before us from the family life of the royal family, as on the announcement of the (compulsory) marriage of the Duc de Chartres (afterwards the Régent d'Orléans) with a natural daughter of Louis XIV. by Mme de Montespan.

'Madame se promenait dans la galerie avec Châteauthiers, sa favorite et digne de l'être; elle marchait à grands pas, son mouchoir à la main, pleurant sans contrainte, parlant assez haut, gesticulant et représentant bien Cérès après l'enlèvement de sa fille Proserpine, la cherchant en fureur et la redemandant à Jupiter. Chacun par respect lui laissait le champ libre et ne faisait que passer pour entrer dans l'appartement. Monseigneur et Monsieur s'étaient remis au lansquenet. Le premier me parut tout à son ordinaire. Jamais rien de si honteux que le visage de Monsieur, ni de si déconcerté que toute sa personne, et ce premier état lui dura plus d'un mois. M. son fils paraissait désolé, et sa future dans un embarras et une tristesse extrême. Quel que jeune qu'elle fût, quelque prodigieux que fût ce mariage, elle en voyait et en sentait toute la scène, et en appréhendait toutes les suites. . . . Le lendemain toute la cour fut chez Monsieur, chez Madame et chez M. le duc de Chartres, mais sans dire une parole ; on se contentait de faire la révérence, et tout s'y passa en parfait silence. On alla ensuite attendre à l'ordinaire la levée du conseil dans la galerie à la messe du roi. Madame y vint. M. son fils s'approche d'elle comme il faisait tous les jours pour lui baiser la main. En ce moment Madame lui appliqua un soufflet si sonore qu'il fut entendu de quelques pas, et qui, en présence de toute la cour, couvrit de confusion ce pauvre prince, et combla les infinis spectateurs, dont j'étais, d'un prodigieux étonnement.'—*S. Simon,* '*Mémoires,*' 1692.

'Le Parisien, le jour de la Pentecôte, court à Versailles pour y voir les princes, la procession des cordons-bleus, puis le parc, puis les ménageries. On lui ouvre les grands appartements ; on lui ferme les petits, qui sont les plus riches et les plus curieux.

'Il se présente à midi dans la galerie, pour contempler le roi qui va à la messe, et la reine, et Monsieur, et Madame, et Monseigneur comte d'Ar ois, et Madame comtesse d'Artois ; puis ils se disent l'un à l'autre : *As-tu vu le roi ?—Oui, il a ri.—C'est vrai ; il a ri.—Il paraît content.—Dame! c'est qu'il a de quoi.*'—*Tableau de Paris,* 1782.

It was in this gallery that King William of Prussia caused himself to be proclaimed German Emperor in January 1871.

From the Grande Galerie des Glaces, before advancing to the other galleries of the Musée, we should turn by first door on the left to *La Salle du Conseil*, which was divided under Louis XIV., the further part being the *Cabinet des Perruques*, where the king changed his wig several times a day. In the nearer part, called *Cabinet du Roi*, Louis XIV. transacted business with his ministers. In this room is preserved the clock of Louis XIV., which was stopped at the moment of his death, and has never been set in motion since.

The room was arranged as it is now under Louis XV., under whom Mme du Barry loved to display here her irrepressible audacity.

'C'était une Roxelane d'une gaieté familière, sans respect pour la dignité du souverain. Mme du Barry porta l'oubli des convenances jusqu'à vouloir un jour assister au conseil d'état : le roi eut la faiblesse d'y consentir ; elle y resta ridiculement perchée sur le bras de son fauteuil, et y fit toutes les petites singeries enfantines qui doivent plaire aux vieux sultans.

'Une autre fois elle saisit dans les mains du roi un paquet de lettres encore cachetées. . . . Le roi voulut se saisir du paquet ; elle résista, lui fit faire deux ou trois fois le tour de la table qui était au milieu de la salle du conseil, puis en passant devant la cheminée elle y jeta les lettres, qui furent consumées. Le roi devint furieux : il saisit son audacieuse maîtresse par le bras, et la mit à la porte sans lui parler. Mme du Barry se crut disgraciée ; elle rentra chez elle, et resta seule pendant deux heures, livrée à la plus grande inquiétude. Le roi vint la trouver ; la comtesse, en larmes, se précipita à ses pieds, et il lui pardonna.'—*Mme Campan, 'Mémoires.'*

It was in the embrasure of the first window of this same room that the panic-stricken M. de Brézé announced to Louis XVI. the terrible answer of Mirabeau, when the deputies were summoned to separate : 'Nous sommes ici par la volonté du peuple, et nous n'en sortirons que par la force des baïonnettes.'

From the Salle du Conseil we may turn aside to visit the very interesting historic rooms called *Les Petits Appartements de Louis XV.* (sometimes entered opposite the Salle des Etats-généraux, when the order is reversed), comprising the—

Chambre à coucher de Louis XV. This was the billiard-room of Louis XIV. It was here that the game-loving king accorded his friendship over the billiard-table to Chamillart, who rose to be minister.

'Le roi, qui s'amusait fort au billard dont le goût lui dura fort longtemps, y faisait presque tous les soirs d'hiver des parties avec M. de Vendôme et M. le Grand, et tantôt le maréchal de Villeroy, tantôt le duc de Grammont. Ils surent que Chamillart y jouait fort bien; ils voulurent en essayer à Paris. Ils en furent si contents, qu'ils en parlèrent au roi, et le vantèrent tant, qu'il dit à M. le Grand de l'amener la première fois qu'il irait à Paris. Il vint donc, et le roi trouva qu'on ne lui en avait rien dit de trop. M. de Vendôme et M. le Grand l'avaient pris en amitié et en protection encore plus que les deux autres, et firent en sorte qu'il fut admis une fois pour toutes dans la partie du roi où il était le plus fort de tous. Il s'y comporta si modestement et si bien, qu'il plut au roi et aux courtisans dont il se trouva protégé à l'envi au lieu d'en être moqué, comme il arrive à un nouveau-venu inconnu et de la ville.'—*S. Simon*, 1699.

This was the future minister for whom was composed the epitaph—

'Ci-gît le fameux Chamillard,
De son roi le protonotaire,
Qui fut un héros au billard,
Un zéro dans le ministère.'

It was in this room that an absurd conflict of sentimentality and common-sense took place after the attempt of Damiens to murder the king, when Louis XV. took to his bed, received the last sacraments, and gave his last directions as a dying man.

'M. de Landsmath, écuyer, commandeur de la vénerie, était un vieux militaire, qui avait donné de grandes preuves de valeur; rien n'avait pu soumettre son ton et son excessive franchise aux convenances et aux usages respectueux de la cour. Le roi l'aimait beaucoup. M. de Landsmath avait une voix tonnante. Entré chez Louis XV., le jour de l'horrible attentat de Damiens, peu d'instants après il trouva près du roi la Dauphine et Mesdames filles du roi ; toutes ces princesses, fondant en larmes, entouraient le lit de sa Majesté. "Faites sortir ces pleureuses, Sire," dit le vieil écuyer, "j'ai besoin de vous parler seul!" Le roi fit signe aux princesses de se retirer. "Allons!" dit Landsmath, "votre blessure n'est rien ; vous aviez force vestes et gilets." Puis découvrant sa poitrine : "Voyez," dit-il en lui montrant quatre ou cinq grandes cicatrices, "voilà qui compte ; il y a trente ans que j'ai reçu ces blessures ; allons, toussez fort." Le roi toussa. "Ce n'est rien," lui dit Landsmath, "*moquez-vous* de cela ; dans quatre jours nous forcerons un cerf." "Mais si le fer est empoisonné ?" dit le roi. "Vieux contes que tout cela," reprit-il ; "si la chose était possible, les vestes et les gilets auraient nettoyé le fer de quelques mauvaises drogues." Le roi fut calmé et passa une très-bonne nuit.'—*Mme Campan.*

But it was also in this room that Louis XV. really died, May 10, 1774, of malignant small-pox, which fifty persons caught from merely crossing the neighbouring gallery: though his three daughters nursed him with fearless devotion.

'Le roi est à toute extrémité : outre la petite-vérole, il a le pourpre : on ne peut entrer sans danger dans la chambre. M. de Latorière est mort pour avoir entr'ouvert sa porte, afin de regarder deux minutes. Les médecins eux-mêmes prennent toutes sortes de précautions pour se préserver de la contagion de ce mal affreux, et Mesdames, qui n'ont jamais eu la petite-vérole, qui ne sont plus jeunes, et dont la santé est naturellement mauvaise, sont toutes trois dans sa chambre, assises près de son lit et sous ses rideaux ; elles passent là le jour et la nuit. Tout le monde leur a fait de ce sujet les plus fortes représentations, on leur a dit que c'était plus qu'exposer leur vie, que c'était la sacrifier. Rien n'a pu les empêcher de remplir ce pieux devoir.'—*Souvenirs de Félicie.*

The pictures include—

The Coronation of Louis XV. ; Louis XV. as a child, by *Rigaud* ; and the six daughters of Louis XV., by *Nattier*.

The *Salon des Pendules* was the council-chamber of Louis XV. On the floor is a meridian line said to have been traced by Louis XVI. From a little window in this room, Louis XV., unseen himself, was fond of watching the courtyard and its arrivals. Hence also, as the fickle king saw the funeral train of his once beloved Mme de Pompadour leaving Versailles, he exclaimed, 'La Marquise a mauvais temps pour son voyage' !

La Salle d'Or et d'Argent contained a collection of precious stones under Louis XV. The valuables in this room were concealed at the Revolution behind a portrait of Mme de Maintenon. *La Salle des Buffets* was also the Cabinet de Travail de Louis XV. et XVI. Adjoining it is shown the oratory of Louis XIV. *Le Cabinet des Médailles* was previously part of a little gallery: it belonged to the apartment of Mme de Montespan.

La Bibliothèque de Louis XVI. Here the iron safe of Louis XVI., and the *livre rouge* which it contained, are said to have been found on the denunciation of Gamain. An autograph report of Mansart on some of his new buildings, with the notes of Louis XIV. on the margin, is preserved here. *La Salle des Porcelaines*, which has a fine tapestry portrait of Louis XV., was the apartment of the king's favourite daughter, Madame Adélaïde.

'Lous XV. descendait tous les matins, par un escalier dérobé, dans l'appartement de Madame Adélaïde. Souvent il y apportait et y prenait du café qu'il avait fait lui-même. Madame Adélaïde tirait un cordon de sonnette qui avertissait Madame Victoire de la visite du roi ; Madame Victoire en se levant pour aller chez sa sœur sonnait Madame Sophie, qui à son tour sonnait Madame Louise. Les appartements des princesses étaient très-vastes. Madame Louise logeait dans l'appartement le plus reculé. Cette dernière fille du roi était contrefaite et fort petite ; pour se rendre à la réunion quotidienne, la pauvre princesse traversait, en courant à toutes jambes, un grand nombre de chambres, et malgré son empressement elle n'avait souvent que le temps d'embrasser son père, qui partait de là pour la chasse.'—*Mme Campan.*

The Salle des Porcelaines leads to the *Escalier des Ambassadeurs*.

By a little window, lighted from an inner court, we reach the Salle à Manger, whence we enter the *Cabinet des Chasses*, looking upon the little court called *Cour des Cerfs*, which is surrounded by a balcony whither the royal family used to come to inspect the spoils of the chase. The iron grille on the left of the balcony communicated with the alcove of the chamber of Louis XV., which Mme du Barry entered by this means. The gilt door on the right of the entrance communicates with a staircase which led up to the apartments of Mme du Barry—small rooms lighted by round-headed windows. On the second story of the Cour des Cerfs, Louis XV. had some small private rooms, which Louis XVI. afterwards used as a workshop where he amused himself as a locksmith, and where, with the help of the workman Gamain, he constructed, in the beginning of 1792, his famous *armoire de fer*. Beyond this is the Salle des Etats-généraux (see p. 47).

From the Salle du Conseil we enter *La Chambre à coucher de Louis XIV.*

The original bed and furniture of this room gave twelve years' work to Simon Delobel, tapissier, valet de chambre du roi. The present bed was made under Louis Philippe. The counterpane, originally adorned with the 'Triumph of Venus,' was exchanged in the latter years of Louis XIV. for the 'Sacrifice of Abraham' and the 'Sacrifice of Iphigenia,' the work of the young ladies of S. Cyr. This quilt, found in two parts, in Germany and Italy, was recovered by Louis Philippe. No one was allowed inside the balustrade in which the bed is placed—*la ruelle*—without being especially summoned by the king. The pictures of S. John by Raffaelle, and David by Domenichino, which are now in the Louvre, were originally on either side of the bed. The portrait of Anne of Austria, mother of Louis XIV., hung here in the king's time. The other family portraits have been brought hither since.

'A huit heures le premier valet de chambre en quartier, qui avait couché seul dans la chambre du roi, et qui s'était habillé, l'éveillait. Le premier médecin, le premier chirurgien, et sa nourrice, tant qu'elle a vécu, entraient en même temps. Elle allait le baiser, les autres le frottaient, et souvent lui changeaient de chemise. Au quart on appelait le grand-chambellan, en son absence le premier gentilhomme de la chambre d'année, avec eux les grandes entrées. L'un de ces deux ouvrait le rideau qui était renfermé, et présentait l'eau bénite du bénitier du chevet du lit. Ces messieurs étaient là un moment, et c'en était un de parler au roi s'ils avaient quelque chose à lui dire ou à lui demander, et alors les autres s'éloignaient. Quand aucun d'eux n'avait à parler comme d'ordinaire, ils n'étaient là que quelques moments. Celui qui avait ouvert le rideau et présenté l'eau bénite, présentait le livre de l'office du Saint-Esprit, puis tous deux passaient dans le cabinet du conseil. Cet office fort court dit, le roi appelait, ils rentraient. Le même lui donnait sa robe de chambre, et cependant les secondes entrées, ou brevets d'affaires entraient ; peu de moments après, la chambre ; aussitôt ce qui était là de distingué, puis tout le monde, qui trouvait le roi se chaussant, car il faisait presque tout lui-même avec adresse et grâce. On lui voyait faire la barbe de deux jours l'un, et il avait une petite perruque courte, sans jamais en aucun temps, même au lit, les jours de médecine, paraître autrement en public. Souvent il parlait de chasse, et quelques fois quelque mot à quelqu'un. Point de toilette à portée de lui, on lui tenait seulement un miroir.

'Dès qu'il était habillé, il allait prier Dieu à la ruelle de son lit, où tout ce qu'il y avait de clergé se mettait à genoux, les cardinaux sans carreaux ; tous les laïques demeuraient debout, et le capitaine des gardes venait au balustre pendant la prière, d'où le roi passait dans son cabinet.'—*S. Simon.*

No one who considers this oppressive etiquette will wonder that, on hearing of it, Frederick the Great said that, if he was king of France, he would name another king to go through all that in his place.

The king used to dine in his chamber.

'Le dîner était toujours au petit couvert, c'est-à-dire seul dans sa chambre, sur une table carrée vis-à-vis la fenêtre du milieu. Il était plus ou moins abondant, car il ordonnait le matin petit couvert, ou très-petit couvert. Mais ce dernier était toujours beaucoup de plats, et de trois services sans le fruit. La table entrée, les principaux courtisans entraient, puis tout ce qui était connu, et le premier gentilhomme de la chambre en année allait avertir le roi. Il le servait, si le grand-chambellan n'y était pas.

'J'ai vu, mais fort rarement, Monseigneur et messeigneurs ses fils au petit couvert, debout, sans que jamais le roi leur ait proposé un siège. J'y ai vu continuellement les princes du sang et les cardinaux tout le long. J'y ai vu assez souvent Monsieur, ou venant de Saint-Cloud voir le roi, ou sortant du conseil de dépêches, le seul où il entrait. Il donnait la serviette et demeurait debout. Un peu après, le roi, voyant qu'il ne s'en allait point, lui demandait s'il ne voulait point s'asseoir, il faisait la révérence, et le roi ordonnait qu'on lui apportât un siège. On mettait un tabouret derrière lui. Quelques moments après, le roi lui disait : " Mon frère, asseyez-vous donc." Il faisait la révérence et s'asseyait jusqu'à la fin du dîner, qu'il présentait la serviette. D'autres fois, quand il venait de Saint-Cloud, le roi en arrivant à table demandait s'il ne voulait pas dîner. S'il le refusait, il s'en allait un moment après sans qu'il fût question de siège ; s'il l'acceptait, le roi demandait un couvert pour lui. La table était carrée ; il se mettait à un bout, le dos au cabinet. Alors le grand-chambellan, s'il servait, ou le premier gentilhomme de la chambre, donnait à boire et des assiettes à Monsieur, et prenait de lui celles qu'il ôtait, tout comme il faisait au roi, mais Monsieur recevait ce service avec une politesse fort marquée. Quand il était au dîner du roi, il remplissait et il égayait fort la conversation. Là, quoique à table, il donnait la serviette au roi en s'y mettant, et en sortant, et en la rendant au grand-chambellan ; il y lavait. Le roi, d'ordinaire, parlait peu à son dîner, quoique par-ci par-là quelques mots, à moins qu'il n'y eût de ces seigneurs familiers avec qui il causait un peu plus, ainsi qu'à son lever.'—*S. Simon*, 1715.

'Le roi sortant de table s'arrêtait moins d'un demi-quart d'heure, le dos appuyé contre le balustre de sa chambre. Il trouvait là un cercle de toutes les dames qui avaient été à son souper et qui l'y venaient attendre un peu avant qu'il sortît de table, excepté les dames assises qui ne sortaient qu'après lui, et qui, à la suite des princes et princesses qui avaient soupé avec lui, venaient une à une à faire une révérence, et achevaient de former le cercle debout où les autres dames avaient laissé un grand vide pour elles ; et tous les hommes derrière. Le roi s'amusait à remarquer les habits, les contenances, et la grâce des révérences, disait quelques mots aux princes et aux princesses qui avaient soupé avec lui et qui formaient le cercle auprès de lui des deux côtés, puis faisait la révérence aux dames à droite et à gauche, qu'il faisait encore une fois ou deux en s'en allant, avec une grâce et une majesté nonpareilles, parlait quelquefois, mais fort rarement à quelqu'une en passant, entrait dans son cabinet où il s'arrêtait pour donner l'ordre, et s'avançait après dans le second cabinet.'—*S. Simon*, 1710.

It was this room that witnessed the closing scenes of Louis XIV.'s life :—

'Il dit à Mme de Maintenon qu'il avait toujours ouï dire qu'il était difficile de se résoudre à la mort; que pour lui, qui se trouvait sur le point de ce moment si redoutable aux hommes, il ne trouvait pas que cette résolution fût si pénible à prendre. Elle lui répondit qu'elle l'était beaucoup quand on avait de l'attachement aux créatures, de la haine dans le cœur, des restitutions à faire. "Ah !" reprit le roi, "pour les restitutions à faire, je n'en dois à personne comme particulier ; mais pour celles que je dois au royaume, j'espère en la miséricorde de Dieu." La nuit qui suivit fut fort agitée. On lui voyait à tous moments joindre les mains, et on l'entendait dire les prières qu'il avait accoutumé en santé, et se frapper la poitrine au *Confiteor*.

'Le mercredi 28 août, il fit le matin une amitié à Mme de Maintenon qui ne lui plut guère, et à laquelle elle ne répondit pas un mot. Il lui dit que ce qui le consolait de la quitter était l'espérance, à l'âge où elle était, qu'ils se rejoindraient bientôt. Sur les sept heures du matin, il fit appeler le Père Tellier, et comme il lui parlait de Dieu, il vit dans le miroir de sa cheminée deux garçons de sa chambre assis au pied de son lit qui pleuraient. Il leur dit : "Pourquoi pleurez-vous ? est-ce que vous m'avez cru immortel ? Pour moi, je n'ai point cru l'être, et vous avez dû, à l'âge où je suis, vous préparer à me perdre."

'Le samedi 31 août, vers onze heures du soir on le trouva si mal qu'on lui dit les prières des agonisants. L'appareil le rappela à lui. Il récita les prières d'une voix si forte qu'elle se faisait entendre à travers celle d'un grand nombre d'ecclésiastiques et de tout ce qui était entré. A la fin des prières, il reconnut le Cardinal de Rohan et lui dit : "Ce sont là les dernières grâces de l'église." Ce fut le dernier homme à qui il parla. Il répéta plusieurs fois : *Nunc et in hora mortis*, puis dit : "O mon Dieu, venez à mon aide, hâtez-vous de me secourir !" Ce furent ses dernières paroles. Toute la nuit fut sans connaissance, et une longue agonie, qui finit le dimanche 1 septembre, 1715, à huit heures un quart du matin, trois jours avant qu'il eût soixante-dix-sept ans accomplis, dans la soixante-douzième année de son règne.

'De temps en temps, dès qu'il était libre, et dans les derniers jours où il avait banni toute affaire et tous autres soins, il était uniquement occupé de Dieu, de son salut, de son néant, jusqu'à lui être échappé quelquefois de dire : *Du temps que j'étais roi.* Absorbé d'avance en ce grand avenir où il se voyait si près d'entrer, avec un détachement sans regret, avec une humilité sans bassesse, avec un mépris de tout ce qui n'était plus pour lui, avec une bonté et une possession de son âme qui consolait les valets intérieurs qu'il voyait pleurer, il forma le spectacle le plus touchant ; et ce qui le rendit admirable, c'est qu'il se soutint toujours tout entier et toujours le même : sentiment de ses péchés sans la moindre terreur, confiance en Dieu, le dira-t-on ? tout entière, sans doute, sans inquiétude, mais fondée sur sa miséricorde et sur le sang de Jésus-Christ, résignation pareille sur son état personnel, sur sa durée, et regrettant de ne pas souffrir. Qui n'admirera une fin si supérieure, et en même temps si chrétienne ? mais qui n'en frémira ?—*S. Simon.*

When a king of France died the palace clock was stopped at the minute of his death, to remain motionless till the death of the next sovereign. The first gentleman standing in the balcony above the Cour de Marbre, cried three times : 'Le roi est mort !' then, breaking his wand of office, and taking a fresh one : 'Vive le roi !'

'Louis XIV. ne fut regretté que de ses valets intérieurs, de peu d'autres gens, et des chefs de l'affaire de la Constitution. Son successeur n'en était pas en âge. Madame n'avait plus pour lui que de la crainte et de la bienséance. Mme la duchesse de Berry ne l'aimait pas, et comptait aller régner. M. le duc d'Orléans n'était pas payé pour le pleurer, et ceux qui n'étaient n'en firent pas leur charge. Mme de Maintenon était excédée du roi depuis la perte de la Dauphine ; elle ne savait qu'en faire ni à quoi l'amuser ; sa contrainte en était triplée, parce qu'il était beaucoup plus chez elle, ou en parties avec elle. Elle était venue à bout de ce qu'elle avait voulu ; ainsi, quoi qu'elle perdît en perdant le roi, elle se sentit délivrée, et ne fut capable que de ce sentiment.

'Tout ce qui composait la cour était de deux sortes : les uns, en espérance de figurer, de se mêler, de s'introduire, étaient ravis de voir finir un règne sous lequel il n'y avait rien pour eux à attendre ; les autres, fatigués d'un joug pesant, toujours accablant, et celui des ministres bien plus que du roi, étaient charmés de se trouver au large ; tous, en général, d'être délivrés d'une gêne continuelle, et amoureux des nouveautés.

'Paris, las d'une dépendance qui avait tout assujéti, respira dans l'espoir de quelque liberté, et dans la joie de voir finir l'autorité de tant de gens qui en abusaient. Les provinces, au désespoir de leur ruine et de leur anéantissement, respirèrent et tressaillirent de joie ; et les parlements et toute espèce de judicature, anéantis par les édits et par les évocations, se flattèrent, les premiers de figurer, les autres de se trouver affranchis. Le peuple ruiné, accablé, désespéré, rendit grâces à Dieu, avec un éclat scandaleux, d'une délivrance dont les plus ardents désirs ne doutaient plus.'—*S. Simon,* '*Mémoires,*' 1715.

'Louis XIV. mourut sans avoir eu la douleur de voir la France descendre du rang où il l'avait élevée. Il descendit au tombeau tranquille, mais triste. La gloire de son règne était acquise ; il survivait à tous ceux qu'il y avait associés, comme pour la sceller en quelque sorte. Mais il devait jeter un œil inquiet sur l'avenir du règne qui allait naître de sa mort.'—*Balzac,* '*Six Rois de France.*'

La Salle de l'Œil de Bœuf (opening from the bedroom) is so called from its oval skylight. This was the king's antechamber, in which the courtiers awaited 'le grand lever du roi.' In a strange picture by *Nocret*, Louis XIV. is represented as Apollo, and all the rest of the royal family of the earlier part of his reign—Marie Thérèse, La Grande Mademoiselle, Madame (Henriette), Monsieur, Anne of Austria, Henrietta Maria (of England), and the four daughters of Monsieur—as gods and goddesses. Mercier describes the principal occupant of this chamber in the XVIII. c. :—

'Là vit un suisse carré et colossal : c'est un gros oiseau dans sa cage. Il boit, il mange, il dort dans cette antichambre, et n'en sort point : le reste du château lui est étranger. Un simple paravent sépare son lit et sa table des puissances de ce monde. Douze mots sonores ornent sa mémoire et composent son service : "*Passez, messieurs, passez !—Messieurs, le roi !—Retirez-vous !—On n'entre pas, monseigneur !*" Et Monseigneur file sans mot dire. Tout le monde le salue, personne ne le contredit ; sa voix chasse dans la galerie une nuée de comtes, de marquis et de ducs, qui fuyent devant sa parole. Il renvoie les princes et les princesses et ne leur parle que par monosyllabes. Aucune dignité subalterne ne lui impose ; il ouvre, pour le *maître*, la portière de glaces, et la referme ; le reste de la terre est égal à ses yeux. Quand sa voix retentit, les pelotons épars des courtisans s'amoncellent ou se dissipent : tous fixent leurs regards sur cette large main qui tourne le bouton ; immobile ou en action, elle a un effet surprenant sur tous ceux qui la regardent. Ses étrennes montent à cinq cents louis d'or ; car on n'oserait offrir à cette main un métal aussi vil que l'argent.'—*Tableau de Paris.*

The guardian now stationed in the Salle de l'Œil de Bœuf will admit visitors (50 c.) to *Les Petits Appartements de Marie-Antoinette,* previously used by Marie Leczinska. These little rooms are entered by the corridor by which the unfortunate Marie Antoinette escaped, October 6, 1789. The *Bibliothèque Rouge* was the oratory of Marie Thérèse, and the painting room of Marie Leczinska. The *Bibliothèque Bleue* leads to the *Bath-room* of Marie Leczinska. The *Salon de la Reine* has panelling of the time of Marie Antoinette.

It was in her old age, as superintendent of the imperial college of Ecouen, that Mme Campan wrote :—

'J'ai beaucoup vécu ; la fortune m'a mise à portée de voir et de juger les femmes célèbres de plusieurs époques. J'ai fréquenté de jeunes personnes, dont les grâces et l'aimable caractère seront connus longtemps après elles. Jamais dans aucun rang, dans aucun âge, je n'ai trouvé de femme d'un naturel aussi séduisant que Marie-Antoinette ; à qui l'éclat éblouissant de la couronne laissât un cœur aussi tendre ; qui, sous le poids des malheurs, se montrât plus compatissante aux malheurs d'autrui ; je n'en ai pas vu d'aussi héroïque dans le danger, d'aussi éloquente dans l'occasion, d'aussi franchement gaie dans la prospérité.'

L'Antichambre du Roi (behind the Œil de Bœuf) was used for dinners when there was *grand couvert*, to which only *fils et petits-fils de France* were admitted.

> No. 2149. The Institution of the Military Order of S. Louis is very interesting as showing Louis XVI. in his bedchamber. In 1836 it served as a guide for the restoration of that room.

La Salle des Gardes, at the top of the marble staircase, was used for the household guard of the king.

> No. 2130 is a curious picture representing the Carrousel or Tournament given by Louis XIV. before the Tuileries, June 16, 1662.

(Returning into the Grande Galerie des Glaces, on the left, at the bottom of this gallery we enter the Salon de la Paix, a pendant to the Salon de la Guerre at the other end of the gallery.)

Le Salon de la Paix has a picture over the chimney-piece by *Le Moyne* representing Louis XV. as a god giving peace to Europe. The frescoes of this room are of the kind so offensive to foreign powers: Holland on its knees receiving upon its buckler the arrows which Love brings it with olive branches—symbolical of the provinces which the king had conquered from it, and the peace which he had given it, &c. On the ceiling is France drawn in a triumphal car by turtledoves, harnessed by Love — symbolical of the marriages of the Dauphin with a Bavarian princess, and of Mademoiselle with the King of Spain. This room was used as a *Salle de Jeu*, and immense sums were lost here. Mme de Montespan lost 400,000 pistoles here in one night at *biribi*.

It was in this room that the king and Mme de Maintenon remained (1712) during the last agonising hours of the Duchesse de Bourgogne, who had been the light of their existence; that they received the opinions of the seven physicians in office; and that the Queen of England (hurrying from S. Germain) vainly tried to comfort them in the greatest sorrow of their lives—'Ils étaient l'un et l'autre dans la plus amère douleur.'

La Chambre de la Reine was that of Marie Thérèse, wife of Louis XIV., who died there. It was afterwards inhabited by his beloved granddaughter-in-law, the Duchesse de Bourgogne. The Duchesse d'Orléans describes the scene in this room after the news arrived of the sudden death of the Dauphin (son of Louis XIV.) at Meudon, when he was supposed to be recovering from the small-pox.

'16 Avril, 1711.—Je courus chez la duchesse de Bourgogne, où j'assistai à un spectacle navrant. Le duc et la duchesse de Bourgogne étaient bouleversés, pâles comme la mort, et ne disant pas un mot; le duc et la duchesse de Berry étaient étendus par terre, les coudes sur un lit de repos, et criaient tellement qu'on les entendait à trois pièces de là; mon fils et Mme d'Orléans pleuraient en silence et faisaient leur possible pour calmer le duc et la duchesse de Berry. Toutes les dames étaient par terre, à pleurer autour de la duchesse de Bourgogne. J'accompagnai le duc et la duchesse de Berry à leur appartement; ils se couchèrent, mais n'en continuèrent pas moins à crier.'—*Correspondance de Madame.*

In this room the Duchesse de Bourgogne died.

'Beaucoup de qualités aimables lui attachaient les cœurs, tandis que sa situation personnelle avec son époux, avec le roi, avec Mme de Maintenon lui attira les hommages de l'ambition. Elle avait su travailler à s'y mettre dès les premiers moments de son arrivée, elle ne cessa tant qu'elle vécut de continuer un travail si utile, et dont elle recueillit sans cesse tous les fruits. Douce, timide, mais adroite, bonne jusqu'à craindre faire la moindre peine à personne, et toute légère et vive qu'elle était, très capable de vues et de suites de la plus longue haleine, la contrainte jusqu'à la gêne, dont elle sentait tout le poids, semblait ne lui rien coûter. La complaisance lui était naturelle, coulait de source, elle en avait jusque pour sa cour.

'Elle voulait plaire même aux personnes les plus inutiles et les plus médiocres, sans qu'elle parût le rechercher. On était tenté de la croire toute et uniquement à celles avec qui elle se trouvait. Sa gaîté jeune, vive, active, animait tout, et sa légèreté de nymphe la portait partout comme un tourbillon qui remplit plusieurs lieux à la fois, et qui y donna le mouvement et la vie. Elle ornait tous les spectacles, était l'âme des fêtes, des plaisirs, des bals, et y ravissait par les grâces, la justesse et la perfection de sa danse. Elle n'épargna rien jusqu'à sa santé, elle n'oublia pas jusqu'aux plus petites choses, et sans cesse, pour gagner Mme de Maintenon, et le roi par elle.

'En public sérieuse, mesurée, respectueuse avec le roi, et en timide bienséance avec Mme de Maintenon, qu'elle n'appelait jamais que *ma tante*, pour confondre joliment le rang et l'amitié. En particulier, causant, sautant, voltigeant autour d'eux, tantôt perchée sur le bras du fauteuil de l'un ou de l'autre, tantôt se jouant sur leurs genoux, elle leur sautait au cou, les embrassait, les baisait, les caressait, les chiffonnait, leur tirait le dessous de menton, les tourmentait, fouillait leurs tables, leurs papiers, leurs lettres, les décachetait, les lisait quelquefois malgré eux, selon qu'elle les voyait en humeur d'en rire, et parlant quelquefois dessus.

'Le roi ne se pouvait passer d'elle. Tout lui manquait dans l'intérieur lorsque des parties de plaisir, que la tendresse et la considération du roi pour elle voulaient souvent qu'elle fît pour la divertir, l'empêchaient d'être avec lui, et jusqu'à son souper public, quand rarement elle y manquait, il y paraissait par un nuage de plus sérieux et de silence sur toute la personne du roi.

'Avec elle s'éclipsèrent joie, plaisirs, amusements même, et toutes espèces de grâces ; les ténèbres couvrirent toute la surface de la cour ; elle l'animait tout entière, elle en remplissait tous les lieux à la fois, elle y occupait tout, elle en pénétrait tout l'intérieur. Si la cour subsista après elle, ce ne fut plus que pour languir. Jamais princesse si regrettée, jamais il n'en fut de si digne de l'être, aussi les regrets n'en ont-ils pu passer, et l'amertume involontaire et secrète en est constamment demeurée, avec un vide affreux qui n'a pu être diminué,'—S. *Simon.*

Louis XV. and Philippe V. of Spain were both born in this room. Here Marie Leczinska died, and here also Marie Antoinette gave birth to Marie Thérèse, afterwards Duchesse d'Angoulême, Madame Royale.

'La famille royale, les princes du sang et les grandes charges passèrent la nuit dans les pièces qui tenaient à la chambre de la reine. Madame, fille du roi, vint au monde avant midi le 19 décembre (1778). *L'usage* de laisser entrer indistinctement tout ce qui se présentait au moment de l'accouchement des reines fut observé avec une telle exaggération, qu'à l'instant où l'accoucheur Vermond dit à haute voix : *La reine va accoucher,* les flots de curieux qui se précipitèrent dans la chambre furent si nombreux et si tumultueux, que ce mouvement pensa faire périr la reine. Le roi avait eu, dans la nuit, la précaution de faire attacher avec des cordes les immenses paravents de tapisserie qui environnaient le lit de sa Majesté : sans cette précaution ils auraient à coup sûr été renversés sur elle. Il ne fut plus possible de remuer dans la chambre : elle se trouva remplie d'une foule si mélangée, qu'on pouvait se croire dans une place publique. Deux Savoyards montèrent sur des meubles pour voir plus à leur aise la reine placée en face de la cheminée, sur un lit dressé pour le moment de ses couches. Ce bruit, le sexe de l'enfant que la reine avait eu le temps de connaître par un signe convenu, dit-on, avec la princesse de Lamballe, ou une faute de l'accoucheur, supprimèrent à l'instant les suites naturelles de l'accouchement. Le sang se porta à la tête, la bouche se tourna, l'accoucheur cria : *De l'air, de l'eau chaude ! il faut une saignée au pied !* Les fenêtres avaient été calfeutrées ; le roi les ouvrit avec une force que sa tendresse pour la reine pouvait seule lui donner, ces fenêtres étant d'une très-grande hauteur, et collées avec des bandes de papier dans toute leur étendue. Le bassin d'eau chaude n'arrivant pas assez vite, l'accoucheur dit au premier chirurgien de la reine de piquer à sec ; il le fit, le sang jaillit avec force, la reine ouvrit les yeux. On eut peine à retenir la joie qui succéda si rapidement aux plus vives alarmes. On avait emporté à travers la foule la princesse de Lamballe sans connaissance. Les valets de chambre, les huissiers prenaient au collet les curieux indiscrets qui ne s'empressaient pas de sortir pour dégager la chambre. Ce cruel *usage* fut pour toujours aboli.

Les princes de la famille, les princes du sang, le chancelier, les ministres suffisaient bien pour attester la légitimité d'un prince héréditaire. La reine revint des portes de la mort.'—*Mme Campan.*

Here it was that Marie Antoinette, accustomed to the simplicity and freedom of the Austrian Court, suffered so cruelly from the etiquette of Versailles.

'L'habillement de la princesse était un chef-d'œuvre d'étiquette; tout y était réglé. La dame d'honneur et la dame d'atours, toutes deux, si elles s'y trouvaient ensemble, aidées de la première femme et de deux femmes ordinaires, faisaient le service principal; mais il y avait entre elles des distinctions. La dame d'atours passait le jupon, présentait la robe. La dame d'honneur versait l'eau pour laver les mains et passait la chemise. Lorsqu'une princesse de la famille royale se trouvait à l'habillement la dame d'honneur lui cédait cette dernière fonction, mais ne la cédait pas directement aux princesses du sang; dans ce cas la dame d'honneur remettait la chemise à la première femme, qui la présentait à la princesse du sang. Chacune de ces dames observait scrupuleusement ces usages, comme tenant à des droits. Un jour d'hiver, il arriva que la reine, déjà toute déshabillée, était au moment de passer sa chemise; je la tenais toute dépliée: la dame d'honneur entre, se hâte d'ôter ses gants, et prend la chemise. On gratte à la porte, on ouvre; c'est Mme la duchesse d'Orléans; ses gants sont ôtés, elle s'avance pour prendre la chemise; mais la dame d'honneur ne doit pas la lui présenter; elle me la rend, je la donne à la princesse: on gratte de nouveau: c'est Madame, comtesse de Provence; la duchesse d'Orléans lui présente la chemise. La reine tenait ses bras croisés sur sa poitrine et paraissait avoir froid. Madame voit son attitude pénible, se contente de jeter son mouchoir, garde ses gants, et, en passant la chemise, décoiffe la reine, qui se met à rire pour déguiser son impatience; mais après avoir dit plusieurs fois entre ses dents : *C'est odieux! quelle importunité!*'—*Mme Campan.*

The pictures comprise :—

2092. *Lebrun* : Marriage of Louis XIV.
2091. *Ant. Dieu* : Birth of the Duc de Bourgogne.
2095. *Ant. Dieu* : Marriage of the Duc de Bourgogne and Marie Adélaïde de Savoie.

These pictures are very interesting as showing the different members of the royal family, of whom we have heard so much, at three different times. The portraits are—

2097. *Mme Lebrun*: Marie-Antoinette.

'Qui donnait tant d'éclat au trône des Bourbons,
  Tant de charme au pouvoir, tant de grâce à ses dons.'

Delille.

'Grande, admirablement bien faite. . . . La femme de France qui marchait le mieux, portant la tête élevée sur un beau cou grec.'—*Mémoires de Mme Vigée-Lebrun,* i. 64.

2096. *Nattier*: Marie Leczinska.

This picture of Marie Leczinska partly conceals the door of the passage by which Marie Antoinette escaped from her bed-chamber on the terrible night of October 6, 1789.

'La reine se coucha à deux heures du matin, elle s'endormit, fatiguée par une journée pénible. Elle avait ordonné à ses deux femmes de se mettre au lit, pensant toujours qu'il n'y avait rien à craindre, du moins pour cette nuit. Mais l'infortunée princesse dut sa vie au sentiment d'attachement qui les empêcha de lui obéir.

'Au sortir de la chambre de la reine, ces dames appelèrent leurs femmes de chambre, et se réunirent toutes quatre, assises contre la porte de la chambre à coucher de sa Majesté. Vers quatre heures et demie du matin, elles entendirent des cris horribles et quelques coups de fusil ; l'une d'elles entra chez la reine pour la réveiller, et la faire sortir de son lit ; ma sœur vola vers l'endroit où lui paraissait être le tumulte ; elle ouvrit la porte de l'antichambre qui donne dans la grande salle des gardes, et vit un garde de corps, tenant son fusil à travers de la porte, et qui était assailli par une multitude qui lui portait des coups ; son visage était déjà couvert de sang ; il se retourna, et lui cria : *Madame, sauvez la reine, on vient pour l'assassiner.* Elle ferma soudain la porte sur cette malheureuse victime de son devoir, poussa le grand verrou, et prit la même précaution en sortant de la pièce suivante, et après être arrivée à la chambre de la reine, elle lui cria : *Sortez du lit, Madame : ne vous habillez pas ; sauvez-vous chez le roi !* La reine, épouvantée, se jette hors du lit ; on lui passe un jupon, sans le nouer, et ces deux dames la conduisent vers l'œil de bœuf. Une porte du cabinet de toilette de la reine, qui tenait à cette pièce, n'était jamais fermée que de son côté. Quel moment affreux ! elle se trouva fermée de l'autre côté. On frappa à coups redoublés ; un domestique d'un valet de chambre du roi vient ouvrir ; la reine entre dans la chambre de Louis XVI., et ne l'y trouve pas. Alarmé pour les jours de la reine, il était descendu par les escaliers et les corridors qui régnaient sous l'œil de bœuf et le conduisaient habituellement chez la reine, sans avoir besoin de traverser cette pièce. Il entre chez sa Majesté, et n'y trouve que des gardes du corps qui s'y étaient réfugiés. Le roi leur dit d'attendre quelques instants, craignant d'exposer leur vie, et leur fit dire ensuite de se rendre à l'œil de bœuf. Mme de Tourzel, alors gouvernante des enfants de France, venait de conduire Madame et le dauphin chez le roi. La reine revit ses enfants. On peut se peindre cette scène d'attendrissement et de désolation.'—*Mme Campan.*

'Les assassins, n'éprouvant plus de résistance, entrèrent, et pénétrèrent jusqu'au lit de la reine, dont ils soulevèrent les rideaux. Furieux de voir que leur victime leur était échappée, ils se jetèrent sur ce lit, et le percèrent de leurs piques. De l'appartement de la reine, ils retournèrent dans la galerie, pour forcer l'œil-de-bœuf et l'appartement du roi. Dans la rage qui les transportait, ils auraient massacré la famille royale, s'ils n'avaient rencontré dans cette antichambre d'anciens grenadiers des gardes françaises qui avaient pris les gardes du corps sous leur protection, et qui, de concert avec un petit nombre d'entre eux, défendaient la porte du roi. Les grenadiers menacèrent cette horde exécrable de faire feu, si elle ne quittait pas à l'instant le château. Elle s'écoule par le grand escalier, et alla rejoindre dans la cour le groupe des brigands qui se préparaient à mettre à mort les quinze gardes du corps, sous les fenêtres mêmes du roi.'—*Weber, 'Mémoires.'*

The next room, *Le Salon de la Reine*, was the meeting place for the Court of Louis XIV. after dinner. Mme de Sévigné describes the scene whilst Mme de Montespan was in the height of her favour.

'29 Juillet, 1676.—Vous connoissez la toilette de la reine, la messe, le dîner ; mais il n'est plus besoin de se faire étouffer pendant que Leurs Majestés sont à table ; car à trois heures, le roi, la reine, Monsieur, Madame, Mademoiselle, tout ce qu'il y a de princes et de princesses, Mme de Montespan, toute sa suite, tous les courtisans, toutes les dames, enfin ce qui s'appelle la cour de France, se trouve dans ce bel appartement du roi que vous connoissez. Tout est meublé divinement, tout est magnifique. On ne sait ce que c'est que d'y avoir chaud ; on passe d'un lieu à l'autre, sans faire la presse nulle part. Un jeu de renversi donne la forme, et fixe tout. Le roi est auprès de Mme de Montespan, qui tient la carte ; Monsieur, la reine, et Mme de Soubise, Dangeau et Compagnie, Langlée et Compagnie ; mille louis sont répandus sur ce tapis, il n'y a point d'autres jetons. . . . Je saluai le roi, ainsi que vous me l'avez appris ; il me rendit mon salut, comme si j'avois été jeune et belle. La reine me parla longtemps de ma maladie, que si c'eût été une couche. M. le duc me fit mille de ces caresses, à quoi il ne pense pas, enfin *tutti quanti*. Mme de Montespan me parla de Bourbon, elle me pria de lui conter Vichi. C'est une chose surprenante que sa beauté ; sa taille n'est pas de la moitié si grosse qu'elle étoit, sans que son teint, ni ses yeux, ni ses lèvres ne soient moins bien. Elle étoit toute habillée de point de France, coiffée de mille boucles ; les deux des tempes lui tombent fort bas sur les joues ; des rubans noirs à sa tête, des perles de la maréchale de l'Hôpital, embellies des boucles et des pendeloques de diamans de la dernière beauté, trois ou quatre poinçons, point de coiffe, en un mot, une triomphante beauté à faire admirer à tous les ambassadeurs. Elle a su qu'on se plaignoit qu'elle empêchoit toute la France de voir le roi ; elle l'a redonné, comme vous voyez ; et vous ne sauriez croire la joie que tout le monde en a, ni de quelle beauté cela rend la cour. Cette agréable confusion, sans confusion, de tout ce qu'il y a de plus choisi, dure depuis trois heures jusqu'à six. S'il vient des courriers, le roi se retire un moment pour lire ses lettres, puis revient. Il y a toujours quelque musique qu'il écoute, et qui fait un très-bon effet ; il cause avec les dames qui ont accoutumé d'avoir cet honneur. Enfin on quitte le jeu à six heures. . . . On monte à six heures en calèche, le roi, Mme de Montespan, M. et Mme de Thianges, et la bonne d'Heudicourt sur le strapontin, c'est-à-dire, comme en paradis, ou dans la gloire de Niquée. Vous savez comme ces calèches sont faites ; on ne se regarde point, on est tourné du même côté. La reine étoit dans une autre avec les princesses, et ensuite tout le monde attroupé selon sa fantaisie. On va sur le canal dans des gondoles, on trouve de la musique, on revient à dix heures, on trouve la comédie, minuit sonne, on fait *media noche*.'

The pictures in this room include:—

2099. *Joseph Christophe*: The Baptism of Louis de France, Dauphin, son of Louis XIV.
2110. Establishment of the Hôtel des Invalides.
2098. Visit of Louis XIV. to the Gobelins.

The portraits are:—

2101. *Hyacinthe Rigaud*: Louis de France, Duc de Bourgogne, the beloved pupil of Fénelon.

'Un prince que tout le monde ne pouvait s'empêcher de respecter, et dont le peu qu'il disait dans le conseil ou dans les occasions, était recueilli avec une attention surprenante, et portait un véritable poids.

'Il était plutôt petit que grand, le visage long et brun, le haut parfait, avec les plus beaux yeux du monde, un regard vif, touchant, frappant, admirable, assez ordinairement doux, toujours perçant, et une physionomie agréable, haute, fine, spirituelle jusqu'à inspirer de l'esprit. Le bas du visage assez pointu, et le nez long, élevé, mais point beau, n'allait pas si bien; des cheveux châtains si crépus et en telle quantité qu'ils bouffaient à l'excès. . . . On s'aperçut de bonne heure que sa taille commençait à tourner. Il devint bossu.'—*S. Simon.*

'C'était un homme vertueux, juste et intelligent. Il soulageait le roi [Louis XIV.] où il pouvait, était miséricordieux, faisait beaucoup l'aumône: il avait vendu tous les joyaux de sa mère et donné l'argent à de pauvres officiers blessés. Il a fait tout le bien qui était en son pouvoir, et de sa vie il n'a fait de mal à personne.'—*Correspondance de Madame.*

2101. Marie Adélaïde de Savoie, Duchesse de Bourgogne.

'4 Nov., 1696. Elle a la meilleure grâce, et la plus belle taille que j'ai jamais vue; habillée à peindre et coiffée de même; les yeux vifs et très-beaux, les paupières noires et admirables; le teint fort uni, blanc et rouge comme on peut le désirer, les plus beaux cheveux noirs que l'on puisse voir et en grande quantité; la bouche fort vermeille, les lèvres grosses, les dents blanches, longues et fort mal rangées, les mains bien faites, mais de la couleur de son âge. . . . Je suis tout à fait content. . . . J'espère que vous le serez aussi. . . . L'air est noble, les manières polies et agréables. J'ai plaisir à vous en dire du bien, car je trouve que, sans préoccupation et sans flatterie, tout m'y oblige.'—*Louis XIV. to Mme de Maintenon after meeting the Duchesse de Bourgogne at Montargis.*

'15 Déc. 1710. Pour la duchesse de Bourgogne, je vois aujourd'hui tout le monde chanter ses louanges, lui croire un bon cœur, lui trouver un grand esprit, convenir qu'elle sait tenir une grosse cour en respect : je la vois adorée de M. le duc de Bourgogne, tendrement aimée du roi, qui vient de lui remettre sa maison entre les mains pour en disposer comme elle voudra, en disant publiquement qu'elle sera capable de gouverner de plus grandes choses.'[1]—*Mme de Maintenon.*

'Le roi [Louis XIV.] l'avait élevée tout à fait à son idée : elle était toute sa consolation, toute sa joie. Elle avait l'humeur si gaie qu'elle trouvait toujours le moyen de le dérider, quelque maussade qu'il fût. Cent fois par jour elle accourait auprès de lui et chaque fois lui disait quelque chose de plaisant.'—*Correspondance de Madame.*

2103. *Rigaud*: Philippe V., Roi d'Espagne, grandson of Louis XIV.
2104. Charles de France, Duc de Berry, grandson of Louis XIV., younger brother of the Duc de Bourgogne and Philippe V. of Spain, who died May 4, 1714, with strong suspicions of poison.

'M. le duc de Berry était de la hauteur ordinaire de la plupart des hommes, assez gros, et de partout, d'un beau blond, un visage frais, assez beau, et qui marquait une brillante santé. Il était fait pour la société, et pour les plaisirs qu'il aimait tous ; le meilleur homme, le plus doux, le plus compatissant, le plus accessible, sans gloire et sans vanité, mais non sans dignité, ni sans le sentir. C'était le plus beau et le plus accueillant des trois frères, par conséquent le plus aimé, le plus caressé, le plus attaqué du monde. Il était le fils favori de Monseigneur par goût, par le naturel du sien pour la liberté et pour le plaisir.'—*S. Simon.*

L'Antichambre de la Reine. This was used as a dining room for the *grand couvert de la reine.*

'Un des usages les plus désagréables était pour la reine celui de dîner tous les jours en public. Marie Leczinska avait suivi constamment cette coutume fatigante ; Marie-Antoinette l'observa tant qu'elle fut dauphine. Le dauphin dînait avec elle, et chaque ménage de la famille avait tous les jours son dîner public. Les huissiers laissaient

---

[1] Letter to the Princesse des Ursins.

entrer tous les gens proprement mis ; ce spectacle faisait le bonheur des provinciaux. A l'heure des dîners on ne rencontrait dans les escaliers que de braves gens qui, après avoir vu la dauphine manger sa soupe, allaient voir les princes manger leur bouilli, et qui couraient ensuite à perte d'haleine pour aller voir Mesdames manger leur dessert.'—*Mme Campan.*

The ceiling comes from the Ducal Palace at Venice. The pictures comprise—

2106. *Halle* : The Doge of Venice and Louis XIV.
2605. *E. Tranque* : Siege of Lille.
2109. *Lebrun* : Louis XIV. on horseback.

'Le roi l'emportait sur tous ses courtisans par la richesse de sa taille et par la beauté majestueuse de ses traits ; le son de sa voix, noble et touchant, gagnait les cœurs qu'intimidait sa présence : il avait une démarche qui ne pouvait convenir qu'à lui et à son rang, et qui eût été ridicule en tout autre ; l'embarras qu'il inspirait à ceux qui lui parlaient flattait en secret la complaisance avec laquelle il sentait sa supériorité. Louis XIV est assez désigné dans ces deux vers de la *Bérénice* de Racine :—

' " Qu'en quelque obscurité que le ciel l'eût fait naître,
Le monde, en le voyant, eût reconnu son maître." '

Voltaire.

2107. *Lebrun and Vandermeulen* : The Defeat of the Spanish army at Bruges, Aug. 3, 1667.
2108. *Girard* : Philippe de France, Comte d'Anjou (second grandson of Louis XIV.), declared King of Spain, as Philippe V.

The portraits are—

2113. Mme de Maintenon.
2115. Louis Alexandre de Bourbon, Comte de Toulouse, second son of Louis XIV. and Mme de Montespan.

'C'était un homme fort court, mais l'honneur, la vertu, la droiture, la vérité, l'équité même, avec un accueil aussi gracieux qu'un froid naturel, mais glacial, le pouvait permettre ; de la valeur et de l'envie de faire, mais par les bonnes voies, et en qui le sens droit et juste, pour le très-ordinaire, suppléait à l'esprit.'—*S. Simon.*

2110. Anne de Chabot-Rohan, Comtesse de Soubise.
2114. Louis de Bourbon, Comte de Vermandois, son of Louis XIV. and Mlle de la Vallière.

By the door which the Garde du Corps was murdered while defending, October 6, 1789, and which the bedchamber women bolted on the inside, we enter *La Salle des Gardes de la Reine* invaded by the torrent of revolutionists armed with pikes and sabres, shrieking for the blood of Marie Antoinette.

2116. *After Mignard*: Louis de France, le Grand Dauphin, and his family.
2117. *Santerre*: Marie Adélaïde de Savoie, Duchesse de Bourgogne, afterwards Dauphine. A lovely picture.

'Tout ce que dit Mme la Dauphine est juste et d'un bon tour; il n'y a rien à souhaiter, ni pour l'esprit, ni pour l'humeur, et cela est si bon, qu'on en oublie le reste.'—*Mme de Sévigné.*

Now, for a moment, we quit the historic recollections of the old régime to enter upon *La Salle du Sacre*, furnished *à l'Empire*, and adorned with busts of Josephine, Marie Louise, and the parents of Napoleon. In the centre is 'Gli Ultimi Giorni di Napoleone primo,' a noble work of Vela, 1860. On the walls are—

2277. *David*: Coronation of Napoleon I.—an immense picture, containing one hundred figures. The painter at first represented Pius VII. with his hands upon his knees. The Emperor forced him to alter this, saying, 'Je ne l'ai pas fait venir de si loin pour ne rien faire.' When the Emperor went to the artist's studio to see the picture—

'Les personnes de la cour reprochaient au peintre d'avoir fait de l'impératrice l'héroïne du tableau, en représentant plutôt son couronnement que celui de Napoléon. L'objection n'était certainement pas sans fondement.... On aurait dû penser que le nouveau souverain avait tout prévu, tout calculé, tout arrangé d'avance avec son premier peintre.... Lorsque toute la cour fut rangée devant le tableau,

Napoléon, la tête couverte, se promena pendant plus d'une demi-heure devant cette large toile, en examina tous les détails avec la plus scrupuleuse attention, tandis que David et tous les assistants demeuraient dans l'immobilité et le silence. . . . Enfin il prit la parole, et dit : " C'est bien, très-bien, David. Vous avez deviné toute ma pensée ; vous m'avez fait chevalier français ! Je vous sais gré d'avoir transmis aux siècles à venir la preuve d'affection que j'ai voulu donner à celle qui partage avec moi les peines du gouvernement." Bientôt Napoléon, faisant deux pas vers David, leva son chapeau, et faisant une légère inclination de tête, lui dit d'une voix très-élevée : " David, je vous salue."'—*Delescluze.*

The picture represents many persons not present, as Mme Mère, who was at Rome at the time of the coronation.

2278. *David* : Distribution of Eagles to the Army, Dec. 5, 1804.
2276. *Gros* : The Battle of Aboukir, July 25, 1799.
Between the windows are portraits of Napoleon at different times. That (No. 2279) representing him during the Italian campaigns is by *Rouillard.*

With the second of the two succeeding rooms we return to the times of Louis XIV., as it was the Grand Cabinet of Mme de Maintenon—'la toute-puissante,' as the Duchesse d'Orléans calls her in her letters.

'L'appartement de Mme de Maintenon était de plain-pied et faisant face à la salle des gardes du roi. L'antichambre était plutôt un passage long en travers, étroit, jusqu'à une autre antichambre toute pareille de forme, dans laquelle les seuls capitaines des gardes entraient, puis une grande chambre très-profonde. Entre la porte, par où on y entrait de cette seconde antichambre, et la cheminée, était le fauteuil du roi adossé à la muraille, une table devant lui, et un pliant pour le ministre qui travaillait. De l'autre côté de la cheminée une niche de damas rouge et un fauteuil où se tenait Mme de Maintenon avec une petite table devant elle. Plus loin son lit dans un enfoncement. Vis-à-vis les pieds du lit une porte à cinq marches à monter, puis un fort grand cabinet qui donnait dans la première antichambre de l'appartement de jour de Monseigneur le duc de Bourgogne, que cette porte enfilait, et qui est aujourd'hui l'appartement du Cardinal de

Fleury. Cette première antichambre ayant à droite cet appartement et à gauche ce grand cabinet de Mme de Maintenon, descendait, comme encore aujourd'hui, par cinq marches dans le salon de marbre contigu au palier du grand degré du bout des deux galeries, haute et basse, dites de Mme la duchesse d'Orléans et des princes. Tous les soirs Mme la duchesse de Bourgogne jouait dans le grand cabinet de Mme de Maintenon avec les dames à qui on avait donné l'entrée, faveur qui ne laissait pas d'être assez étendue, et de là entrait, tant et si souvent qu'elle voulait, dans la pièce joignante, qui était la chambre de Mme de Maintenon, où elle était avec le roi, la cheminée entre-deux. Monseigneur après la comédie, montait dans ce grand cabinet où le roi n'entrait point, et Mme de Maintenon presque jamais.

'Avant le souper du roi, les gens de Mme de Maintenon lui apportaient son potage avec son couvert, et quelque autre chose encore. Elle mangeait, ses femmes et un valet-de-chambre la servaient, toujours le roi présent, et presque toujours travaillant avec un ministre. Le souper achevé, qui était court, on emportait la table ; les femmes de Mme de Maintenon demeuraient, qui tout de suite la déshabillaient en un moment, et la mettaient au lit. Lorsque le roi était averti qu'il était servi, il passait un moment dans une garde-robe, allait après dire un mot à Mme de Maintenon, puis sonnait une sonnette qui répondait au grand cabinet. Alors Monseigneur, s'il y était, Monseigneur et Mme la duchesse de Bourgogne (et les dames qui étaient à elle), M. le duc de Berry, entraient à la file dans la chambre de Mme de Maintenon, ne faisaient presque que la traverser, et précédaient le roi qui allait se mettre à table suivi de Mme la duchesse de Bourgogne et de ses dames. Celles qui n'étaient point à elle, ou s'en allaient, ou, si elles étaient habillées pour aller au souper (car le privilège de ce cabinet était d'y faire sa cour à Mme la duchesse de Bourgogne sans l'être), faisaient le tour par la grande salle des gardes sans entrer dans la chambre de Mme de Maintenon. Un homme, sans exception que ces trois princes, n'entrait dans ce grand cabinet.'—*S. Simon*, 1708.

Hence we enter—

La Salle de 1792, called Salle des Cent-Suisses under Louis XVI., decorated with portraits of the Consulate and Empire. The little rooms adjoining, now called *Salles des Aquarelles*, were the apartment of the Duc de Bourgogne, afterwards of Cardinal Fleury and the Duc de Penthièvre.

Returning to the Salle de 1792, and crossing a landing which has statues of Louis XIV. by *Marin*, Napoleon I. by *Cartellier*, and Louis Philippe by *Dumont*, we reach—

(The south wing) *La Galerie des Batailles*, formed under Louis Philippe from the suite of apartments inhabited under Louis XIV. by Monsieur (Duc d'Orléans) and his children. We may notice—

2672. *Ary Scheffer*: Charlemagne at Paderborn.
2676. *Eugène Delacroix*: Battle of Taillebourg.
2715. *Gérard*: Henry IV. entering Paris.
2765. *Gérard*: Battle of Austerlitz.
2674. ⎫　　　　　　　　⎧ Battle of Bovines.
2743. ⎪　　　　　　　　⎪ Battle of Fontenoy.
2768. ⎬ *Horace Vernet*: ⎨ Battle of Jena.
2772. ⎪　　　　　　　　⎪ Battle of Friedland.
2776. ⎭　　　　　　　　⎩ Battle of Wagram.

The gallery ends in the *Salon de* 1830 (in the ancient Pavillon de la Surintendance), containing pictures of events in the reign of Louis Philippe.

Hence we must return to the little rooms belonging to the apartment of Mme de Maintenon, which now form a passage to a staircase—*L'Escalier de Marbre*, leading to the upper floor of the south wing. Here, turning left, we enter—

Salle I. (time of Louis XVIII. and Charles X.), beginning on the right—

4799. *Gérard*: Caroline Duchesse de Berry and her children. (Daughter of Ferdinand I., King of the Two Sicilies, and sister of Christina of Spain; the heroine of the civil war in La Vendée, where she was found concealed in a chimney, Nov. 7, 1832, and imprisoned at Blaye. She married as her second husband Count Lucchesi Palli, of Venice, by whom she had several children.)

4795. *Gérard*: Charles X.

'Toutes les royales dispositions de son âme étaient écrites sur sa physionomie : noblesse, franchise, majesté, bonté, honnêteté, candeur, tout y révélait un homme né pour aimer et pour être aimé. La profondeur et la solidité manquaient seules à ce visage ; en le regardant on se sentait attiré vers l'homme, on doutait du roi.'—*Lamartine.*

 4798. *Gérard* : Charles Ferdinand d'Artois, Duc de Berry, 1778-1820, murdered at the door of the Opera house.

 4831. Jeanne Louise Henriette Genet, Mme Campan, superintendent of the College of Ecouen.

'Madame Campan, à qui Louis XVI., en 1792, a confié les papiers les plus secrets, les plus périlleux ; pour qui Louis XVI. dans la cellule des Feuillants, le 10 août, 1792, a détaché deux mèches de ses cheveux, lui en donnant une pour elle, une autre pour sa sœur, tandis que la reine, jetant alternativement ses bras autour de leur cou, leur disait : "Malheureuses femmes, vous ne l'êtes qu'à cause de moi : je le suis plus que vous !"'—*De Lally.*

 4833. Stéphanie S. Aubin, Comtesse de Genlis.
 4797. *Gros* : Marie Thérèse, Duchesse d'Angoulême, Dauphine.
 4830. *Lawrence* : Gérard.
 4835. *Delaroche* : Gregory XVI.
 4803. *Delaroche* : The Duc d'Angoulême at the taking of Trocadero.
 4796. *Gérard* : Louis Antoine d'Artois, Duc d'Angoulême.
 4794. *Gérard* : Le Comte d'Artois, afterwards Charles X.

Salle II.—

 4789. *David* : Pius VII.—a replica of the portrait in the Louvre.
 4786. *Gros* : His own Portrait.
 4715. *Meynier* : Joseph Fesch, Cardinal Archbishop of Lyons, uncle of Napoleon I.

'Homme de la société la plus douce et la plus égale.'—*Mémoires de la Duchesse d'Abrantès.*

 (Unn.) *Guérin* (after Gérard)) : Marie Louise.

'Sa taille était ordinaire. Ce dont elle manquait entièrement, c'était de la grâce. Une grande fraîcheur, de jolis cheveux, tels étaient les charmes qui avaient séduit Napoléon.'—*Mémoires de la Duchesse d'Abrantès.*

 4785. *Godefroid* : Mme Campan.
 4700. *Le Thière* : The Empress Josephine.

'Sans être précisément jolie, toute sa personne possédait un charme particulier. Il y avait de la finesse et de l'accord dans ses traits ; son regard était doux ; sa bouche, fort petite, cachait habilement de mauvaises dents ; son teint, un peu brun, se dissimulait à l'aide du rouge et du blanc qu'elle employait habilement ; sa taille était parfaite, tous ses membres souples et délicats ; le moindre de ses mouvements était aisé et élégant ; on n'eût jamais mieux appliqué qu'à elle ce vers de la Fontaine :

'"Et la grâce plus belle encor que la beauté."'
Mme de Rémusat.

4705. *Menjard*: Napoleon I., with Marie Louise and the King of Rome.

(Unn.) *Rouget*: Napoleon presenting the King of Rome to the great dignitaries of the Empire.

Salle III.—

Pictures of Royal Palaces.

Salle IV.—

English Portraits.

Galerie.—The historic pictures here are terribly injured by coarse 'restoration' : they are also all stripped of their original frames.

Right Wall.—

4558. *Gérard*: Laetitia Ramolino, mother of Napoléon—'Mme Mère.'

'C'est une femme d'un esprit fort médiocre, et qui malgré le rang où les événements l'ont portée, n'a pu prêter à aucun éloge.'—*Mme de Rémusat.*

'Mme Bonaparte la mère avait un caractère d'une haute et remarquable élévation : bonne au fond, avec un extérieur froid, ayant un grand sens.'—*Mémoires de la Duchesse d'Abrantès.*

(Unn.) *Jeanron*: Honoré Gabriel de Riqueti, Comte de Mirabeau.

4616. *Girodet*: Belley, a ransomed black slave, who was a deputy at the Convention.

4610. *Rouillard*: Camille Desmoulins.

4613. *Haner*: Charlotte Corday, painted a few minutes before she was taken to execution. When the executioner entered, she took the scissors from his hands, and, cutting off a long tress of her hair, gave it to the painter as a remembrance.

4614. Mme Roland.

4531. *Mauzaisse*: Mme de Genlis, with Eugénie Adélaïde d'Orléans, and Pamela, afterwards Lady Edward Fitzgerald.

'Mme de Genlis mourut trois mois après la révolution de juillet. Elle eut juste le temps de voir son élève roi. Louis-Philippe était vraiment bien un peu son ouvrage ; elle avait fait cette éducation comme un homme et non comme une femme.'—*Victor Hugo*, '*Choses Vues.*'

4523. *Risault*: Marie Thérèse Louise de Savoie Carignan, Princesse de Lamballe.

4458. *Nattier*: 'Madame Sophie,' called 'Graille' by her father, Louis XV. A very pretty picture, though we read—

'Madame Sophie était d'une rare laideur ; je n'ai jamais vu personne avoir l'air si effarouché : elle marchait d'une vitesse extrême, et pour reconnaître, sans les regarder, les gens qui se rangeaient sur son passage, elle avait pris l'habitude de voir de côté à la manière des lièvres. Cette princesse était d'une si grande timidité qu'il était possible de la voir tous les jours, pendant des années, sans l'entendre prononcer un seul mot. On assurait cependant qu'elle montrait de l'esprit, et même de l'amabilité dans la société de quelques dames préférées : elle s'instruisait beaucoup, mais elle lisait seule ; la présence d'une lectrice l'eût infiniment gênée.'—*Mme Campan.*

4442. Elisabeth d'Orléans, Mlle de Beaujolais.
4428. *Nattier*: Marie Louise de France, 'Madame Louise.'
4386. *Alexis Belle*: Louis XV., as a boy.
4329. *Rigaud*: Gaston Armand de Rohan, Cardinal de Rohan.
5065. *Escot*: Jean Jacques Rousseau.
4476. *Vanloo*: Louis Phélipeaux, Comte de S. Florentin, Secretary of State.
4302. *Largillière*: The Régent d'Orléans.
4275. Jean de la Fontaine.

'La Fontaine, si connu par ses fables et ses contes, et toutefois si pesant en conversation.'—*S. Simon*, '*Mémoires*,' 1695.

*2196. Françoise d'Aubigné, Mme de Maintenon, and Françoise Charlotte d'Aubigné, afterwards Duchesse de Noailles.
4074. Catherine de Medicis.

4120. *Ary Scheffer*: Henri IV.—'sa majesté à la barbe grise,' as Gabrielle d'Estrées used to call him.

4117. Henri IV., aged thirty-eight. XVII. c.

Left Wall (returning).

*4270. *Philippe de Champaigne*: Catherine Agnes d'Arnauld, Abbess of Port-Royal, who at six years old became Abbess of S. Cyr, and at nine could repeat the whole of the Psalms by heart.

4276. *Rigaud*: Nicolas Boileau.

4374. *Greuze*: Bernard le Borier de Fontenelle.

4421. *Largillière*: Nicolas Coustou.

4416. *Largillière*: The Painter and his Family.

4405. Chancellor Maupeou.

4510. *Nattier*: Louise Elisabeth de France, 'Madame l'Infante,' eldest daughter of Louis XV.

'Madame Infante, singulièrement grasse, aimait la parure si riche et était d'une bonhomie qui, sans nuire à sa dignité, perçait dans toutes ses actions.'—*Mémoires du Comte Duport de Cheverny.*

4455. *Nattier*: Anne Henriette de France, 'Madame Henriette,' second daughter of Louis XV.

'Henriette vivoit comme la reine. Tout le monde disoit que c'étoit une sainte, et ce que nous en voyions nous le disoit aussi. Quand elle étoit forcée d'aller à la Comédie, elle y prioit Dieu.'—*Journal of Mme Louise de France.*

4441. Marie Leczinska.

'Marie Leczinska brought nothing, as a portion, on the day of her nuptials, except modesty, virtue, and goodness of heart.'—*Wraxall's 'Hist. Memoirs.'*

4485. *Roslin*: François Boucher.

4448. *After Drouais*: Mme du Barry and her black page Zamore (who afterwards betrayed her to death).

*4520. *Mme Lebrun*: Marie Antoinette and her three children. The artist relates in her Memoirs that the queen always passed this picture on her way to and from mass in the chapel. After the first dauphin died in 1789 it recalled her loss so vividly that she had it moved, sending at the same time to tell Mme Lebrun the reason, for fear her feelings should be hurt.

'Il n'existe de bon portrait de la reine que celui de Werthmüller, premier peintre du roi de Suède, et celui de Mme Lebrun ; sauvé des fureurs révolutionnaires par les commissaires de la garde du mobilier de Versailles. Il règne dans la composition de ce tableau une analogie frappante avec celui d'Henriette de France, femme de l'infortuné Charles I^r, peint par Van-Dyck ; comme Marie-Antoinette, elle est assise environnée de ses enfants, et ce rapprochement vient encore ajouter à l'intérêt mélancolique qu'inspire cette belle production.'—*Mme Campan.*

'Le ciel mit dans ses traits cet éclat qu'on admire ;
France, il la couronna pour ta félicité :
Un sceptre est inutile avec tant de beauté ;
Mais à tant de vertu il fallait un empire.'

La Harpe.

4556. *Lebrun*: Grétry, the famous dramatic composer, 1741–1813.
4561. George Washington.
4526. *Mme Lebrun*: Louise Marie Adélaïde de Bourbon, Duchesse d'Orléans.
4551. *Boilly*: Marmontel.
4529. Antoine Philippe d'Orléans, Duc de Montpensier.
4607. *David*: Barère.
4538. *Schills*: Louis Antoine de Bourbon, Duc d'Enghien.
4550. *Danloux*: Jacques Delille.
*4630. *Greuze*: Napoleon Bonaparte, as First Consul.

Returning to Salle I. we find a little cabinet containing a number of sketches for pictures by *Gérard*.

Beyond the head of the *Escalier de Marbre* are four rooms filled with modern pictures. The second room contains portraits of Louis Philippe, Marie Amélie, Madame Adélaïde, and all the princes and princesses of the House of Orleans, mostly by Winterhalter.

'Le malheur du roi fut de ne pas désespérer assez tôt. Il était habitué au bonheur ; ce long bonheur de sa longue vie trompa le dernier jour de son règne.'—*Lamartine.*

'La reine Marie-Amélie avait une exquise et charmante dignité et représentait la grace et la distinction dans le milieu un peu bourgeois de la cour.'—*Paul Vassili.*

'Madame Adélaïde était une femme intelligente et de bon conseil, qui abondait dans le sens du roi, sans jamais verser. Madame Adélaïde avait quelque chose de viril et de cordial, avec beaucoup de finesse.'—*Victor Hugo.*

2nd Room.—

Bonnet: M. Thiers.

3rd Room.—The Bonaparte family,[1] including—

1551. *David*: Napoleon I. crossing the Great S. Bernard.
5134. *Lefèvre*: Napoleon I. in his imperial robes.

'Bonaparte est de petite taille, assez mal proportionné, parce que son buste trop long raccourcit le reste de son corps. Il a les cheveux rares et châtains, les yeux gris bleu; son teint, jaune tant qu'il fut maigre, devint plus tard d'un blanc mat et sans aucune couleur. Le trait de son front, l'enchâssement de son œil, la ligne du nez, tout cela est beau et rappelle assez les médailles antiques. Sa bouche, un peu plate, devient agréable quand il rit, ses dents sont régulièrement rangées; son menton est un peu court et sa mâchoire lourde et carrée; il a le pied et la main jolis; je le remarque, parce qu'il y apportait une grande prétention.'—*Mme de Rémusat.*

'Pour ceux qui ont souvent approché Napoléon, il est un souvenir qui est inséparable de sa personne; c'est la lumière qui se répandit sur tous ses traits lorsqu'il souriait, mais avec la connaissance de son sourire; alors ses yeux, vraiment fort beaux, son regard incomparable s'adoucissaient; et pour peu que le sourire fût provoqué par un noble sentiment, alors sa physionomie avait une expression surhumaine. C'était dans de tels moments que l'homme n'était plus homme.'—*Mémoires de la Duchesse d'Abrantès.*

'Le seul éloge digne de Sa Majesté, c'est l'histoire la plus simple de son règne."—*Muraire, Premier Président de la Cour de Cassation.*

Gérard: Josephine.
4702. Marie Louise and Napoleon II.

'Napoléon aimait Marie Louise par supériorité et par orgueil. C'était le blason de son affiliation aux grandes races. C'était la mère

---

[1] The Bonapartes descend from Bonaparte di Cianfardo, who (when expelled from Florence during the civic broils) settled with his family at Sarzana in the middle of the XIII. c. Hence Francesco di Giovanni Bonaparte was sent by the Republic of Genoa to Corsica, *c.* 1512.

de son fils, la perpétuité de son ambition. . . . C'était une belle fille de Tyrol, les yeux bleus, les cheveux blonds, la taille souple et svelte.'—*Lamartine.*

    5132. *Gérard*: Madame Mère.
    Benoist: Marie Pauline, Princess Borghese.
    Lefèvre: Mme Clary, Queen of Naples.
    4412. *Mme Lebrun*: Caroline, Mme Murat, Grande-Duchesse de Berg, afterwards Queen of Naples.

'La grande-duchesse de Berg [Caroline] était la plus jeune et la plus jolie princesse de la famille impériale ; je dis la plus jolie parce qu'elle était fraîche comme un paquet de roses.'—*Mémoires de la Duchesse d'Abrantès.*

Plundered of all her fortune by Ferdinand I., she lived, after the fall of the empire, at different places in Austria, with her sister Elise.

    4714. Marie Julie, Queen of Spain.
    4635. *Lefèvre*: Lucien, Prince of Canino.
    Le Thière: Marianne-Elise, Mme Baciocchi, Princess of Piombino, Grand Duchess of Tuscany, called, for her wise government and efforts for the amelioration of her country, 'La Sémiramis de Lucques.'

'Je n'ai jamais connu de personne plus désagréablement pointue que celle-là.'—*Mémoires de la Duchesse d'Abrantès.*

    Flandrin: Napoleon III., the Empress Eugénie, and the Princesses Mathilde and Clotilde.

A corridor contains pictures of events in the reign of Louis Philippe.

We may now descend the *Escalier de Marbre*, the famous staircase where Louis XIV. waited for the Grand Condé, weak from age and wounds, saying 'Mon cousin, ne vous pressez pas, on ne peut monter très-vite quand on est chargé comme vous de tant de lauriers.' After descending, at the foot of the Escalier de Marbre, we find ourselves on the ground floor of the palace, and may finish exploring the south wing, by traversing several vestibules leading to a series of halls which formed the apartments of the Duc and Duchesse de Bourbon under Louis XIV. (as far as the Vestibule Napoléon), and which now are the *Galeries de l'Empire*. The pictures in these rooms, of the modern French school, illustrating the glories of the past Empire, are of no great interest. The last hall—*Salle de Marengo*—contains

1567. *David* : The First Consul crossing the Great S. Bernard.

Hence, descending a few steps of the Escalier de Monsieur, we find—

Les Salles des Marines, called *Le Pavillon de Monsieur* from having been inhabited, under Louis XVI., by his second brother, the Comte de Provence (Louis XVIII.). The pictures are by modern French artists, many of them by *Gudin.* From these halls we cross the *Vestibule de l'Escalier de Provence* to the *Salles des Tombeaux* under the ground floor, because the level of the ground is so much lower on the garden side of the palace. Mounting L'Escalier de Monsieur on the right (parallel with the Galeries de l'Empire) we find—

La quatrième Galerie de Sculptures, containing busts and statues of celebrated persons from the Great Revolution to 1814.

This completes the tour of the south wing. Descending *L'Escalier des Princes,* and crossing the vestibule leading to the gardens, we may enter the halls on the *ground floor of the central part of the palace.* Three vestibules filled with sculpture lead to a number of rooms which formed the apartment of 'Monseigneur' (Le grand Dauphin), son of Louis XIV., and, after his death, of the Duc and Duchesse de Berry ; then, later, of the Dauphin, son of Louis XV. Of these, the—

Salle des Amiraux contains portraits of French admirals from Florent de Varennes in 1270, admiral under S. Louis, to the Duc d'Angoulême, son of Charles X.

Salle des Connétables.—There were thirty-nine constables under the old monarchy, the most illustrious being Duguesclin, Olivier de Clisson—' le boucher des Anglais,' and Anne de Montmorency. The last was Lesdiguières, under Louis XIII.

Salles des Maréchaux.—The portraits of the Marshals of France, more than 300 in number, fill thirteen halls. We should turn aside at the seventh hall if we wish to enter the—

Salle des Rois de France, containing a collection of portraits of sovereigns.

Les Salles des Résidences royales contain a number of pictures of interest, especially those of palaces which have been destroyed—Marly, the old Louvre, the Tour de Nesle, &c., as well as of Versailles at many different periods.

Returning to the Salle des Rois de France, and crossing the *Vestibule de Louis XIII.*, opening upon the Cour de Marbre, we reach the—

Salles des Tableaux-Plans, containing plans of battles from 1627 to 1844. The salle which forms the angle of one of the pavilions of the château of Louis XIII. was part of the *Salle des Gardes pour l'Appartement particulier du Roi*, with the staircase called *L'Escalier du Roi*. Louis XV. was descending this staircase, when he was attacked by Damiens, who was seized in the hall below.

'Le 5 janvier, au soir, comme le roi descendait dans la cour de marbre pour aller de Versailles à Trianon, un homme se glissa entre les gardes et lui lança un coup dans le côté. Louis porta la main à l'endroit frappé et la retira tachée de sang. Avec assez de présence d'esprit, il reconnut l'assassin à ce qu'il avait seul le chapeau sur la tête, et fit saisir en défendant de lui faire du mal. On ne trouva sur cet homme d'autre arme qu'un couteau à deux lames, dont la plus petite n'était qu'une espèce de canif ; c'était avec celle-là qu'il avait frappé, et, grâce à l'épaisse redingote dont le roi était enveloppé, la pointe n'avait pénétré que de quatre lignes.

'Damiens n'avait point de complices et n'était pas même, à vrai dire, un assassin. C'était un laquais sans place, cerveau détraqué, qui s'était exalté par les propos entendus dans la Grand'. Salle du Palais ou dans les antichambres de quelques conseillers au parlement et de quelques dévots jansenistes. Il n'avait pas voulu tuer le roi ; il avait voulu seulement lui *donner un avertissement*, afin qu'il cessât de persécuter le parlement et qu'il punît l'archevêque, *cause de tout le mal*. Il eût fallu l'envoyer à Bicêtre : on le condamna à l'épouvantable supplice qu'avait subi Ravaillac : il fut tenaillé, arrosé de plomb fondu, puis écartelé par quatre chevaux (28 Mars, 1757).'—*Martin*, '*Hist. de France.*'

Returning hence, we cross the vestibule, to the *Galerie de Louis XIII.*, containing his statue, that of Anne of Austria, and—

Charles Lebrun: The Meeting of Louis XIV. and Phillipe IV. at the Isle of Pheasants.

Several of the last six *Salles des Maréchaux* formed part of the *Appartement des Bains*, inhabited by 'Mesdames,' daughters of Louis XV. The last salle was the bedchamber of Mme de Pompadour.

Les Salles des Guerriers célèbres contain the portraits of famous warriors (not constables or marshals). These rooms were the cabinet and antechamber of Mme de Pompadour.

The garden front of the palace has not yet experienced the soothing power of age : it looks almost new ; two hundred years hence it will be magnificent. The long lines of the building, with its two vast wings, are only broken by the top of the chapel rising above the wing on the left.

'Ici, tout est l'œuvre de Louis XIV., tout est nouveau et complètement symétrique. Le vaste développement des lignes horizontales compense le peu d'élévation des bâtiments. Là, plus aucun des heureux accidents de la vieille architecture nationale. La monotonie de cette uniformité absolue n'est interrompue que par l'extrême saillie du corps central en avant des deux ailes, saillie qui annonce la partie du palais consacrée par la présence du maître. Ce corps central domine de toutes parts, soit qu'on le regarde en face du milieu des jardins, soit que, du pied des collines boisées de Satori, on la voie de flanc s'élever sur sa prodigieuse terrasse, entre ce double Escalier des Géants, auquel on ne peut rien comparer. Il faut monter de partout, afin de parvenir jusqu'au lieu où trône la majesté suprême.'—*Martin*, '*Hist. de France.*'

The rich masses of green formed by the clipped yews at the sides of the gardens have the happiest effect, and contrast vividly with the dark background of chestnuts, of which the lower part is trimmed, but the upper falls in masses of heavy shade, above the brilliant gardens with their population of statues. These grounds are the masterpiece of Lenôtre, and of geometrical gardening, decorated with vases, fountains, and orange-trees. Lovers of the natural may find great fault with these artificial gardens, but there is much that is grandiose and noble in them; and, as Voltaire says: 'Il est plus facile de critiquer Versailles que de le refaire.'

'Grâce à Lenostre, Louis, des fenêtres de son incomparable *galerie des glaces*, ne voit rien qui ne soit de sa création. L'horizon entier est son ouvrage, car son jardin est tout l'horizon. C'est là tout à la fois le chef-d'œuvre de l'étonnant artiste qui a couvert la France de ses monuments de verdure, et le chef-d'œuvre de cet art singulier qu'il faut juger, non point isolément, mais dans ses rapports avec les édifices aux lignes desquels il marie ses lignes, architecture végétale qui encadre et complète l'architecture de pierre et de marbre. Des bosquets entiers ont été apportés tout grandis du fond des plus belles forêts de France, et l'art d'animer le marbre, et l'art de mouvoir les eaux, les remplissent des tous les prodiges que peut rêver l'imagination.

Un peuple innombrable de statues anime les bocages et les pelouses, se mire dans les eaux ou sort du sein de l'onde. Toutes les déités des forêts, des fleuves et de la mer, tous les rêves de la poésie antique semble s'être donné rendez-vous aux pieds du grand roi. Neptune semble faire jaillir de toutes parts les eaux de Versailles, qui se croisent dans les airs en voûtes étincelantes : Neptune s'est fait serviteur de Louis ; Diane, la solitaire déesse des bois, est devenue son amante sous les traits de la chaste La Vallière. Apollon, son symbole favori, préside à tout ce monde enchanté. Aux deux extrémités de la perspective, on voit le soleil mythologique, transparent emblème du soleil de Louis, émerger des flots sur son char pour éclairer et régir la terre, et s'y replonger pour se délasser du gouvernement céleste dans l'ombre voluptueuse de la *grotte de Thétis*.'—*Henri Martin.*

> 'Depuis qu'Adam, ce cruel homme,
> A perdu son fameux jardin,
> Où sa femme, autour d'une pomme,
> Gambadait sans vertugadin,
> Je ne crois pas que sur la terre
> Il soit un lieu d'arbres planté,
> Mieux exercé dans l'art de plaire,
> Plus examiné, plus vanté,
> Plus décrit, plus lu, plus chanté,
> Que l'ennuyeux parc de Versailles.'
> *Alfred de Musset.*

The gardens need the enlivenment of the figures, for which they were intended as a background, in the gay Courts of Louis XIV. and Louis XV. as represented in the pictures of Watteau ; but the Memoirs of the time enable us to repeople them with a thousand forms which have long been dust, centring around the great king, 'Se promenant dans ses jardins de Versailles, dans son fauteuil à roues.'

'Si vous voulez retrouver ce monde évanoui, cherchez-le dans les œuvres qui en ont conservé les dehors ou l'accent, d'abord dans les tableaux et dans les estampes, chez Watteau, Fragonard et les Saint-Aubin, puis dans les romans et dans les comédies, chez Voltaire et Marivaux, même chez Collé et chez Crébillon fils ; alors on revoit les figures, on entend les voix. Quelles physionomies fines, engageantes et gaies, toutes brillantes de plaisir et d'envie de plaire ! Que d'aisance dans le port et dans la démarche ! Quelle grâce piquante dans la toilette et le sourire, dans la vivacité du babil, dans le manège de la voix flûtée, dans la coquetterie des sous-entendus ! Comme on s'attarde involontairement à regarder et à écouter ! Le joli est partout, dans les petites têtes spirituelles, dans les mains fluettes, dans l'ajustement chiffonné, dans les minois et dans les mines.'—*Taine*, '*Les Origines de la France Contemporaine.*'

The sight of the magnificent terraces in front of the palace will recall the nocturnal promenades of the Court, so much misrepresented by the enemies of Marie Antoinette.

'L'été de 1778 fut extrèmement chaud : juillet et août se passèrent sans que l'air eût été raffraîchi par un seul orage. La reine, incommodée par sa grossesse, passait les jours entiers dans ses appartements exactement fermés, et ne pouvait s'endormir qu'après avoir respiré l'air frais de la nuit, en se promenant, avec les princesses et ses frères, sur la terrasse au-dessous de son appartement. Ces promenades ne firent d'abord aucune sensation ; mais on eut l'idée de jouir, pendant ces belles nuits d'été, de l'effet d'une musique à vent. Les musiciens de la chapelle eurent l'ordre d'exécuter des morceaux de ce genre sur un gradin que l'on fit construire au milieu des parterres. La reine, assise sur un des bancs de la terrasse, avec la totalité de la famille royale, à l'exception du roi, qui n'y parut que deux fois, n'aimant point à déranger l'heure de son coucher, jouissait de l'effet de cette musique. Rien de plus innocent que ces promenades, dont bientôt Paris, la France, et même l'Europe, furent occupés de la manière la plus offensante pour le caractère de Marie-Antoinette. Il est vrai que tous les habitants de Versailles voulurent jouir de ces sérénades et que bientôt il y eut foule depuis onze heures du soir jusqu'à deux et trois heures du matin. Les fenêtres du rez-de-chaussée, occupé par Monsieur et Madame, restaient ouvertes, et la terrasse était parfaitement éclairée par les nombreuses bougies allumées dans ces deux appartements. Des terrines placées dans les parterres et les lumières du gradin des musiciens éclairaient le reste de l'endroit où l'on se tenait.

'J'ignore si quelques femmes inconsidérées osèrent s'éloigner, et descendre dans le bas du parc : cela peut être ; mais la reine, Madame, et Mme la comtesse d'Artois se tenaient par le bras et ne quittaient la terrasse. Vêtues de robes de percale blanche, avec de grands chapeaux de paille et des voiles de mousseline (costume généralement adopté par toutes les femmes), lorsque les princesses étaient assises sur les bancs on les remarquait difficilement ; debout, leurs tailles différentes les faisaient toujours reconnaître, et l'on se rangeait pour les laisser passer. Il est vrai que lorsqu'elles se plaçaient sur des bancs, quelques particuliers vinrent s'asseoir à côté d'elles, ce qui les amusa beaucoup.'—*Mme Campan*, '*Mémoires.*'

Very stately is the view down the main avenue—great fountains of many figures in the foreground ; then the brilliant *Tapis Vert*, between masses of rich wood ; then the *Bassin d'Apollon*, and the great canal extending to distant meadows, and lines of natural poplars.

One of the finest views of the palace, giving an impression of its immensity, is from the head of the steps which descend from the terrace of the *Parterre du Midi*, towards the water. Here visitors will be reminded of the poem of Alfred de Musset *Sur trois marches de marbre rose*. The lake is called the *Pièce d'Eau des Suisses*, and was made by the Swiss regiment in 1679. Beyond it is an equestrian statue by Bernini, executed at Rome, and intended for Louis XIV. ; but the king was so dissatisfied with it that he cut off its head and replaced it by one by Girardon, intended for Marcus Curtius. Beneath this terrace is the *Orangerie*, a stately arcaded building by Mansart, with noble orange and pomegranate trees.

'La beauté et le nombre des orangers et des autres plantes qu'on y conserve ne sauroit exprimer. Il y a tel de ces arbres qui a résisté aux attaques de cent hivers.'—*La Fontaine*; '*Amour de Psyché et Cupidon.*'

It was in the Orangerie that Madame, mother of the Regent, was walking one day—thinking herself alone—singing the Lutheran canticles of her youth, when a painter (a refugee) at work there, flung himself at her feet, saying,

'Est-il possible, madame, que vous vous souvenez encore de nos Psaumes?'

From the Parterre du Nord, the *Allée d'Eau*, formed by Claude Perrault, leads to the immense *Bassin de Neptune*. Louis XV. used to watch the progress of its decorations, attended by his dogs—Gredinet, Charlotte, and Petite Fille,[1] —whilst Madame du Barry walked in the Allée d'Eau, followed by her little negro Zamore. The Bassin de Neptune is the great attraction at the time of the *grandes eaux*.

The great central *Allée du Tapis Vert* runs between bosquets adorned by statues and fountains. Of the bosquets on the left, that nearest the palace is the *Bosquet de la Cascade*, or *Salle de Bal*, where the Grand Dauphin used to give his hunting dinners.

The neighbouring *Bosquet de la Reine* is that where Cardinal Rohan mistook Mlle Oliva for Marie Antoinette.

The *Allée d'Automne* and the *Quinconce du Midi* (where bands play in summer on Sundays and Thursdays from 3 to 4.30) lead to the *Jardin du Roi* (open after May 1 from 2 P.M.), formed by Louis XVIII. The neighbouring *Bosquet de la Colonnade* owes its architectural designs to Hardouin Mansart.

At the end of the Allée du Tapis Vert is the vast *Bassin d'Apollon*, decorated by a figure of the god in his chariot (designed by Lebrun), who throws up magnificent jets of water on the days when the fountains play. The *Grand Canal*, which opens from this basin, was covered with boats in the time of Louis XIV.

Amongst the bosquets on the north, we need only espe-

---

[1] Familiar to us from the admirable paintings of Oudry in the Louvre.

cially notice, near the *Fontaine de Diane*, the *Bosquet d'Apollon*, adorned by a group of Apollo and the nymphs, by Girardon and Regnaudin, one of the many sculptures in which Louis XIV. is honoured as a divinity.

This group originally stood in the Grotte de Thétis, destroyed when the north wing of the palace was built. It is described by La Fontaine:—

> 'Ce Dieu, se reposant sous ces voûtes humides,
> Est assis au milieu d'un chœur de Néréides;
> Toutes sont des Vénus, de qui l'air gracieux
> N'entre point dans son cœur et s'arrête à ses yeux;
> Il n'aime que Thétis,[1] et Thétis les surpasse.'

The great difficulty in erecting the gardens of Versailles arose from the want of water, eventually overcome by bringing it (*les eaux hautes*) from Trappes, and (*les eaux basses*) from the plain of Saclay. It was at one time attempted to divert the whole river Eure, by an aqueduct from Maintenon, to the use of Versailles.

> 'Jamais rien n'a été si plaisant que ce que vous me dites de cette grande beauté, qui doit paroître à Versailles, toute fraîche, toute pure, toute naturelle, et qui doit effacer toutes les autres beautés. Je vous assure que j'étois envieuse de son nom, et que je m'attendois à quelque nouvelle beauté arrivée et menée à la cour. Je trouve tout d'un coup que c'est une rivière, qui est détournée de son chemin, toute *précieuse* qu'elle est, par une armée de quarante mille hommes; il n'en faut pas moins pour lui faire un lit. Il me semble que c'est un présent que Mme de Maintenon fait au roi, de la chose du monde qu'il souhaite le plus.'—*Mme de Sévigné*, 1684.

The *Trianons* may be reached in half an hour from the railway station, but the distance is considerable, and a

[1] Marie Thérèse.

carriage very desirable considering all the walking inside the palaces to be accomplished. Carriages take the straight avenue from the Bassin de Neptune. The pleasantest way for foot-passengers is to follow the gardens of Versailles as far as the Bassin d'Apollon, and then turn to the right. At the end of the right branch of the grand canal, staircases lead to the park of the Grand Trianon; but these staircases are railed in, and it is necessary to make a détour to the *Grille de la Grande Entrée*, whence an avenue leads directly to the Grand Trianon, while the Petit Trianon lies immediately to the right, behind the buildings of the Concierge and Corps de Garde.

The Trianons are open daily, but the apartments cannot be visited without a guide. *Salle des Voitures* (entered from the esplanade before the Grand Trianon) is only open on Sundays and Thursdays.

The original palace of the *Grand Trianon* was a little château built by Louis XIV. in 1670, as a refuge from the fatigues of the Court, on land bought from the monks of S. Geneviève, and belonging to the parish of Trianon. But in 1687 the humble château was pulled down, and the present palace erected by Mansart in its place.

'Le roi, qui aimait à bâtir, et qui n'avait plus de maîtresses, avait abattu le petit Trianon de porcelaine qu'il avait pour Mme de Montespan, et le rebâtissait pour le mettre en l'état où on le voit encore. Louvois était surintendant des bâtiments. Le roi, qui avait le coup-d'œil de la plus fine justesse, s'aperçut d'une fenêtre de quelque peu plus étroite que les autres; les trémaux ne faisaient encore que s'élever, et n'étaient pas joints par le haut. Il la montra à Louvois pour la réformer, ce qui était alors très-aisé. Louvois soutint que la fenêtre était bien. Le roi insista, et le lendemain encore, sans que Louvois, qui était entier, brutal et enflé de son autorité, voulût ceder.

'Le lendemain le roi vit Le Nôtre dans la galerie. Quoique son métier ne fut guère que les jardins où il excellait, le roi ne laissait pas de le consulter sur les bâtiments. Il lui demanda s'il avait été à Trianon. Le Nôtre répondit que non. Le roi lui ordonna d'y aller. Le lendemain il le vit encore; même question, même réponse. Le roi comprit à quoi il tenait, tellement qu'un peu fâché, il lui commanda de s'y trouver l'après-dînée même, à l'heure qu'il y serait avec Louvois. Pour cette fois Le Nôtre n'osa y manquer. Le roi arrivé et Louvois présent, il fut question de la fenêtre que Louvois opiniâtra toujours de largeur égale aux autres. Le roi voulut que Le Nôtre l'allât mesurer, parce qu'il était droit et vrai, et qu'il dirait librement ce qu'il aurait trouvé. Louvois piqué s'emporta. Le roi, qui ne le fut pas moins, le laissait dire. Cependant Le Nôtre, qui aurait bien voulu n'être pas là, ne bougeait. Enfin le roi le fit aller, et cependant Louvois toujours à gronder, et à maintenir l'égalité de la fenêtre, avec audace et peu de mesure. Le Nôtre trouva et dit que le roi avait raison de quelques pouces. Louvois voulut imposer, mais le roi à la fin trop impatienté le fit taire; lui commanda de faire défaire la fenêtre à l'heure même, et, contre sa modération ordinaire, le malmena fort durement.

'Ce qui outra le plus Louvois, c'est que la scène se passa non seulement devant les gens des bâtiments, mais en présence de tout ce qui suivait le roi dans ses promenades, seigneurs, courtisans, officiers des gardes et autres, et même de tous les valets, parce qu'on ne faisait presque que sortir le bâtiment de terre, qu'on était de plain-pied à la cour, à quelques marches près, que tout était ouvert et que tout suivait partout. La vespérie fut forte et dura assez long-temps, avec les réflexions sur les conséquences de la faute de cette fenêtre, qui, remarquée plus tard, aurait gâté toute cette façade et aurait engagé à l'abattre.

'Louvois, qui n'avait pas accoutumé d'être traité de la sorte, revint chez lui en furie et comme un homme au désespoir. Saint-Pouenge, les Billadet et ce peu de familiers de toutes les heures, en furent effrayés, et, dans leur inquiétude, tournèrent pour tâcher de savoir ce qui était arrivé. A la fin, il le leur conta, dit qu'il était perdu, et que, pour quelques pouces, le roi oubliait tous ses services qui lui avaient valu tant de conquêtes; mais qu'il y mettrait ordre, et qu'il lui susciterait une guerre telle qu'il lui ferait avoir besoin de lui, et laisser là la truelle. De là il s'emporta en reproches et en fureurs.

'Il ne mit guère à tenir parole. Il enfourna la guerre par l'affaire de la double élection de Pologne, du prince de Bavière et du cardinal de Furstemberg; il la confirma en portant les flammes dans le Palatinat.'—*S. Simon,* '*Mémoires,*' 1709.

Louis XIV. constantly visited the Grand Trianon, with which for many years he was much delighted.

'Le 10 juillet, 1699, Louis XIV. s'établit sur la terrasse de Trianon qui regarde sur le canal, et y vit embarquer Monseigneur, Mme la duchesse de Bourgogne et toutes les princesses. Après le souper, Monseigneur et Mme la duchesse de Bourgogne se promenèrent jusqu'à deux heures après minuit dans les jardins, après quoi Monseigneur alla se coucher. Mme la duchesse de Bourgogne monta en gondole avec quelques-unes de ses dames, et Mme la Duchesse dans une autre gondole, et demeurèrent sur le canal jusqu'au lever de soleil. Puis Mme la Duchesse s'alla coucher; mais Mme la duchesse de Bourgogne attendit que Mme de Maintenon partit pour Saint-Cyr. Elle la vit monter en carrosse à sept heures et demie, et puis s'alla mettre au lit.'—*Dangeau, 'Mémoires.'*

But, after 1700, Louis XIV. never slept at Trianon, and, weary of his plaything here, turned all his attention to Marly. Under Louis XV., however, the palace was again frequently inhabited.

'D'abord maison de porcelaine à aller faire des collations, aggrandie après pour y pouvoir coucher, enfin palais de marbre et de porphyre avec des jardins délicieux.'—*S. Simon.*

Being entirely on one floor, the Grand Trianon continued to be a most uncomfortable residence, till subterranean passages for service were added under Louis Philippe, who made great use of the palace.

The buildings are without character or distinction. Visitors have to wait in the vestibule till a large party is formed, and are then hurried full speed round the rooms, without being allowed to linger for an instant. Amongst the chambers thus scampered through are the *Salon des Glaces*, which was used for the council of ministers under Louis Philippe, and is furnished *à l'Empire*; the *Bedroom of Louis XIV.*, afterwards used by the Grand Dauphin,

H

Josephine, and Louis Philippe; the *Study of Queen Marie Amélie*; the *Salon de Famille* of the time of Louis Philippe; the *Antechamber of Louis XIV.*, containing the extraordinary picture by *Mignard*, representing him as the sun—'le roi soleil'; the *Gallery*, containing a group of sculpture by *Vela*, given by the ladies of Milan to the Empress Eugénie after the Italian campaign; the *Salon Circulaire*; the *Salle de Billard*, with portraits of Louis XV. and Marie Leczinska by *Vanloo*; the *Salle de Malachite*, with portraits of Louis XIV. and Louis XV., the Grand Dauphin and Louis XVI., the Duc de Bourbon and Duc d'Enghien; and the rooms prepared by Louis Philippe for the visit of Victoria of England. The chapel, which is not shown, was built by Louis Philippe, and his daughter Marie was married there to Duke Alexander of Wurtemberg.

On emerging from the Grand Trianon, we should turn to the left. A door on the left of the avenue is the entrance to the *Musée des Voitures*—a blaze of crimson and gold—containing—

1. The gorgeous coronation carriage of Charles X., built 1825, and used at the baptism of the Prince Imperial. 2. The carriage built 1821 for the baptism of the Comte de Chambord, and used for the marriage of Napoleon III. 3. *La Topaze*, built 1810 for the marriage of Napoleon I. and Marie Louise. 4. *La Turquoise*, built with (5) *La Victoire* and (6) *La Brillante*, for the coronation of Napoleon I. 7. *L'Opale*, which took Josephine to Malmaison after her divorce. Two Chaises à Porteurs belonged respectively to Mme de Maintenon and Mme Du Barry. Of the four sledges, one, formed like a shell, belonged to Mme de Maintenon, another, also like a shell, was built in the time of Louis XV. for Mme Du Barry, and restored for Marie Antoinette. After the Revolution the citizen deputies of the people besported themselves, and their wives went to market, in the royal carriages.[1]

---

[1] During the seventy-five days of his reign, Ledru Rollin had at his orders four carriages, eighteen draught and saddle horses, and ten servants.

(On reaching the grille of the *Cour d'Honneur* of the Petit Trianon, visitors should enter on the left and ask for the concierge for the interior of the palace. But if they only wish to visit the gardens, they may enter freely from a door out of the court on the right of the grille.)

The *Petit Trianon* was built by Gabriel for Louis XV. in the botanical garden which Louis XIV. had formed at the

LE PETIT TRIANON.

instigation of the Duc d'Ayen. It was intended as a miniature of the Grand Trianon, as that palace had been a miniature of Versailles. The palace was often used by Louis XV., who was here first attacked by the smallpox, of which he died. Louis XVI. gave it to Marie Antoinette, who made its gardens, and whose happiest days were spent here. Mme Campan describes 'Marie Antoinette, vêtue en blanc, avec un simple chapeau de paille, une légère badine à la main, marchant à pied, suivie d'un seul valet, dans les allées qui conduisent au Petit-Trianon.'

'Le roi lui donna le Petit-Trianon. Ce fut dès lors qu'elle s'occupa d'embellir les jardins, en ne permettant aucune augmentation dans le bâtiment et aucun changement dans le mobilier, devenu très-mesquin, et qui existait encore en 1789 tel qu'il était sous le règne de Louis XV. Tout fut conservé sans exception, et la reine couchait dans un lit trés-fané et qui avait même servi à la comtesse du Barry. Le reproche de prodigalité, généralement fait à la reine, est la plus inconcevable des erreurs populaires qui se soient établi dans le monde sur son caractère. Elle avait entièrement le défaut contraire; et je pourrais prouver qu'elle portait souvent l'économie jusqu'à des détails d'une mesquinerie blâmable, surtout dans une souveraine. Elle prit beaucoup de goût à sa retraite de Trianon, elle s'y rendait seule, suivie d'un valet de pied, mais y trouvait un service prêt à la recevoir: un concierge et sa femme, qui alors lui tenait lieu de femme de chambre; puis des femmes de garde-robe, des garçons du château &c....

'La reine séjournait quelquefois un mois de suite au petit Trianon, et y avait établi tous les usages de la vie de château: elle entrait dans son salon sans que le piano-forté ou les métiers de tapisserie fussent quittés par les dames, et les hommes ne suspendaient ni leur partie de billard ni celle de tric-trac. Il y avait peu de logement dans le petit château de Trianon. Mme Elisabeth y accompagnait la reine; mais les dames d'honneur et les dames du palais n'y furent point établies: selon les invitations faites par la reine, on y arrivait de Versailles pour l'heure du dîner. Le roi et les princes y venaient régulièrement souper. Une robe de percale blanche, un fichu de gaze, un chapeau de paille étaient la seule parure des princesses; le plaisir de parcourir toutes les fabriques du hameau, de voir traire les vaches, de pêcher dans le lac, enchantait la reine; et chaque année elle montrait plus d'éloignement pour les fastueux voyages de Marly.

'L'idée de jouer la comédie, comme on le faisait alors dans presque toutes les campagnes, suivit celle qu'avait eue la reine de vivre à Trianon dégagée de toute représentation. Il fut convenu que, à l'exception de M. le comte d'Artois, aucun jeune homme ne serait admis dans la troupe, et qu'on n'aurait pour spectateurs que le roi, Monsieur et les princesses qui ne jouaient pas; mais que pour animer un peu les acteurs on ferait occuper les premières loges par les lectrices, les femmes de la reine, leurs sœurs et leurs filles; cela composait une quarantaine de personnes.'—*Mme Campan, 'Mémoires.'*

The Petit Trianon is a very small and very unassuming country house. Mme de Maintenon describes it in June as 'un palais enchanté et parfumé.' Its pretty simple rooms are only interesting from their associations. The furniture is mostly of the time of Louis XVI. The stone stair has a handsome iron balustrade; the salons are panelled in white. Here Marie Antoinette sat to Mme Lebrun for the picture in which she is represented with her children. In the *Salle à manger* is a secrétaire given to Louis XVI. by the States of Burgundy, and portraits of the king and Marie Antoinette. The *Cabinet de Travail* of the queen has a cabinet given to her on her marriage by the town of Paris; in the *Salle de Réception* are four pictures by *Watteau*; the *Boudoir* has a Sèvres bust of the queen; in the *Chambre à coucher* is the queen's bed, and a portrait of the Dauphin by Lebrun. These simple rooms are a standing defence of the queen from the false accusations brought against her at the Revolution as to her extravagance in the furnishing of the Petit Trianon. Speaking of her happy domestic life here, Mme Lebrun says, 'I do not believe Queen Marie Antoinette ever allowed an occasion to pass by without saying an agreeable thing to those who had the honour of being near her.'

In the *Chapel* (only shown on special application) is a picture by *Vien* of S. Louis and Marguerite de Provence visiting S. Thibault. In the early years of Bonaparte's consulship, the Petit Trianon was turned into an inn. After the Restoration, Louis XVIII. often came here for the day from Paris, and the gouty king would order himself to be carried through the rooms of many associations.

'Le Petit-Trianon, caprice de la reine, tout plein encore de ses jeux, de ses idylles, de sa beauté, de sa voix et des plaisirs auxquels Louis XVIII. s'associait dans sa jeunesse, lui arrachait des larmes. Il se retraçait les spectacles, les concerts, les illuminations, les amours de ces délicieux jardins, dont les arbres avaient versé leurs premières ombres sur les pas de cette jeune cour. Il retrouvait dans cette chaumière royale toute l'âme d'une princesse qui aspirait à l'obscurité pour cacher le bonheur, jusqu'au lit de simple mousseline de la reine de France, où elle rêvait des félicités romanesques la veille de l'échafaud.'—*Lamartine.*

In the pleasant gardens, *Le Temple d'Amour*, surrounded by water, contains a statue by *Bouchardon*. A little further on, several cottages compose the *Hameau* where the queen kept her cows and poultry, and near which she planted a weeping willow in the year in which she left Versailles for ever. The buildings retain the names she gave them—the *Maison du Meunier*, once inhabited by the Comte de Provence; the *Bergerie*; the *Maison du Seigneur* (Louis XVI.); the *Maison du Bailli* (Comte de Polignac); *Le Presbytère* (Cardinal de Rohan); the *Maison du Garde* (Comte d'Artois). Close to the lake is the *Laiterie* joined to the *Tour de Marlborough*. Near another little lake is the *Salon de Musique*, an octagonal building with four doors and windows.

One of the prettiest fêtes given by Marie Antoinette at the Petit Trianon was the illumination of the gardens during the visit of her brother, the Emperor Joseph II.

"L'art avec lequel on avait, non pas illuminé, mais éclairé le jardin anglais, produisit un effet charmant : des terrines, cachées par des planches peintes en vert, éclairaient tous les massifs d'arbustes ou de fleurs, et en faisaient ressortir les diverses teintes, de la manière la plus variée et la plus agréable : quelques centaines de fagots allumés entretenaient, dans le fossé, derrière le temple de l'Amour, une grande clarté qui le rendait le point le plus brillant des jardin. Au reste, cette soirée n'eut de remarquable que ce qu'elle devait au bon goût des artistes ; cependant il en fut beaucoup parlé : le local n'avait pas permis d'y admettre une grande partie de la cour ; les personnes non invitées furent mécontentes, et le peuple, qui ne pardonne que les fêtes dont il jouit, eut grande part aux exagérations de la malveillance sur les frais de cette petite fête, portés à un prix si ridicule, que les fagots brûlés dans les fossés paraissaient avoir exigé la destruction d'une forêt entière. La reine, prévenue de ces bruits, voulut connaître exactement ce qu'il y avait de bois consommé; l'on sut que quinze cents fagots avaient suffi pour entretenir le feu jusqu'à quatre heures du matin.'—*Mme Campan.*

Near the Salon de Musique is the *Salle de Spectacle* in

FARM OF MARIE ANTOINETTE.

which Marie Antoinette acted in the *Devin du Village* and the *Barbier de Séville.*

'Madame, Comtesse de Provence, ne voulait pas jouer la comédie sur le théâtre du Petit-Trianon, elle avait dit que ce serait une inconvenance.

—Mais, je joue, moi qui vous parle, avait dit la Reine, et le Roi n'y trouve aucun inconvénient.

—Madame, avait répliqué sa belle-sœur, il en est de ceci comme de ce que disait Bossuet sur les spectacles, il y a de grands exemples pour, et de bonnes raisons contre, et du reste, une Princesse de Savoie ne saurait manquer de grands exemples à défaut de bonnes raisons.

—Mon frère, avait dit la Reine en s'animant et en appelant M. le comte d'Artois comme à son secours, venez donc faire la partie de Madame, et prosternons-nous devant les éternelles grandeurs de la maison de Savoie ! J'avais cru jusqu'ici que la maison d'Autriche était la première. . . .

—Mesdames, interrompit M. le comte d'Artois, j'avais cru tout autre chose, et, par exemple, j'avais cru que vous aviez ensemble une discussion sérieuse, mais comme je vois que cela tourne à la plaisanterie, je pense qu'il ne faut pas m'en mêler.'—*Souvenirs de la Marquise de Créqui.*

The Duchesse d'Abrantès gives us a pretty picture of Napoleon I. playing with the one-year-old King of Rome on the lawn at Trianon, giving him his sword to ride upon.

There is not much of importance in the town of Versailles—*La Cité du Grand Roi.* If the visitor leaves the gardens by the gate of the Orangerie at the foot of the *Escalier des Cent Marches*, he will find himself facing the Rue de l'Orangerie, which will lead him to (right) the *Cathedral of S. Louis*, containing a monument by *Pradier*, erected by the town of Versailles to the Duc de Berry.

Returning to the Rue de l'Orangerie, and turning left, then following (right) the Rue de Satory to the Rue du Vieux-Versailles, we find, on right, the Rue du Jeu de Paume, on the right of which is the entrance of the famous *Salle du Jeu de Paume.* Over the entrance is inscribed : 'Dans ce Jeu de paume le xx juin MDCCLXXXIX, les députés du peuple repoussés du lieu ordinaire de leurs séances, jurèrent de ne point se séparer qu'ils n'eussent donné une constitution à la France. Ils ont tenu parole.' The famous oath of the Jeu de Paume is engraved under a portico behind a statue of Bailly, and round the hall are inscribed the names of the 700 who signed the *procès verbal* of the meeting of June 20, 1789. In 1883 the hall was turned into a *Musée de la Révolution Française.*

> 'Les souvenirs de la monarchie et de l'aristocratie palpitent dans les longues rues des paroisses de S. Louis et de Notre Dame, où chaque pas rappelle un nom célèbre, évoque une figure originale ou fait revivre une anecdote singulière. Aucune ville de France, excepté Paris, n'offre au même degré l'attrait d'un voyage dans le passé, à travers les choses du passé.'—*Barron, 'Les environs de Paris.'*

The ever-extending limits of the town have now embraced the villa of *Clagny*, which Louis XIV. gave to Mme de Montespan. It was thither that she retired, and watched the 'conversion' of Louis XIV. taking place under the influence of Mme de Maintenon, Bossuet, and Bourdaloue.

> 'Mon père, dit un jour Louis XIV. à Bourdaloue, vous devez être content de moi : Mme de Montespan est à Clagny.
> —Oui, sire, répondit Bourdaloue ; mais Dieu serait plus satisfait si Clagny était à soixante-dix lieues de Versailles.'—*Hequet.*

III.

S. GERMAIN.

THERE are two ways of reaching S. Germain. 1. By rail from the *Gare S. Lazare.* Express, 30 min.; slow trains, 50 min. Trains every hour, at 25 min. before the hour. (*Single*—First, 1 f. 65 c.; second, 1 f. 35 c.: *Return*—First, 3 f. 30 c.; second, 2 f. 70 c.) 2. By the steamer *Le Touriste*, on the Seine; carriages at the landing-place.

The train passes—

5 *k. Asnières.*—Its XVIII. c. château was transformed into a restaurant in 1848.

12 *k. Nanterre.*—a large village celebrated because S. Germain of Auxerre, passing on his way to England with S. Loup, Bishop of Troyes (*c.* 429), remarked the shepherdess Geneviève amongst the crowd assembled to see him, and called her to a life of perpetual virginity, consecrating her to the service of God, and giving her a copper cross to wear. Here, while she was yet a child, her mother is said to have been smitten with blindness, for giving her a box on the ear in a passion, but to have been restored by her prayers. Then S. Geneviève, having drawn water from the well of Nanterre, bathed her mother's eyes with it, upon which she saw as clearly as before. From this time the well is said to have preserved its miraculous powers, and 20,000 pilgrims come to it annually. Queen Anne of Austria, in

despair at not becoming a mother, came to drink of its waters, and the result was Louis XIV. The well is in the *Garden of the Presbytery*, which can be entered through the *Church of S. Maurice*, dating from XIII. c., but spoilt by restorations. The chapel of St. Geneviève is covered with ex-votos. A monument commemorates Charles Le Roy,

WELL OF S. GENEVIÈVE, NANTERRE.

'horloger du roi,' 1771. The *Gâteaux de Nanterre* are celebrated, and have an immense sale to the pilgrims. The fête of the *Rosière*, when the girl who is esteemed the most virtuous in the town is led in procession, publicly eulogised, and crowned with roses, is still observed every Whit Monday in this church.

13 k. Rueil.—A tramway to the village, and to Malmaison and Marly. (See Ch. IV.)

15 k. Chatou—where Soufflot built a château, which still exists, for Bertin, minister of Louis XV. Hither, to another château (now destroyed), near the Avenue de Croissy, the hated Chancellor Maupeou retired after the king's death, and the people sang under his windows—

> Sur la route de Chatou
> En foule on s'achemine,
> Et c'est pour voir la mine
> Du Chancelier Maupeou
>   Sur la rou-
>   Sur la rou-
> Sur la route de Chatou.

At the Revolution, Chatou belonged to the Comte d'Artois, and was sold as national property. It was at Chatou that Louis XIV. met the exiled Queen Mary Beatrice, on her arrival from England. There are pretty views upon the river.

> C'est près du pont de Chatou
>   Qu'on verrait, sans peine,
> Couler ses jours jusqu'au bout
>   Au gré de la Seine.
>   *Desnoyers.*

19 k. Le Vésinet—possessing a race-course, and the *Asile de Vésinet*, a succursale of the Paris hospitals for female convalescents.

In the forest of Vésinet or Echauffour, Louis XIV. used to go hawking with black falcons.

'Le roi alla à la volerie dans la plaine du Vésinet. Le roi d'Angleterre et le Prince de Galles y étaient, mais la reine d'Angleterre n'y vint point; elle était assez incommodée depuis quelques jours: Madame et madame la duchesse y étaient à cheval. On prit un milan noir, et le roi fit expédier une ordonnance de 600 liv. pour le chef du vol. Il en donne autant tous les ans au premier milan noir qu'on prend devant lui ; autrefois il donnait le cheval sur lequel il était monté et sa robe de chambre.'—*Dangeau*, '*Mémoires*,' 24 *Avril*, 1698.

18 *k*. *Le Pecq* (once Alpicum, then Aupec)—where *l'Orme de Sully* near the Seine, is the only tree remaining of many planted by the minister of Henry IV. A house is inscribed ' Pavillon Sully, 1603.'

The *Villa of Monte Cristo* was built by Alexander Dumas ; its gate is inscribed ' Monte Cristo, propriété historique,' but it has long since been sold. There is an atmospheric railway from Le Pecq up the wooded hill to—

21 *k*. *S. Germain-en-Laye.*

(Hotels : *du Pavillon Henri IV.*, in a delightful situation on the terrace, and with a most beautiful view ; *du Pavillon Louis XIV.*, Place Pontoise ; *de l'Ange-Gardien*, Rue de Paris ; *du Prince de Galles*, Rue de la Paroisse. *Restaurant Grenier*, close to the station ; very dear : many other restaurants.)

The first royal château of S. Germain was built by Louis le Gros in the XII. c., near a monastery belonging to S. Germain des Prés at Paris. Both palace and monastery were burnt by the Black Prince. Charles V. began to rebuild the palace in 1367, and it was continued by François I. Within its walls Henri II. and Catherine de Medicis received the six-year-old Mary Stuart from the hands of the Comte de Brézé, who had been sent to Scotland to fetch her, as the bride of their son, afterwards François II.

The old palace was like a fortress, and Henri IV., wishing for a more luxurious residence, built a vast palace which occupied the site of the existing terrace. Beneath it a beautiful garden, adorned with grottoes, statues, and fountains in the Italian style, descended in an amphitheatre as far as the bank of the Seine. The palace and garden of Henri IV. have entirely disappeared. The former was destroyed by the Comte d'Artois, afterwards Charles X. In the older château Louis XIV. was born, and in the second château Louis XIII. died, after a lingering illness, May 14, 1643.

'Il s'entretenoit de la mort avec une résolution toute chrétienne; il s'y étoit si bien préparé, qu'à la vue de S. Denis par les fenêtres de la chambre du château neuf de S. Germain, où il s'étoit mis pour être en plus bel air qu'au vieux, il montroit le chemin de S. Denis, par lequel on meneroit son corps; il faisoit remarquer un endroit où il y avoit un mauvais pas, qu'il recommandoit qu'on évitât de peur que le chariot ne s'embourbât. J'ai même ouï dire que durant sa maladie il avoit mis en musique le *De profundis* qui fut chanté dans sa chambre incontinent après sa mort, comme c'est la coutûme de faire aussitôt que les rois sont décédés.'—*Mémoires de Mlle de Montpensier.*

Here, six years later, Anne of Austria, flying from Paris with her two sons, before the rising of the Fronde took refuge with all the royal family except the Duchesse de Longueville, bivouacking upon straw in the unfurnished palace, whilst waiting for troops to come from the army in Flanders.

'Le roi manqua souvent le nécessaire. Les pages de sa chambre furent congédiés, parce qu'on n'avait pas de quoi les nourrir. En ce temps-là même la tante de Louis XIV., fille de Henri-le-Grand, femme du roi d'Angleterre, réfugiée à Paris, y était réduite aux extrémités de la pauvreté; et sa fille, depuis mariée au frère de Louis XIV., restait au lit, n'ayant pas de quoi se chauffer, sans que le peuple de Paris, enivré de ses fureurs, fit seulement attention aux afflictions de tant de personnes royales.'—Voltaire, '*Siècle de Louis XIV.*'

Louis XIV., who added the five pavilions at the angles of the older and still existing palace, at one time thought of rebuilding the whole on a much more magnificent scale;

one fatal obstacle prevented him : from its lofty site he could see S. Denis, his future burial-place!

'Saint-Germain, lieu unique pour rassembler les merveilles de la vue, l'immense plain-pied d'une forêt toute joignante, unique encore par la beauté de ses arbres, de son terrain, de sa situation, l'avantage et la facilité des eaux de source sur cette élévation, les agréments admirables des jardins, des hauteurs et des terrasses, qui les unes sur les autres se pouvaient si aisément conduire dans toute l'etendue qu'on

CHÂTEAU OF S. GERMAIN.

aurait voulu, les charmes et les commodités de la Seine, enfin une ville toute faite et que sa position entretenait par elle-même, il l'abandonna pour Versailles, le plus triste et le plus ingrat de tous les lieux.'—*S. Simon.*

After the English Revolution of 1688, James II. found at S. Germain the generous hospitality of Louis XIV. He lived here for thirteen years as the guest of the King of France, wearing always a penitential chain round his waist (like

James IV. of Scotland) and daily praying God to pardon the ingratitude of his daughters, Mary and Anne. Here his youngest child Louisa—'la Consolatrice'—was born, and here, as the choir in the Chapel Royal were singing the anthem, 'Lord, remember what is come upon us, consider and behold our reproach' (September 2, 1701), he sank into the Queen's arms in the swoon from which he never recovered.

'10 jan. 1689.—Le roi fait pour ces Majestés Angloises des choses toutes divines; car n'est-ce point être l'image du Tout-puissant que de soutenir un roi chassé, trahi, abandonné? La belle âme du roi se plaît à jouer ce grand rôle. Il fut au-devant de la reine avec toute sa maison et cent carrosses à six chevaux. Quand il aperçut le carrosse du Prince de Galles, il descendit et l'embrassa tendrement; puis il courut au-devant de la reine qui étoit descendue; il la salua, lui parla quelque tems, la mit à sa droite dans son carrosse, lui présenta Monseigneur et Monsieur qui furent aussi dans le carrosse, et la mena à Saint-Germain, où elle se trouva toute servie comme la reine, de toutes sortes de hardes, parmi lesquelles étoit une cassette très-riche avec six mille louis d'or. Le lendemain il fut question de l'arrivée du roi d'Angleterre à S. Germain, où le roi l'attendoit; il arriva tard; Sa Majesté alla au bout de la salle des gardes au-devant de lui; le roi d'Angleterre se baisssa fort, comme s'il eût voulu embrasser ses genoux; le roi l'en empêcha, et l'embrassa à trois ou quatre reprises fort cordialement. Ils se parlèrent bas un quart d'heure; le roi lui présenta Monseigneur, Monsieur, les Princes du Sang, et le Cardinal de Bonzi; il le conduisit à l'appartement de la reine, qui eut peine à retenir ses larmes. Après une conversation de quelques instans, Sa Majesté les mena chez le Prince de Galles, où ils furent encore quelque tems à causer, et les y laissa, ne voulant point être reconduit, et disant au roi : "Voici votre maison; quand j'y viendrai, vous m'en ferez les honneurs, et je vous les ferai quand vous viendrez à Versailles." Le lendemain, qui étoit hier, Mme la Dauphine y alla, et toute la cour. Je ne sais comme on aura réglé les chaises des princesses, car elles en eurent à la reine d'Espagne; et la reine-mère d'Angleterre étoit traitée comme fille de France. Le roi envoya dix mille louis d'or au roi d'Angleterre; ce dernier paroît vieilli et fatigué; la reine maigre, et des yeux qui ont pleuré, mais beaux et noirs; un beau teint un peu pâle; la bouche grande, de belles dents, une belle taille, et bien de l'esprit ; tout cela compose une personne qui plaît fort. Voilà de quoi subsister long-tems dans les conversations publiques.

' 17 janvier, 1689. Cette cour d'Angleterre est toute établie à Saint-Germain ; ils n'ont voulu que cinquante mille francs par mois, et ont réglé leur cour sur ce pied. La reine plaît fort, le roi cause agréablement avec elle ; elle a l'esprit juste et aisé. Le roi avoit désiré que Mme la Dauphine y allât la première ; elle a toujours si bien dit *qu'elle étoit malade*, que cette reine vint la voir il y a trois jours, habillée en perfection, une robe de velours noir, une belle jupe, bien coiffée, une taille comme la princesse de Conti, beaucoup de majesté : le roi alla la recevoir à son carrosse ; elle fut d'abord chez lui, où elle eut un fauteuil au-dessus de celui du roi ; elle y fut une demi-heure, puis il la mena chez Mme la Dauphine, qui fut trouvée debout ; cela fit un peu de surprise : la reine lui dit : " Madame, je vous croyois au lit." "Madame," dit Mme la Dauphine, " j'ai voulu me lever pour recevoir l'honneur que Votre Majesté me fait." Le roi les laissa, parce que Mme la Dauphine n'a point de fauteuil devant lui. Cette reine se mit à la bonne place dans un fauteuil, Madame à sa gauche, trois autres fauteuils, pour les trois petits princes : on causa fort bien plus d'une demi-heure ; il y avait beaucoup de duchesses, la cour fort grosse, enfin, elle s'en alla ; le roi se fit avertir, et la remit dans son carrosse. Le roi remonta, et loua fort la reine ; il dit, " Voilà comme il faut que soit une reine, et de corps et d'esprit, tenant sa cour avec dignité." Il admira son courage dans les malheurs, et la passion qu'elle avait pour le roi son mari ; car il est vrai qu'elle l'aime.

' 2 février, 1689. La reine d'Angleterre a toute la mine, si Dieu le vouloit, d'aimer mieux régner dans le beau royaume d'Angleterre, où la cour est grande et belle, que d'être à S. Germain, quoiqu' accablée des bontés héroïques du roi. Pour le roi d'Angleterre, il y paroît content, et c'est pour cela qu'il est là.

' 28 février, 1689. C'est tout de bon que le roi d'Angleterre est parti ce matin pour aller en Irlande, où il est attendu avec impatience ; il sera mieux là qu'ici. Le roi lui a donné des armes pour armer dix mille hommes ; comme sa Majesté Angloise lui disait adieu, elle finit par lui dire, en riant, que les armes pour sa personne étoient la seule chose qui avoit été oubliée : le roi lui a donné les siennes ; nos héros de roman ne faisoient rien de plus galant. Que ne fera point ce roi brave et malheureux avec ces armes toujours victorieuses ? Le voilà donc avec le casque et la cuirasse de Renaud, d'Amadis, et de tous nos paladins les plus célèbres ; je n'ai pas voulu dire d'Hector, car il étoit malheureux. Il n'y a point d'offres de toutes choses que le roi ne lui ait faites : la générosité et la magnanimité ne vont point plus loin. . . . La reine est allée s'enfermer à Poissi avec son fils : elle sera près du roi et des nouvelles ; elle est accablée de douleur . . . . cette princesse fait grand' pitié.

'2 mars. Le roi dit au roi d'Angleterre, en lui disant adieu : "Monsieur, je vous vois partir avec douleur : cependant je souhaite de ne jamais vous revoir : mais si vous revenez, soyez persuadé que vous me retrouverez tel que vous me laissez." Peut-on mieux dire ? Le roi l'a comblé de toutes choses, et grandes, et petites ; deux millions, des vaisseaux, des frégates, des troupes, des officiers. . . . Je viens aux petites choses, des toilettes, des lits de camp, des services de vaisselle de vermeil et d'argent, des armes pour sa personne, qui sont celles du roi, des armes pour des troupes qui sont en Irlande ; celles qui vont avec lui sont considérables ; enfin, la générosité, la magnificence, la magnanimité, n'ont jamais tant paru qu'en cette occasion. Le roi n'a point voulu que la reine soit allée à Poissi ; elle verra peu de monde ; mais le roi en aura soin, et elle aura sans cesse des nouvelles. L'adieu du roi son mari et d'elle faisoit fendre le cœur de tout le monde : ce furent des pleurs, des cris, des sanglots, des évanouissemens ; cela est aisé à comprendre. Le voilà où il doit être : il a une bonne cause, il protège la bonne religion, il faut vaincre ou mourir, puisqu'il a du courage.'

After the king's death his widow, Mary Beatrice, continued for seventeen years to reside at S. Germain. Here she witnessed the death of her darling daughter, Louisa, April 18, 1712; and here, in the thirtieth year of her exile, the queen herself passed away in the presence of thirty Jacobite exiles, of whom she was the best friend and protectress.

'La reine d'Angleterre mourut le 7 mai, après dix ou douze jours de maladie. Sa vie, depuis qu'elle fut en France à la fin de 1688, n'a été qu'une suite de malheurs qu'elle a héroïquement portés jusqu'à la fin, dans l'oblation à Dieu, le détachement, la pénitence, la prière et les bonnes œuvres continuelles, et toutes les vertus qui consomment les saints. Parmi la plus grande sensibilité naturelle, beaucoup d'esprit et de hauteur naturelle, qu'elle sut captiver étroitement et humilier constamment, avec le plus grand air du monde, le plus majestueux, le plus imposant, avec cela doux et modeste. Sa mort fut aussi sainte que sa vie. Sur les 600,000 livres que le roi lui donnait par an, elle s'épargnait tout pour faire subsister les pauvres anglais, dont S. Germain était rempli. Son corps fut porté le surlendemain aux Filles de S. Marie de Chaillot, où il est demeuré en dépôt, et où elle se retirait souvent.'—*S. Simon.*

'8 mai, 1718.—Hier matin à sept heures, la bonne, pieuse et vertueuse reine d'Angleterre est morte à S. Germain. Celle-là pour sûr est au ciel, elle n'a pas gardé un liard pour elle, elle donnait aux pauvres et entretenait des familles entières. De sa vie elle n'a dit du mal de personne, et quand on voulait lui raconter quelque chose sur le compte de tel ou tel, elle avait coutume de dire : "Si c'est mal de quelqu'un, je vous prie, ne me le dites pas. Je n'aime pas les histoires qui attaquent la réputation." Elle a supporté ses malheurs avec la plus grande patience du monde, non par simplicité d'esprit : elle était très-intelligente, polie et avenante . . . toujours elle a fait le plus grand éloge de la princesse de Galles.'—*Correspondance de Madame.*

In accordance with the last wish of the queen, the Régent d'Orléans allowed her ladies and many other noble British emigrants to continue in the palace, where they and their descendants remained till the Revolution drove them from their shelter. Till then, the room in which Mary Beatrice died was kept as it was in her lifetime—her toilette table, with its plate, the gift of Louis XIV., set out, with four wax candles ready to light, as if the queen's return was constantly expected.

Under the Reign of Terror the name of S Germain was changed to *La Montagne du Bel-Air*, and it was intended to turn the château into a prison, and to establish a guillotine *en permanence* in its courtyard, when the fall of Robespierre intervened.

In the interior of the château the decorations and chimney-pieces are of brick. The rooms are now occupied by a *Musée des Antiquités Nationales*, chiefly of very early date, of great interest to archaeologists, and intended as a prelude to the collections of the Hôtel de Cluny. The museum is only open (free) on Sundays, Tuesdays and Thursdays, from 11.30 to 5 in summer, and 11 to 4 in winter.

In one of the rooms on the ground floor the primitive boats (pirogues) hewn out of the trunk of a tree, and found in the Seine and Saone, are especially remarkable. Other halls are devoted to casts from the Roman buildings in France (at Orange, S. Remy, &c.); relics of the Roman legions in Gaul; funeral urns and tombs in brick and lead; bronzes and pottery. On the upper floor are flint weapons, fossils found in the caverns of France, and models of cromlechs, menhirs, &c.

Opposite the palace is the parish *Church*, containing (1st chapel, right) the monument erected by Queen Victoria to James II. of England, 'magnus prosperis, adversis major,' and inscribed 'Regio cineri pietas regia.'

'Quelques jésuites irlandaises prétendirent qu'il se faisait des miracles à son tombeau. On parla même de faire canoniser à Rome, après sa mort, ce roi que Rome avait abandonné pendant sa vie.

'Peu de princes furent plus malheureux que lui; et il n'y a aucun exemple dans l'histoire d'une maison si long-temps infortunée. Le premier des rois d'Ecosse, ses aïeux, qui eut le nom de Jacques, après avoir été dix-huit ans prisonnier en Angleterre, mourut assassiné avec sa femme par la main de ses sujets; Jacques II., son fils, fut tué à vingt-neuf ans, en combattant contre les Anglais; Jacques III. mis en prison par son peuple, fut tué ensuite par les révoltés dans une bataille; Jacques IV. périt dans le combat qu'il perdit; Marie Stuart, sa petite-fille, chassée de son trône, fugitive en Angleterre, ayant langui dix-huit ans en prison, se vit condamnée à mort par des juges anglais, et eut la tête tranchée; Charles I., petit-fils de Marie, roi d'Ecosse et d'Angleterre, vendu par les Ecossais, et jugé à mort par les Anglais, mourut sur un échafaud dans la place publique; Jacques son fils, septième du nom, et deuxième en Angleterre, dont il est question, fut chassé de ses trois royaumes; et, pour comble de malheur, on contesta à son fils jusqu'à son naissance. Ce fils ne tenta de remonter sur le trône de ses pères que pour faire périr ses amis par des bourreaux ; et nous avons vu le prince Charles-Edouard, réunissant en vain les vertus de ses pères et le courage du roi Jean Sobieski, son aïeul maternel, exécuter les exploits et essuyer les malheurs les plus incroyables. Si quelque chose justifie ceux qui croient une fatalité à laquelle rien ne peut se soustraire, c'est cette suite continuelle de malheurs qui a persécuté la maison de Stuart pendant plus de trois cents années.'— *Voltaire*, '*Siècle de Louis XIV.*'

Soon after the death of James II. Mme de Maintenon wrote to Mme de Perou :—

'Je n'ai pu encore avoir des reliques du roi d'Angleterre ; la reine étoit dans son lit, hors d'état de les aller chercher. Quand on ouvrit le corps de ce saint roi, les gardes trempoient leurs mouchoirs dans son sang, et faisoient toucher leurs chapelets à son corps. J'admire la conduite de Dieu : il a permis que ce prince ait été méprisé pendant sa vie pour lui faire sentir l'humiliation, et il le glorifie quand il ne peut plus abuser de la gloire.'

Passing in front of the palace, by the gardens planned by Lenôtre, we reach the *Terrace*, constructed by Lenôtre in 1676, and one of the finest promenades in Europe. The view is most beautiful over the windings of the Seine and the rich green plain : on the right are the heights of Marly and Louveciennes ; on the left the hills of Montmorency, and Mont Valérien and Montmartre in the distance ; above Vésinet, the cathedral of S. Denis is visible— 'ce doigt silencieux levé vers le ciel.' James II. declared that the view from the terrace of S. Germain reminded him of that from Richmond, and he used to walk here daily, leaning upon the arm of Mary Beatrice. The terrace extends from the *Pavillon Henri IV.*—which was the chapel of Henri IV.'s palace, and in which Louis XIV. was baptised—to the *Grille Royale*, leading to the forest.

A number of drives and straight alleys pierce the forest of St. Germain which s sandy and for the most part, beautiless. The *Château du Val,* to the right of the Grille Royale, built at enormous cost by Mansart for Louis XIV., on the site of a pavilion of Henri IV., is now the property of M. Fould. The *Pavillon de la Muette* was built by Louis XIV. and Louis XVI. on the ruins of a château of Francois I. *Les Loges* are a succursale to the college for the daughters of members of the Legion of Honour at S. Denis. Near this was a hermitage to which one of Henri IV.'s courtiers retired under Louis XIII., with a chapel dedicated to S. Fiacre. The pilgrimage to this chapel has given rise to the annual *Fête des Loges,* celebrated on the first Sunday after the day of S. Fiacre (August 30)—the most popular and crowded of all fêtes in the neighbourhood of Paris. *Le Chêne des Loges* is one of the finest oaks in France.

In the neighbourhood of S. Germain are (3 *k.*) *Marcil Marly,* which has pleasant views, and (4 *k.*) *Chambourcy,* supposed to possess the relics of S. Clotilde, wife of Clovis, whose fête, July 3, attracts great crowds. It is a pleasant drive of 13 *k.* from S. Germain to Versailles. Public carriages leave at 10.30, 2.30, and 7.30, passing through *Rocquencourt,* where M. Fould has a château.

IV.

RUEIL, MALMAISON, AND MARLY.

IT is only a pleasant afternoon's drive through the Bois de Boulogne to Rueil and Malmaison. If Marly be visited on the same day it will be better to take a ticket from the *Gare S. Lazare* to Rueil Ville, or tickets can be taken direct to Marly.

---

13 *k*. *Rueil.* Below the station carriages are waiting on a tramway to take passengers to——

14 *k*. *Rueil Ville.* This large village was of no importance till Cardinal de Richelieu built here a château like a fortress, whither he often retired, and where he condemned the Maréchal de Marillac, convicted of public peculation, to be executed in the Place de Grève. Père Joseph died here, December 18, 1638, when Richelieu said, 'Je perds ma consolation et mon secours, mon confident et mon ami.' The cardinal bequeathed his château de Rueil to his niece, the Duchesse d'Aiguillon, who made it so attractive that Louis XIV. coveted it and commanded Colbert to ask her to sell it to him. She proudly replied :—

'Je ne puis jamais témoigner mon obéissance dans une occasion qui marque mieux mon respect infini pour les volontés de Sa Majesté, qu'au sujet dont il s'agit, n'ayant jamais pensé à vendre Ruel, ni jamais pensé aussi qu'il fust vendu.

'J'avoue qu'il m'est cher pour bien des considérations ; les dépenses excessives que j'y ai faictes font connoître l'attachement et l'affection que j'y ai toujours eus ; mais le sacrifice que je feray en sera plus grand ; j'espère que, présenté par vos mains, vous en ferez valoir le mérite.

'Le roy est le maître ; et celui qui m'a donné Ruel a si bien appris à toute la France l'obéissance qu'elle lui doit, que Sa Majesté ne doit pas douter de la mienne.'

Louis XIV., however, found Rueil too small, and turned to the building of Versailles, only sending Lenôtre to study the beautiful gardens of Richelieu. The grounds of Rueil were cut up by the heirs of the Duchesse d'Aiguillon, and the château was destroyed in the Revolution.

On descending from the tramway it is only two minutes' walk (right, then left) through the court of the Hôtel de Ville to the *Church of Rueil*, rebuilt by Napoleon III. To the right of the altar is the tomb of Josephine (by Gilet and Dubuc), bearing the figure of the empress (by Cartellier), dressed as in the coronation picture of David, kneeling at a prie-dieu, and inscribed: 'A Joséphine, Eugène et Hortense, 1825.' Close by is the simple sarcophagus tomb of Count Tascher de la Pagerie, governor of Martinique, uncle of the Empress. On the left of the altar is the tomb erected by Napoleon III. to his mother, with the figure of Queen Hortense (by Bartolini) kneeling, and crowned by an angel.[1] She died October 5, 1837, at Arenenberg on the lake of Constance, desiring with her last breath to be buried by her mother at Rueil. The tomb is inscribed: 'A la Reine Hortense, le Prince Louis Bonaparte.'

The street opposite the church door leads from Rueil to Malmaison, passing, to the left, the property called *Boispreau*, which, under the first empire, belonged to an old maiden lady, who refused to sell it to Josephine, in spite of her en-

---

[1] The vault beneath may be seen on application at 15 Place de l'Eglise.

treaties. On September 23, 1809, the emperor wrote to the empress at Malmaison :—

'J'ai reçu ta lettre du 16 ; je vois que tu te portes bien. La maison de la *vieille fille* ne vaut que 120,000 frs. Ils n'en trouveront jamais plus. Cependant je te laisse maîtresse d'en faire ce que tu voudras, puisque cela t'amuse ; mais, une fois achetée, ne fais pas démolir pour faire quelques rochers. Adieu, mon amie.—NAPOLÉON.'

Taking the convenient tram again, which runs direct along the road, we may descend at—

15 *k. La Malmaison.*—The station is opposite a short avenue, at the end of which, on the right, is the principal entrance to Malmaison. A little higher up the road (right) is a gate leading to the park and gardens, freely open to the public, and being sold (1887) in lots by the State. There is melancholy charm in the old house of many recollections—grim, empty, and desolate ; approached on this side by a bridge over the dry moat. A short distance off (rather to the left, as you look from the house) is a very pretty little temple—the Temple of Love—with a front of columns of red Givet marble brought from the château of Richelieu, and a clear stream bursting from the rocks beneath it.

Malmaison is supposed to derive its name from having been inhabited in the XI. c. by the Norman brigand Odon, and afterwards by evil spirits, exorcised by the monks of S. Denis. Josephine bought the villa with its gardens, which had been much praised by Delille, from M. Lecouteulx de Canteleu for 160,000 francs. The Duchesse d'Abrantès describes the life here under the Consulate—

'La vie que l'on menait à la Malmaison, ressemblait à la vie que l'on mène dans tous les châteaux, lorsqu'on rassemble beaucoup de monde chez soi à la campagne. Le matin on se levait à l'heure qu'on voulait, et jusqu'à onze heures, moment fixé pour le déjeuner, on était sa maîtresse. A onze heures, on se réunissait dans un petit salon très-bas donnant sur la cour, au premier et dans l'aile droite; il n'y avait jamais d'hommes, ainsi que dans les déjeuners de Paris, à moins que ce ne fût Joseph ou bien Louis ou Fesch, enfin quelqu'un de la famille. Les exceptions étaient tellement rares, que je ne puis me rappeler si j'ai vu un homme admis à nos déjeuners à la Malmaison. Après le déjeuner, on causait, on lisait les journaux; il arrivait toujours quelqu'un de Paris, pour avoir une audience, car Mme Bonaparte accordait déjà des audiences.

'On ne voyait jamais le premier consul avant le dîner. Il descendait à cinq ou six heures du matin dans son cabinet particulier; il travaillait avec Bourrienne, ou avec les ministres, les généraux, les conseillers d'état, et ce travail durait jusqu'à l'heure du dîner, qui avait toujours lieu à six heures. Il était rare qu'il n'y eût pas quelqu'un d'invité.

'Les mercredis, il se donnait un dîner presque de cérémonie à la Malmaison. Il y avait le second consul, des conseillers d'état, des ministres, quelques généraux particulièrement estimés, et des femmes d'une réputation intacte. Lorsqu'il faisait beau, le premier consul ordonnait que l'on servît dans le parc. On mettait la table à gauche de la pelouse qui est devant le château et un peu en avant de l'allée droite. On était peu de temps à table; et le premier consul trouvait que le dîner était long lorsqu'on y restait une demi-heure.

'Quand il était de bonne humeur, que le temps était beau, et qu'il avait à sa disposition quelques minutes dérobées à ce travail constant qui le tuait alors, il jouait aux barres avec nous. Il trichait comme au reversis, par exemple; il faisait tomber, il arrivait sur nous sans crier : *barre!* c'était des tricheries qui provoquaient des rires de bienheureux. Dans ces occasions-là, Napoléon mettait habit bas, et courait comme un lièvre, ou plutôt comme la gazelle à qui il faisait manger tout le tabac de sa tabatière en lui disant de courir sur nous, et la maudite bête nous déchirait nos robes et bien souvent les jambes.'—*Mémoires*.

Joséphine retired to Malmaison at the time of her divorce, and seldom left it afterwards.

'Napoléon, ému, bouleversé, pleurant comme eux, dit aux enfants de Joséphine que leur mère n'était ni répudiée ni disgraciée, mais sacrifiée à une nécessité d'état, et récompensée de son noble sacrifice par la grandeur de ses enfants, et par la tendre amitié de celui qui avait été son époux. . . . Le Sénatus-consulte maintenait à Joséphine le rang d'impératrice couronnée, et lui attribuait un revenu de deux millions, avec l'abandon en toute propriété des châteaux de Navarre, de la Malmaison, et d'une foule d'objets précieux.'—*Thiers, 'L'Empire.'*

In 1814, the unhappy Josephine, whose heart was always with Napoleon, was forced to receive a visit from the allied sovereigns at Malmaison, and died of a chill which she caught in doing the honours of her grounds to the Emperor

MALMAISON.

Alexander on May 26, by a water excursion on the pool of Cucufa. After his return from Elba, Napoleon revisited the place.

'Il éprouvait le besoin de revoir cette modeste demeure où il avait passé les plus belles années de sa vie, auprès d'une épouse qui avait des défauts assurément, mais qui était une amie véritable, une de ces amies qu'on ne retrouve pas deux fois, et qu'on regrette toujours quand on les a perdues. Il obligea la reine Hortense, qui n'avait pas encore osé rentrer dans ce lieu plein de si poignants souvenirs, à l'accompagner. Malgré ses occupations accablantes, il consacra plusieurs heures à parcourir ce petit château, et ces jardins où Joséphine cultivait des fleurs qu'elle faisait venir des quatre parties du globe. En revoyant ces objets si chers et si attristants, il tomba dans des rêveries douloureuses. . . .

'Napoléon en se promenant dans ce lieu tout à la fois attrayant et douloureux, dit à la reine Hortense: "Pauvre Joséphine ! à chaque détour de ces allées, je crois la revoir. Sa mort, dont la nouvelle est venue me surprendre à l'île d'Elbe, a été l'une des plus vives douleurs de cette funeste année 1814. Elle avait des faiblesses sans doute, mais celle-là au moins ne m'aurait jamais abandonné !"'— *Thiers*, '*L'Empire*.'

After the loss of the battle of Waterloo, Napoleon once more retired to Malmaison, then the property of the children of Josephine, Eugène and Hortense. There he passed June 25, 1815, a day of terrible agitation.

'Tantôt il démontrait la nécessité, pour la France et pour lui, de retirer son abdication, de ressaisir son épée ; puis on l'entendait faire des plans de retraite et s'arranger une existence de profonde solitude et repos.'—*A de Vaulabelle.*

That evening at five o'clock he put on a 'costume de ville—un habit marron,' tenderly embraced Queen Hortense and the other persons present, gave a long lingering look at the house and gardens connected with his happiest hours, and left them for ever.

After the second Restoration Prince Eugène sold Malmaison, removing its gallery of pictures to Munich. There is now nothing remarkable in the desolate rooms, though the 'Salle des Maréchaux,' the bedroom of Josephine, and the grand salon (with a chimney-piece given by the Pope), are pointed out. In later years the house was for some time inhabited by Queen Christina of Spain. It will be a source of European regret if at least the building connected with so many historic souvenirs, and the immediate grounds, are not preserved.

Returning to the tram, we reach—

16 k. *La Jonchère*, where Louis Bonaparte had a villa.

17 k. *Bougival* (*Restaurant Pignon*; *de Madrid*. *Hotel de l'Union*). A rapidly increasing village, which, in its quieter days, was much frequented by artists of the Corot school, who appreciated the peaceful scenery of the Seine. The inventor of the Machine de Marly died here in great destitution and is buried in the church with the inscription: 'Cy gissent honorables personnes, Rennequin Sualem, seul inventeur de la machine de Marly, décédé le 29 juillet, 1708, âgé de 64 ans, et dame Marie Nouelle, son épouse, décédée le 4 mai, 1714, âgée de 84 ans.' The church has a stone spire of the XII. c.

On the Route de Versailles is a monument to three natives of Bougival, shot for cutting the telegraph lines of Prussian investiture. It is inscribed with the last words of one of them: 'Je suis Français. Je dois tout entreprendre contre vous. Si vous me rendez à la liberté, je recommencerai.'

The park of the neighbouring *Château de Buzenval* was twice the scene of a bloody conflict between the French and Prussians. The painter, Henri Regnault, fell there, January 19, 1870. The château is a quaint low building, with a tower at either end.

14 k. is the village of *La Celle S. Cloud*. Its château, the central part of which dates from 1616 (when Joachim Saudras added it to a hospice belonging to the abbey of S. Germain des Prés), was bought in 1686 by Bachelier, first valet de chambre of Louis XIV., with money given him by

the Duc de la Rochefoucauld, on condition of his having it to inhabit whenever he pleased. The duke received Louis XIV. and Mme de Maintenon there in 1695. In 1748 Mme de Pompadour bought the château, but sold it two years after. The *Châtaignerie* is reached by the avenue which opens on the left at the entrance of the village.

18 k. *Marly-la-Machine.*—The famous *Machine de Marly* which lifted the waters of the Seine 643 mètres, to the height of the Aqueduc de Marly, by which they were carried to Versailles, passed for a long time as a chef-d'œuvre of mechanism. It was invented by Rennequin Sualem, carpenter of Liège, but was executed under the inspection of the Chevalier Deville, who appropriated both the honour and the reward. Since 1826 the original machine has been replaced by another of 64-horse power, worked by steam. It is fifteen minutes' walk from the machine to the first arches of the *Aqueduct*.

19 k. *Port-Marly.*—Here carriages are changed for the ascent of the hill. The tram passes under the railway viaduct to—

21½ k. *Marly-le-Roi*, called Marlacum in the charters of King Thierry, 678. The tram stops close to the *Abreuvoir*, a large artificial tank, surrounded by masonry for receiving the surplus water from the fountains in the palace gardens, of which it is now the only remnant. Ascending the avenue on the right, we shall find a road at the top which will lead us, to the left, through delightful woods to the site of the palace. Nothing remains but the walls supporting the wooded terrace. It is difficult to realise the place as it was, for the quincunces of limes which stood between the pavilions on either side the steep avenue leading to the royal residence, formerly clipped and kept close, are now huge trees, marking still the design of the grounds, but obscuring the views, and, by their great growth, making the main avenue very narrow. Here, seated under the trees, visitors may like to read the story of the place.

'Le roi, lassé du beau et de la foule, se persuada qu'il voulait quelquefois du petit et de la solitude. Il chercha autour de Versailles de quoi satisfaire ce nouveau goût. Il visita plusieurs endroits, il parcourit les coteaux qui découvrent Saint-Germain et cette vaste plaine qui est au bas, où la Seine serpente et arrose tant de gros lieux et de richesses en quittant Paris. On le pressa de s'arrêter à Lucienne, où Cavoye eut depuis une maison dont la vue est enchantée, mais il répondit que cette heureuse situation le ruinerait, et que, comme il voulait un rien, il voulait aussi une situation qui ne lui permît pas de songer à y rien faire.

'Il trouva derrière Lucienne un vallon étroit, profond, à bords escarpés, inaccessible par ses marécages, sans aucune vue, enfermé de collines de toutes parts, extrêmement à l'étroit, avec un méchant village sur le penchant d'une de ces collines qui s'appelait Marly. Cette clôture sans vue, ni moyen d'en avoir, fit tout son mérite. L'étroit du vallon où on ne se pouvait étendre y en ajouta beaucoup. Il crut choisir un ministre, un favori, un général d'armée. Ce fut un grand travail que de dessécher ce cloaque de tous les environs qui y jetaient toutes leurs voiries, et d'y apporter des terres.

'Ce n'était que pour y coucher trois nuits du mercredi au samedi, deux ou trois fois l'année, avec une douzaine ou plus de courtisans en charges les plus indispensables.

'Peu-à-peu l'ermitage fut augmenté, d'accroissemens en accroissemens, les collines taillées pour faire place et y bâtir, et celle du bout largement emporté pour donner au moins une échappée de vue fort imparfaite. Enfin, en bâtiments, en jardins, en eaux, en aqueducs, en ce qui est si connu et si curieux sous le nom de machine de Marly, en parc, en forêt ornée et renfermée, en statues, en meubles précieux, Marly est devenu ce qu'on le voyait. En forêts toutes venues et touffues qu'on y a apportées en grands arbres de Compiègne, et de bien plus loin sans cesse, dont plus des trois quarts mouraient, et qu'on remplaçait aussitôt ; en vastes espaces de bois épais et d'allées obscures, subitement changées en immenses pièces d'eau où on se promenait en gondoles, puis remises en forêts à n'y pas voir le jour dès le moment qu'on les plantait (je parle de ce que j'ai vu en six semaines) ; en bassins changés cent fois ; en cascades de même à figures successives et toutes différentes ; en séjours de carpes, ornés de dorures et de peintures les plus exquises, à peine achevées, rechangées et rétablies autrement par les mêmes maîtres, et cela une infinité de fois ; en y ajoutant cette prodigieuse machine dont on vient de parler avec ses immenses aqueducs, ses conduits et ses réservoirs monstrueux, uniquement consacrés à Marly sans plus porter l'eau à Versailles ; c'est peu de dire que Versailles tel qu'on l'a vu n'a pas coûté Marly.

'Que si on y ajoute les dépenses de ces continuels voyages, qui devinrent enfin au moins égaux aux séjours de Versailles, souvent presque aussi nombreux, quand tout à la fin de la vie du roi ce lieu devint le séjour le plus ordinaire, on ne dira point trop sur Marly seul en comptant par milliards. Telle fut la fortune d'un repaire de serpents et de charognes, de crapeaux et de grenouilles, uniquement choisi pour n'y pouvoir dépenser. Tel fut le mauvais goût du roi en toutes choses, et ce plaisir superbe de forcer la nature, que ni la guerre la plus pesante, ni la dévotion ne purent émousser.'—*S. Simon*, '*Mémoires*.'

S. Simon exaggerates the extravagance of Louis XIV. at Marly, who spent there four and a half million francs between 1679 and 1690, and probably as much or more between 1690 and 1715, perhaps in all ten or twelve millions, which would represent fifty million francs at the present time. Nevertheless the expense of the *amusements* of Louis XIV. greatly exceeded the whole revenue of Henri IV. and those of the early years of Louis XIII.

'Louis avait choisi l'étroit vallon de Marli pour s'y bâtir un *ermitage*. Marli devait être pour lui un abri où il se délasserait quelquefois de la vie publique par la vie libre et intime. Mais Louis ne pouvait plus être simple : la pompe de son rôle le suivait partout comme malgré lui, et l'ermitage devint un palais, à la vérité, un palais silencieux et caché. Mansart éleva sous les ombrages de Marli un splendide pavillon pour le roi, avec douze pavillons moindres pour les courtisans admis à la faveur de suivre Louis dans cette retraite privilégiée ; c'était encore le symbolisme mythologique de Versailles : le royal soleil reparaissait là entouré des douze signes de zodiaque. Des abîmes de verdure, dont la fraîcheur était entretenue par une cascade vraiment incomparable, et par des bassins sans nombre, enveloppaient ce féerique séjour. Il régnait là une somptuosité voilée, une sorte de clair-obscur en rapport avec le secret que la cour, après la mort de la reine (30 juillet, 1683), ne tarda point à soupçonner entre le roi et Maintenon. Marli et Maintenon, ce sont là deux noms qui ne se peuvent séparer dans notre mémoire : ces deux noms nous rappellent comme un demi-jour où l'on ne parle qu'à demi-voix, quelque chose de discret, de repos, de précautionneux, un long crépuscule après l'éclat flamboyant des premiers temps du grand règne.'—*H. Martin,* '*Hist. de France.*'

From the central pavilion in which the flattery of Mansart placed him as the sun, Louis XIV. emerged every morning to visit the occupiers of the twelve smaller pavilions (Les Pavillons des Seigneurs), the constellations, his courtiers, who came out to meet him and swelled his train. These pavilions, arranged on each side of the gardens, stood in double avenues of clipped lime-trees looking upon the garden and its fountains, and leading up to the palace. The device of the sun was carried out in the palace itself, where all the smaller apartments circled round the grand salon, the king and queen having apartments to the back, the dauphin and dauphine to the front, each apartment consisting of an anteroom, bedroom, and sitting-room, and each set being connected with one of the four square saloons, which opened upon the great octagonal hall, of which four faces were occupied by chimney-pieces and four by the doors of the smaller saloons. The central hall occupied the whole height of the edifice, and was lighted from the upper story.

The great ambition of every courtier was 'être des Marlys,' and all curried favour with the king by asking to accompany him on his weekly 'voyages de Marly.'

'Cela s'appelait se présenter pour Marly. Les hommes demandaient le même jour le matin, en disant au roi seulement : "Sire, Marly !" Les dernières années le roi s'en importuna. Un garçon bleu écrivait dans la galerie les noms de ceux qui demandaient et qui y allaient se faire inscrire. Pour les dames, elles continuèrent toujours à se présenter.

'A Marly, si le roi y demeurait, tout ce qui était du voyage avait toute liberté de l'y suivre dans les jardins, de l'y joindre, de l'y laisser, en un mot, comme ils voulaient.

'Toutes les dames du voyage avaient l'honneur de manger soir et matin, à la même heure, dans le même petit salon qui séparait l'appartement du roi et celui de Mme de Maintenon. Le roi tenait une table où tous les fils de France et toutes les princesses du sang se mettaient, excepté M. le duc de Berry, M. le duc d'Orléans et madame la princesse de Conti, qui se mettaient toujours à celle de Monseigneur, même quand il était à la chasse. Il y'en avait une troisième plus petite où se mettaient, tantôt les unes, tantôt les autres; et toutes trois étaient rondes, et liberté à toutes de se mettre à celle que bon leur semblait. Les princesses du sang se plaçaient à droite et à gauche en leur rang; les duchesses et les autres princesses comme elles se trouvaient ensemble, mais joignant les princesses du sang et sans mélange entre elles d'aucunes autres, puis les dames non titrées achevaient le tour de la table, et Mme de Maintenon parmi elles vers le milieu; mais elle ne mangeait plus depuis assez long-temps. . . . . Au sortir du dîner le roi entrait chez Mme de Maintenon, se mettait dans un fauteuil près d'elle dans sa niche, qui était un canapé fermé de trois côtés, les princesses du sang sur des tabourets auprès d'eux, et, dans l'éloignement, des dames privilégiées, ce qui pour cette entrée-là était assez étendu. On était auprès de plusieurs cabarets de thé et de café; en prenait qui voulait. Le roi demeurait là plus ou moins, selon que la conversation des princesses l'amusait, ou qu'il avait affaire, puis il passait devant toutes ces dames, allait chez lui, et toutes sortaient, excepté quelques familières de Mme de Maintenon. Dans l'après-dînée, à la suite de madame la duchesse de Bourgogne, personne n'entrait où étaient le roi et Mme de Maintenon que madame la duchesse de Bourgogne et le ministre qui venait travailler. La porte était fermée, et les dames qui étaient dans l'autre pièce n'y voyaient le roi que passer pour souper, et elles l'y suivaient; après souper, chez lui, avec les princesses comme à Versailles.'—*S. Simon*, 1707.

The Court used to arrive at Marly on a Wednesday and leave it on a Saturday: this was an invariable rule. The king always passed his Sundays at Versailles, which was his parish.

'Louis XIV. avait établi pour les voyages de Marly un genre de représentation différent de celui de Versailles, mais encore plus gênant.

'Je jeu et le souper avaient lieu tous les jours, et exigeaient beaucoup de toilette ; le dimanche et les jours de fête les eaux jouaient, et le peuple était admis dans les jardins, et il y'avait toujours autant de monde qu'aux fêtes de Saint-Cloud.

'Les siècles ont leur couleur, et bien positivement ; Marly reportait encore plus que Versailles vers celui de Louis XIV. ; tout semblait y avoir été construit par la magique puissance d'une baguette de fée.

'Les palais, les jardins de cette maison de plaisance pouvaient aussi se comparer aux décorations théâtrales d'un cinquième acte d'opéra. Il n'existe plus la moindre trace de tant de magnificence, les démolisseurs révolutionnaires ont arraché du sein de la terre jusqu'aux tuyaux de fonte qui servaient à la conduite des eaux. Peut-être lira-t-on avec intérêt une courte description de ce palais et des usages que Louis XIV, y avait établis.

'Le jardin de Marly, long et fort large, montait, par la plus insensible pente, jusqu'au pavillon du soleil, habité seulement par le roi et par sa famille. Les pavillons des douze signes du zodiaque bordaient les deux côtés du parterre, et étaient unis les uns aux autres par d'élégants berceaux où les rayons du soleil ne pouvaient pénétrer. Les pavillons les plus rapprochés de celui du soleil étaient réservés aux princes du sang et aux ministres ; les autres étaient occupés par les grandes charges de la cour ou par les personnes invitées à séjourner à Marly ; tous les pavillons tenaient leurs noms de peintures à fresque qui en couvraient les murs et avaient été exécutées par les plus célèbres artistes du siècle de Louis XIV.

'Sur la ligne du pavillon d'en haut se trouvaient, à gauche, la Chapelle ; à droite, un pavillon, dit *la Perspective*, qui masquait un long corps de commun, où se trouvaient cent logements destinés aux personnes attachées au service de la cour, des cuisines, et de vastes salles où plus de trente tables étaient splendidement servies.

'Pendant la moitié du règne de Louis XV. les dames portèrent encore *l'habit de cour de Marly*, ainsi désigné par Louis XIV., et qui différait peu de celui adopté pour Versailles ; la robe française, à plis dans le dos et à grands paniers, remplaça cet habit, et fût conservé jusqu'à la fin du règne de Louis XVI.

'Les diamants, les plumes, la rouge, les étoffes brodées et lamées en or faisaient disparaître jusqu'à la moindre apparence d'un séjour champêtre ; mais le peuple aimait à voir la pompe de ses souverains et d'une cour brillante défiler sous les ombrages.

'Après le dîner, et avant l'heure du jeu, la reine, les princesses et leurs dames, roulées, par les gens à la livrée du roi, dans des carrioles surmontées de dais richement brodés en or, parcouraient les bosquets de Marly, dont les arbres, plantés par Louis XIV., étaient d'une élévation prodigieuse ; dans plusieurs bosquets la hauteur de ces arbres était encore dépassée par des jets de l'eau la plus limpide, tandis que dans d'autres des cascades de marbre blanc, dont les eaux frappées par quelques rayons de soleil paraissaient des nappes de gaze d'argent, contrastaient avec l'imposante obscurité des bosquets.

'Le soir, pour être admis au jeu de la reine, il suffisait à tout homme bien mis d'être nommé et présenté par un officier de la cour à l'huissier du salon de jeu. Le salon, très-vaste et d'une forme octagone s'élevait jusqu'au haut du toit à l'italienne, et se terminait par une coupole ornée de balcons, où des femmes non présentées obtenaient facilement d'être placées pour jouir de la vue de cette brillante réunion.

'Sans faire partie des gens de la cour, les hommes admis dans le salon pouvaient prier une des dames placées au lansquenet ou au pharaon de la reine de jouer sur leurs cartes l'or ou les billets qu'ils leur présentaient.

'Les gens riches et les gros joueurs de Paris ne manquaient pas une seule des soirées du salon de Marly, et les sommes perdues ou gagnées étaient toujours très-considérables.

'Louis XIV. détestait le gros jeu, et témoignait souvent de l'humeur quand on citait de fortes pertes. Les hommes n'avaient point encore introduit l'usage de porter un habit noir sans être en deuil, et le roi donna quelques-uns de ses coups de *boutoir* à des chevaliers de S. Louis ainsi vêtus, qui venaient hasarder deux ou trois louis dans l'espoir que la fortune favoriserait les jolies duchesses qui voulaient bien les placer sur leurs cartes.

'On voit souvent des contrastes singuliers au milieu de la grandeur des cours : pour jouer un si grand jeu au pharaon de la reine, il fallait un banquier muni de fortes sommes d'argent, et cette nécessité faisait asseoir à la table du jeu, où l'étiquette n'admettait que les gens les plus titrés, non-seulement M. de Chalabre, qui en était le banquier, mais un simple capitaine d'infanterie retiré, qui lui servit de second. On entendait aussi très-souvent prononcer un mot trivial, mais tout-à-fait consacré pour exprimer la manière dont on y faisait la cour au roi. Les hommes présentés qui n'avaient point été invités à résider à Marly y venaient cependant comme à Versailles, et retournaient ensuite à Paris ; alors il était convenu de dire qu'on n'était à Marly qu'en *polisson;* et rien ne me paraissait plus singulier que d'entendre répondre par un charmant marquis à un des ses intimes qui lui demandait s'il était du voyage de Marly : "Non, je n'y suis qu'en polisson." Cela voulait simplement dire : "J'y suis comme tous ceux dont la noblesse ne date pas de 1400." Que de talents sublimes, que de gens d'un haut mérite, qui bientôt devaient trop malheureusement porter atteint à l'antique monarchie, se trouvaient dans cette classe désignée par le mot de polissons !

'Les voyages de Marly étaient fort chers pour le roi ; après les tables d'honneur, celles des aumôniers, des écuyers, des maîtres d'hôtel etc., étaient toutes assez magnifiquement servies pour que l'on trouvât bon que des étrangers y fussent invités ; et presque tout ce qui venait de Paris était nourri aux dépens de la cour.'—'*Mémoires.*'

The leading figure at Marly was Mme de Maintenon, who occupied the apartments intended for Queen Marie Thérèse, but who led the simplest of lives, bored almost to extinction. She used to compare the carp languishing in the tanks of Marly to herself—' Comme moi, ils regrettent leur bourbe.'

'Les suites, les succès, l'entière confiance, la rare dépendance, la toute-puissance, l'adoration publique, universelle, les ministres, les généraux d'armée, la famille royale la plus proche, tout en un mot à ses pieds ; tout bon et tout bien par elle, tout réprouvé sans elle ; les hommes, les affaires, les choses, les choix, les justices, les grâces, la religion, tout sans exception en sa main, et le roi et l'état ses victimes ; quelle fut cette fée incroyable, et comment elle gouverna sans lacune, sans obstacle, sans nuage le plus léger, plus de trente ans entiers, et même trente-deux, c'est l'incomparable spectacle qu'il s'agit de se retracer, et qui a été celui de toute l'Europe.'—*S. Simon*, '*Mémoires.*'

'Ce fut principalement sur les points de morale et dans les questions religieuses que cette influence de Mme de Maintenon était puissante, et presque irrésistible. A cet égard elle croyait avoir une mission à remplir. Elle se regardait de très-bonne foi comme choisie par la Providence pour ramener Louis XIV. à la continence et à la piété, pour le guider dans la voie du salut, pour sanctifier un règne qui jusque-là n'avait été que glorieux, pour fortifier, pour étendre l'empire de la religion et l'autorité de l'Eglise. C'est là ce que lui répétaient sans cesse les hommes revêtus d'un caractère sacré, dont elle admirait les vertus, qui lui inspirait une confiance sans bornes, et qu'elle écoutait avec une docilité recueillie. Fénelon lui écrivait un jour : "L'amitié que vous avez pour le roi doit se purifier par la douleur. C'est peu que de n'avoir aucun intérêt ; il faut renoncer à toute consolation et porter les choses les plus humiliantes. Vous ne sauriez devenir trop petite sous votre croix, et vous n'aurez jamais tant de liberté, d'autorité et d'efficace dans vos paroles que lorsque vous serez bien humiliée et bien petite par renoncement à toute votre sensibilité." '—*Hequet, 'Hist. de Mme de Maintenon.'*

At first Mme de Maintenon dined, in the midst of the other ladies, in the square salon which separated her apartment from that of the king; but soon she had a special table, to which a very few other ladies, her intimates, came by invitation.

'Reine en particulier, à l'extérieur pour le ton, le siège et la place en présence du roi, de Monseigneur, de Monsieur, de la cour d'Angleterre et de qui que ce fût, elle était très-simple particulière au-dehors, et toujours aux derrières places. Je l'ai vu souvent aux dîners du roi à Marly, mangeant avec lui et les dames, et à Fontainebleau en grand habit chez la reine d'Angleterre, comme je l'ai remarqué ailleurs, cédant absolument sa place, et se reculant partout pour les femmes titrées, même pour les femmes de qualité distinguées, ne se laissant jamais forcer par les titrées, mais par celles de qualité ordinaire, avec un air de peine et de civilité, et par tous ces endroits polie, affable, parlante, comme une personne qui ne prétend rien et qui ne montre rien, mais qui imposait fort, à ne considérer que ce qui était autour d'elle.

'Toujours très bien mise, noblement, proprement, de bon goût, mais très-modestement et plus vieillement alors que son âge. Depuis qu'elle ne parut plus en public, on ne voyait que coiffes et écharpe noire quand par hasard on l'apercevait.

'Elle n'allait jamais chez le roi qu'il ne fût malade, ou que les matins des jours qu'il avait pris médecine, et à peu près de même chez Mme la duchesse de Bourgogne, jamais ailleurs pour aucun devoir.

'Chez elle, avec le roi, ils étaient chacun dans leur fauteuil, une table devant chacun d'eux, aux deux coins de la cheminée, elle du côté du lit, le roi le dos à la muraille du côté de la porte de l'antichambre, et deux tabourets devant sa table, un pour le ministre qui venait travailler, l'autre pour son sac. Les jours de travail, ils n'étaient seuls ensemble que fort peu de temps avant que le ministre entrât, et moins encore fort souvent après qu'il était sorti.

'Pendant le travail, Mme de Maintenon lisait ou travaillait en tapisserie. Elle entendait tout ce qui se passait entre le roi et le ministre, qui parlaient tout haut. Rarement elle y mêlait son mot, plus rarement ce mot était de quelque conséquence. Souvent le roi lui demandait son avis. Alors elle répondait avec de grandes mesures. Jamais, ou comme jamais, elle ne paraissait affectionner rien, et moins encore s'intéresser pour personne; mais elle était d'accord avec le ministre, qui n'osait en particulier ne pas convenir de ce qu'elle voulait, ni encore moins broncher en sa présence. Dès qu'il s'agissait donc de quelque grâce ou de quelque emploi, la chose était arrêtée entre eux avant le travail où la décision s'en devait faire, et c'est ce qui la retardait quelquefois, sans que le roi ni personne en sût la cause. . . .

'Vers les neuf heures du soir, deux femmes de chambre venaient déshabiller Mme de Maintenon. Aussitôt après, son maître-d'hôtel et un valet de chambre apportaient son couvert, un potage et quelque chose de léger. Dès qu'elle avait achevé de souper, ses femmes la mettaient dans son lit, et tout cela en présence du roi et du ministre (qui n'en discontinuait pas son travail, et qui n'en parlait pas plus bas), ou, s'il n'y en avait point, des dames familières. Tout cela gagnait dix heures, que le roi allait souper, et en même temps on tirait les rideaux de Mme de Maintenon. . . . Le roi venait au lit de Mme de Maintenon, où il se tenait debout fort peu, lui donnait le bonsoir, et s'en allait se mettre à table. Telle était la mécanique de chez Mme de Maintenon.

'On l'a dit, Mme de Maintenon était particulière en public; hors de là, reine; quelquefois même en public, comme aux promenades de Marly, quand par complaisance elle en faisait quelqu'une où le roi voulait lui montrer quelque chose de nouvellement achevée.

'Reine dans le particulier, Mme de Maintenon n'était jamais que dans un fauteuil, et dans le lieu le plus commode de sa chambre, devant le roi, devant toute la famille royale, même devant la reine d'Angleterre. Elle se levait tout au plus pour Monseigneur et pour Monsieur, parce qu'ils allaient rarement chez elle. Pour aucun autre fils de France, leurs épouses, ou les bâtards du roi, elle ne se levait point, ni pour personne, sinon un peu pour les personnes ordinaires avec qui elle n'avait point de familiarité, et qui en obtenaient les audiences, car modeste et polie, elle l'a toujours affecté à ces égards-là.

'Ce qui étonnait toujours, c'étaient les promenades qu'on vient de dire qu'elle faisait avec le roi par excès de complaisance dans les jardins de Marly. Il aurait été cent fois plus librement avec la reine, et avec moins de galanterie. C'était un respect le plus marqué, quoique au milieu de la cour et en présence de tout ce qui s'y voulait trouver des habitants de Marly. Le roi s'y croyait en particulier, parce qu'il était à Marly. Leurs voitures allaient joignant à côté l'une de l'autre, car presque jamais elle ne montait en chariot ; le roi seul dans le sien, elle dans une chaise à porteur. S'il y avait à leur suite Mme la Dauphine ou Mme la duchesse de Berry, ou des filles du roi, elles suivaient ou environnaient à pied, ou si elles montaient en chariot avec des dames, c'était pour suivre, et à distance, sans jamais doubler. Souvent le roi marchait à pied à côté de la chaise. A tous moments il ôtait son chapeau et se baissait pour parler à Mme de Maintenon, ou pour lui répondre, si elle lui parlait, ce qu'elle faisait bien moins souvent que lui, qui avait toujours quelque chose à lui dire ou à lui faire remarquer. Comme elle craignait l'air dans les temps même les plus beaux et les plus calmes, elle poussait à chaque fois la glace de côté de trois doigts, et la renfermait incontinent. Posée à terre à considérer la fontaine nouvelle, c'était la même manège. Souvent alors la Dauphine se venait percher sur un des bâtons de devant, et se mettait à la conversation, mais la glace de devant demeurait toujours fermée. A la fin de la promenade, le roi conduisait Mme de Maintenon jusqu' auprès du chateau, prenait congé d'elle, et continuait sa promenade.'—S. Simon, 'Mémoires,' 1715.

In all royal palaces, even at the present day, society is probably drearier than anywhere else, but it was never duller than at Marly. 'On apprend à se taire à Marly,' we find the lively Duchesse d'Orléans writing to her family; 'souvent, la plupart du temps même, on est seize ou dix-sept à table, et on n'entend pas un mot.' On February 5, 1711, 'Madame' writes from Marly:—

'Nulle part il n'y a de conversation ; à Meudon, on parle entre soi. Monseigneur cause fort peu, aussi bien que le roi. Je crois que celui-ci compte les mots et a résolu de ne jamais dépasser un certain chiffre. A S. Cloud pas plus qu'ailleurs on ne cause. Toutes les dames ont une telle peur de dire quelque chose qui pût déplaire ici et les empêcher d'aller à Marly, qu'elles ne parlent que de toilette et de jeu, ce qui me semble assez ennuyeux.'

Mme de Maintenon wrote :—

'Que ne puis-je vous donner toute mon expérience ! que ne puis-je vous faire voir l'ennui qui dévore les grands, et la peine qu'ils ont à remplir leurs journées !'—Lettres, iii. 152.

Marly was the scene of several of the most tragic events in the life of Louis XIV. 'Tout est mort ici, la vie en est ôtée,' wrote the Comtesse de Caylus (niece of Mme de Maintenon) from Marly to the Princesse des Ursins, after the death of the Duchesse de Bourgogne. And, in a few days afterwards, Marly was the scene of the sudden death of the Dauphin (Duc de Bourgogne), the beloved pupil of Fénelon. Early in the morning after the death of his wife, he was persuaded, 'malade et navré de la plus intime et de la plus amère douleur,' to follow the king to Marly, where he entered his own room by a window on the ground floor.

'Mme de Maintenon y vint aussitôt; on peut juger quelle fut l'angoisse de cette entrevue, elle ne peut y tenir longtemps et s'en retourna. . . . Peu d'instants après on le vint avertir que le roi était éveillé; les larmes qu'il retenait, lui roulaient dans les yeux. Je m'approchai et je lui fis signe d'aller, puis je le lui proposai à voix basse. Voyant qu'il demeurait et se taisait, j'osai lui prendre le bras, lui représenter que tôt ou tard il fallait bien qu'il vît le roi, qu'il l'attendait; . . . , il me jeta un regard à percer l'âme et partit.

'Tout ce qui était dans Marly pour lors, en très-petit nombre, était dans le grand salon. Princes, princesses, grandes entrées, étaient dans le petit, entre l'appartement du roi et celui de Mme de Maintenon; elle, dans sa chambre, qui, avertie du réveil du roi, entra seule chez lui à travers ce petit salon, et tout ce qui y était entra fort peu après. Le Dauphin, qui entra par les cabinets, trouva tout ce monde dans la chambre du roi qui, dès qu'il le vit, l'appela pour l'embrasser tendrement, longuement et à reprises. Ces premiers moments si touchants ne se passèrent qu'en paroles fort entrecoupées de larmes et de sanglots.

'Le roi un peu après, regardant le Dauphin, fut effrayé. Tout ce qui était dans la chambre du roi le fut, les médecins plus que les autres. . . . Le roi lui ordonna de s'aller coucher; il obéit, et ne se releva plus. . . . L'inquiétude augmenta sur le Dauphin. Lui-même ne cacha pas qu'il ne croyait pas en relever. Il s'en expliqua plus d'une fois de même, et toujours avec un détachement, un mépris du monde, et de tout ce qu'il y a de grand, une soumission et un amour de Dieu incomparables. On ne peut exprimer la consternation générale. . . .

Le jeudi matin, 18 février (1712), j'appris dès le grand matin que le Dauphin, qui avait attendu minuit avec impatience, avait ouï la messe bientôt après, y avait communié, avait passé deux heures après dans une grande communication avec Dieu, ensuite qu'il avait reçu l'extrême-onction ; enfin, qu'il était mort à huit heures et demie.

'. . . . Il connaissait le roi parfaitement, il le respectait, et sur la fin il l'aimait en fils, et lui faisait une cour attentive de sujet, mais qui sentait quel il était. Il cultivait Mme de Maintenon avec les égards que leur situation demandait. Il aimait les princes ses frères avec tendresse, et son épouse avec la plus grande passion. La douleur de sa perte pénétra ses plus intimes moelles. La piété y surnagea par les plus prodigieux efforts. Le sacrifice fut entier, mais il fut sanglant. Dans cette terrible affliction rien de bas, rien de petit, rien d'indécent. On voyait un homme hors de soi, qui s'extorquait une surface unie, et qui y succombait.

'Le jours de cet affliction furent tôt abrégés. . . . Mais, grand Dieu ! quel spectacle vous donnâtes en lui, et que n'est-il permis encore d'en révéler des parties également secrètes, et si sublimes qu'il n'y a que vous que les puissiez donner et en connaître tout le prix ! quelle imitation de Jésus-Christ sur la croix ! on ne dit pas seulement à l'égard de la mort et des souffrances, elle s'éleva bien au-dessus. Quelles tendres, mais tranquilles vues ! quelle surcroît de détachement ! quels vifs élans d'actions de grâces d'être préservé du sceptre et du compte qu'il en faut rendre ! quel ardent amour de Dieu ! quel perçant regard sur son néant et ses péchés ! quelle magnifique idée de l'infinie miséricorde ! quelle religieuse et humble crainte ; quelle tempérée confiance ! quelle sage paix ! quelles lectures ! quelles prières continuelles ! quelle ardent désir des derniers sacrements ! quelle profonde recueillement ! quelle invincible patience ! quelle douceur, quelle constante bonté pour tout ce qui l'appprochait ! quelle charité pure qui le pressait d'aller à Dieu ! La France tomba enfin sous ce dernier châtiment ; Dieu lui montra un prince qu'elle ne méritait pas. La terre n'en était pas digne, il était mûr déjà pour la bienheureuse éternité.'—*S. Simon*, '*Mémoires.*'

It was also at Marly—'la funeste Marly'—that the Duc de Berry, the younger grandson of Louis XIV., and husband of the profligate daughter of the Duc d' Orléans—afterwards Regent, died, with great suspicion of poison, in 1714. The MS. memorials of Mary Beatrice by a sister of Chaillot, describe how, when Louis XIV. was mourning his beloved grandchildren, and that queen, whom he had always liked and respected, had lost her darling daughter Louisa, she went to visit him at Marly, where 'they laid aside all Court etiquette, weeping together in their common grief, because, as the Queen said, "We saw that the aged were left, and that Death had swept away the young."' S. Simon depicts the last walk of the king in the gardens of Marly—'l'étrange ouvrage de ses mains'—on August 10, 1715. He went away that evening to Versailles, where he died on September 1.

Marly was abandoned during the whole time of the Regency, and was only saved from total destruction in 1717, when the Régent Philippe d'Orléans had ordered its demolition, by the spirited remonstrance of S. Simon—

> 'Qu'il devait considérer combien de millions avaient été jetés dans cet ancien cloaque pour en faire un palais des fées, unique en toute l'Europe en sa forme, unique encore par la beauté de ses fontaines, unique aussi par la réputation que celle du feu roi lui avait donnée; que c'était un des objets de la curiosité de tous les étrangers de toute qualité qui venaient en France; que cette destruction retentirait par toute l'Europe avec un blâme que les basses raisons de petite épargne ne changeraient pas; que toute la France serait indignée de se voir enlever un ornement si distingué.'—'*Mémoires.*'

The great pavilion itself only contained, as we have seen, a very small number of chambers. The querulous Smollett, who visited Marly in 1763, speaks of it as 'No more than a pigeon-house in respect to a palace.' But it was only intended as the residence of the king.

'6 déc. 1687. A Marly, on n'a pas d'appartement, si ce n'est pour dormir et s'habiller; mais dès que ceci est fait, tout est pour le public. Dans l'appartement du roi, il y a la musique; dans celui du dauphin, on prend les repas, tant à midi que le soir; là se trouve aussi le billard, qui ne désemplit pas. Dans l'appartement de Monsieur se trouve la blanque, toutes les tables de tric-trac et les jeux de cartes ; dans le mien se tenaient les marchands, et c'est là qu'avait lieu la foire.'—*Correspondance de Madame.*

'La chose qui me frappe, c'est le contraste d'un art délicat dans les berceaux et les bosquets, et d'une nature agreste dans un massif touffu de grands arbres qui les dominent et qui forment le fond. Ces pavillons, séparés et à demi enfoncés dans une forêt, semblent être les demeures de différents génies subalternes dont le maître occupe celui du milieu. Cela donne à l'ensemble un air de féerie qui me plut.'— *Diderot, 'Lettres à Mlle Volland.'*

During the repairs necessary in the reign of Louis XV., who built Choisy and never lived at Marly, the cascade which fell behind the great pavilion was removed. Mme Campan describes the later Marly of Louis XVI., under whom the 'voyages' had become one of the great burdens and expenses of royal life. The Court of Louis XVI. was here for the last time on June 11, 1789, but in the latter years of Louis XVI., M. de Noailles, governor of S. Germain, was permitted to lend the smaller pavilions furnished to his friends for the summer months. Marly perished with the monarchy, and was sold at the Revolution, when the statues of its gardens were removed to the Tuileries. A cotton mill was for a time established in the royal pavilion ; then all the buildings were pulled down and the gardens sold in lots !

Still the site is worth visiting. The *Grille Royale*, now a simple wooden gate between two pillars with vases, opens on the road from S. Germain to Versailles, at the extremity of the aqueduct of Marly. Passing this, one finds oneself in an immense circular enclosure, the walls of which support the forest on every side.

'Il semble voir un vaste cirque creusé et fortifié au milieu des bois, où l'œuvre des hommes est venue s'ajouter audacieusement à celles de la nature. Des piliers, çà et là abattus, laissent deviner des portiques qui ont dû orner cette entrée ; à leur suite, par les trouées que le temps a faites, la vue plonge, à droite et à gauche, dans les substructions plus grandes qui se perdent sous l'ombre épaisse des arbres. En face de la porte par laquelle on a pénétré, on découvre une perspective plus surprenante encore ; la route s'enfonce dans un gouffre, où de tous les points de l'horizon la forêt paraît s'abaisser ; ces grands arbres, qui, au milieu même de leur liberté sauvage, témoignent, par une certaine régularité à moitié effacée, qu'ils ont été jadis pliés par la hache, semblent se pencher les uns sur les autres du haut des gradins d'un amphithéâtre gigantesque, et s'incliner tous vers la puissance qui avait forcé la nature, comme les nations, à subir son commandement.

'On a hâte de pénétrer au fond de cet abîme de verdure, où tend tout le grand paysage, fait de main d'homme, dont on est environné. On descend entre deux murs qui portent des chênes et les ormes séculaires ; on arrive à une seconde enceinte circulaire que l'on est tenté de prendre pour les débris d'un palais, aux grandes ondulations du tapis de verdure qui en cache les décombres. Le peu d'ouverture que la perspective a en cet endroit vous avertit de descendre encore ; et, après avoir traversé des salles de verdure abandonnées au hasard, vous arrivez à un amas plus grand, du haut duquel le regard embrasse un vaste horizon. Les ruines sur lesquelles vous êtes placé affectent sensiblement la forme circulaire ; et aussi loin que l'œil puisse atteindre, au delà des pentes que vous dominez, au delà des plaines qu'arrose la Seine dérobée au pied du coteau, les montagnes, suivant les prolongements de la colline de Saint-Germain, arrondissent encore leurs lignes délicates qui fuient vers les bois de Montmorency. Cette fois vous avez sous les pieds le palais célèbre où Louis XIV. a caché, au milieu des fêtes, la douleur des revers de sa vieillesse ; et, dans toutes ces lignes qui semblent répéter à plaisir la même courbe harmonieuse, déjà se trahit le plan original qui avait fait de Marly les délices du roi, lorsque, dégoûté de la pompe théâtrale et trop découverte de Versailles, il cherchait, au fond d'un abri mieux défendu, des plaisirs moins bruyants.

'On descende du tertre formé par les débris du palais de Louis XIV. ; au delà des salles de verdure qui font le pendant de celles qu'on a déjà traversées, on aperçoit, à moitié debout, à moitié couchés sous l'herbe, les restes des bâtiments qui correspondaient avec ceux de la seconde enceinte circulaire par où on a passé. Derrière le palais, sur la colline échancrée, on voit, recouverts par la mousse, les nombreux degrés par lesquels devait tomber toute une rivière d'eau. De part et d'autre, des routes creusées sous les racines des arbres, et bordées de grands murs pour soutenir les terres, ouvrent des échappées sur la forêt assujettie à un plan où se répète toujours la ligne ronde. Mais c est devant le palais même qu'il faut s'avancer pour retrouver les plus beaux endroits des jardins.

'On va en descendant toujours d'une terrasse à l'autre ; chaque terrasse portait autrefois un parterre, sur les flancs duquel se détachait, à droite et à gauche, une allée qui faisait tout le tour du jardin disposé en amphithéâtre.

'Le premier parterre, que le château couronnait, montre encore ses arbres surprenants, arrondis autrefois en berceaux, dont leur base a conservé le pli, épanouis, au-dessus de ces anciennes voûtes, en troncs nouveaux, libres et vigoureux, qui semblent comme une seconde forêt entée sur la première.

'Le second parterre laisse apercevoir distinctement les deux bassins latéraux dont il était orné. Au milieu des grands ormes qui autrefois couvraient de leur ombrage des conques élégantes chargées de bronze et de marbre, l'eau, dont on n'a pu détruire tous les conduits, sourd naturellement de la terre qui a gardé la forme des anciennes constructions ; à l'endroit où le jet d'eau s'élançait vers le dôme de ces bosquets, des joncs sortent en gerbe épaisse ; les nénufars s'y mêlent et achèvent de couvrir cette mer tranquille qui n'est agitée, de temps à l'autre, que par les mains des blanchisseuses du village.

'Le troisième et le quatrième parterres offrent encore les restes des vastes bassins qui en occupaient la plus grande partie ; les formes en sont nettement dessinées aux yeux par l'abaissement du terrain, et aussi par la verdure plus fraîche des plantes qui poussent plus vives aux lieux autrefois engraissés par les eaux.'—*Magasin pittoresque XVI. Mars* 1848.

The *Forest* of Marly has been greatly curtailed of late years. The parts worth visiting are perhaps best reached by the Porte de l'Etang-la-Ville (4 *k.* from S. Germain), which has a railway station, named thus from a neighbouring village. If the forest be entered at *Fourqueux* one soon reaches the *Désert de Retz*, the gardens of which are lauded by Delille.

As late as the time of Louis XIV. the forest of Marly abounded in wolves. 'Madame' (Duchesse d'Orléans) describes in her letters going to hunt them with the Dauphin, and how (February 1709) they devoured a courier and his horse.

The return from Marly may be varied by taking the railway by S. Cloud to Paris. The line passes at 2 *k.* (19 *k.* from Paris) *Louveciennes* (Mons Lupicinus), a pretty village, where Louis XV. built a delightful villa for Mme du Barry, which she was allowed to retain under Louis XVI., and where she always walked about dressed in white muslin in summer and percale in winter.

'La comtesse du Barry ne perdit jamais le souvenir du traitement indulgent qu'elle avait éprouvé à la cour de Louis XVI. ; elle fit dire à la reine, pendant les crises les plus fortes de la révolution, qu'il n'y avait point en France de femme plus pénétrée de douleur qu'elle ne l'était pour tout ce que sa souveraine avait à souffrir ; que l'honneur qu'elle avait eu de vivre plusieurs années rapprochée du trône, et les bontés infinies du roi et de la reine, l'avaient si sincèrement attachée à la cause de la royauté, qu'elle suppliait la reine de lui accorder l'honorable faveur de disposer de tout ce qu'elle possédait. Sans rien accepter de ses offres, leurs Majestés furent touchées de sa reconnaissance.'— *Mme Campan.*

Mme du Barry escaped in the early days of the Revolution, but was persuaded to return to Louveciennes, not—as is usually said—to look for her jewels, as they were already sold in England, but to join her admirer, the Duc de Brissac, who was murdered by the people at Versailles, and his head exhibited on a pike under her window. She was herself betrayed by the negro boy Zamore, upon whom she had heaped innumerable benefits, and was guillotined with the final supplication, 'Ne me faites pas du mal, monsieur le bourreau !' upon her lips. The beautiful pavilion of her villa, built by Ledoux, still exists, but the interior is much altered.

V.

POISSY AND MANTES, ARGENTEUIL.

ON the Chemin de Fer de Rouen; by rail from the *Gare S. Lazare*. Poissy and Mantes form a most delightful day's excursion from Paris, though architects and artists will wish to stay longer at Mantes. Vigny requires a separate excursion.

The line passes—

17 k. Maisons-Laffitte.—The magnificent château of Maisons was built by François Mansart for René de Longueil, Surintendant des Finances. Voltaire frequently staid there with the Président de Maisons, and nearly died there of the small-pox. On his recovery, he had scarcely left the château to set out on his return to Paris, when the room he had occupied and the adjoining chambers were destroyed by fire. In 1778 the château was bought by the Comte d'Artois, and an apartment was arranged there for each of the royal family. Maisons was sold as national property at the Revolution, and has since belonged to the Duc de Montebello, and to the banker Laffitte, by whom part of the park has been cut up for villas.

As Maisons is approached by the railway, there is a fine view (on right) of the stately château rising above the west bank of the Seine, with a highly picturesque mill of the same date striding across an arm of the river in the foreground.

'The château of Maisons, built by François Mansart about the year 1658, is one of those happy designs which seem to have linked together the style of Francis I. with that of Louis XIV. It combines the playfulness of outline which prevailed at an earlier age with a strict adherence to the proprieties of the Orders as then understood. The roof is enormous, but relieved by the chimneys and by being broken into masses; while the whole effect of the design is that it is the house of a nobleman, of singular elegance, neither affecting templar grandeur nor descending into littleness.'—*Fergusson.*

1½ *k.* is *Sartrouville,* where the church has a central romanesque octagon, with a stone spire of later date. The nave piers are cylindrical, the arches pointed transitional.

22 *k. Conflans-S.-Honorine.*—This place receives its first name from its situation at the confluence of the Seine and Oise; its second from the shrine of S. Honorine, brought hither by a native of Graville for protection from the Normans in 898: her relics are still carried in procession on Ascension Day. The parish church of *S. Maclou* has an admirable romanesque tower of the XII. c. In the choir is the tomb of Jean I., Seigneur de Montmorency, and near it the XIV. c. statue of Mathieu IV. de Montmorency, Admiral and High Chamberlain of France, 1304. A tower, called *La Baronnie,* marks the site of the priory of S. Honorine.

27 *k. Poissy* (*Hotel de Rouen,* right of station: very humble), on the left bank of the Seine, was the seat of a very ancient royal residence, destroyed by Charles V. If S. Louis was not born here he was certainly baptised here, and was wont to sign himself 'Louis de Poissy.'

Close to the railway, in the centre of the tiny town, rises the noble *Church.* Late romanesque, with flamboyant additions, it has a most striking outline. The older portions—

the nave, the apsidal choir with its two apsides, and the west and central towers, date from the XI. c., though the massive west tower, supporting a conical stone spire, and the two first bays of the nave, were rebuilt, on the old

WEST TOWER, POISSY

lines, in the XVII. c. The nave chapels are XV. c. The west tower formerly served as a porch, but this is now blocked up, and the principal entrance is by a magnificent early XVI. c. porch on the south, with open arches on two sides: it has been injured externally by coarse restoration, but is untouched within.

'La flèche du clocher central est de charpente, comme certaines flèches de clochers normands dans une situation analogue; et il n'y pas lieu de supposer qu'elle ait été primitivement projetée en pierre. L'étage à jour du beffroi octagone se compose d'arcades jumelles sur les grandes côtés et d'arcades simples sur les petits. La base de ce clocher ne renferme point une coupole ou une lanterne, comme les clochers centraux du Rhin ou de Normandie; elle n'est que l'étage inférieur du beffroi au-dessus de la voûte de la nef.'—*Viollet-le-Duc.*

The interior is exceedingly beautiful and has been well restored. A number of early statues of saints are full of quaint character. The romanesque chapel on the north of the choir contains a fragment of the font in which S. Louis was baptised.

'C'est pourquoy, estant un jour en ce lieu depuis qu'il fut roy, il dit avec joye à ses amis que c'estoit là qu'il avoit receu le plus grand honneur qu'il eust jamais eu. C'est pourquoy lorsqu'il écrivoit en secret à ses amis particuliers, et qu'il vouloit supprimer sa qualité de roy, il se nommoit Louis de Poissy ou le seigneur de Poissi. On dit qu'il se plaisoit particulièrement en ce lieu.'—*Le Nain de Tillemont.*

A considerable part at least of the rest of the font has been taken as dust in glasses of water by the faithful as a cure for fever. In the same chapel is a tombstone, with a very curious epitaph, recording how Remy Hénault, 1630, was twice dead and twice alive, how, after having been consigned to the tomb, he was resuscitated by the devotion of his son, expressed in ardent prayer to S. Geneviève, and rose again a second Lazarus, to be called 'Le ressuscité.' His son, a second Remy, who ordained special worship to S. Geneviève for her favour, now rests with him.

In the opposite chapel of S. Louis are relics of the sainted king. This chapel formerly had a stained-glass window representing the birth of S. Louis, and beneath were the XVI. c. lines—

> 'Saint-Louis fut un enfant de Poissy,
> Et baptisé en la présente église ;
> Les fonts en sont gardés encore ici,
> Et honorés comme relique exquise.'

The apsidal chapel, filled with *ex-votos* to the Virgin, has modern stained-glass illustrative of the life of S. Louis.

A little behind the church is a fine old gateway, flanked by two round towers, the principal existing remnant of the famous *Abbey of Poissy*, which Philippe le Bel founded in 1304, in the place of an earlier Augustinian monastery founded by Constance of Normandy, wife of King Robert. In its refectory, Catherine de Médicis convoked the *Colloque de Poissy* in 1560, when thirty Protestants, with Théodore de Bèze at their head, disputed upon religious subjects with the papal legate, sixteen cardinals, forty bishops, and a number of other theologians. Nothing remains of the magnificent abbey church, a marvel of architectural beauty, begun by Philippe le Bel and finished by Philippe de Valois, which was pulled down in the beginning of the XIX. c. It contained the tombs of Queen Constance, Philippe le Bel, Agnès de Méranie, and of Philippe and Jean of France, children of Louis VIII. and Blanche of Castille. A pewter urn, containing the heart of the founder, Philippe le Bel, was found during some repairs in 1687. Reached by the abbey gate is the house occupied, through thirty years, by the famous artist Meissonier.

On the right of the station is the entrance to the *Bridge*

(originally of thirty-seven arches) built by S. Louis, but all its character is destroyed by its being lowered and by the substitution of a cast-iron parapet for the original of stone.

The famous Cattle-market of Poissy, founded by S. Louis, is still held every Thursday.

The line passes (left) *Medan*, with a château dating from the XV. c., and in which pavilions of that date are connected by galleries of the time of Henri IV. In the XVII. c. church is the font of the famous royal church of S. Paul in Paris, inscribed—

'A ces fons furent une fois
Baptisez pluseurs ducs et rois,
Princes, contes, barons, prelatz
Et autres gens de tous estatz.
Et afin que ce on cognoisse,
Ils servoient en la paroisse
Royal de Saint Pol de Paris,
Où les Roys se tenoient jadis :
Entre autres y fut notablement
Baptisé honourablement
Le sage roy Charles-le-Quint
Et son fils qui aprez lui vint,
Charles le large bie[n] [ai]mé
Sixième de ce nom cla[m]é.'

35 *k. Triel.*—A considerable place under the hills, on the right. The village of *Vernouillet* (left of the station), has a steeple of good outline rising from a romanesque tower. A number of ruined *émigrés*, on their return to France after the Revolution, united to buy its château, and spent the rest of their lives there in happy harmony! The adjoining village of *Verneuil* has a central romanesque tower with late additions. The cruciform church of Triel itself is chiefly of the XIV. c., with a plain central tower : a street passes beneath the lofty choir. *Vaux* (1 *k.*)

has a romanesque tower and transept, and an elegant semi-circular early pointed apse; the nave, which has aisles, but no clerestory, is XIV. c.

41 *k. Meulan-les-Mureaux.*—The station is at *Mureaux*, where the modern church contains six curious XIII. c. columns: of these, four, at the entrance, support a kind of triumphal arch of three openings. A stone bridge connects Mureaux with Meulan, once the chief town of a countship, which was united to the crown of France by Philippe Auguste in 1203. Louis XIII. established a convent of the Annunciation here for Charlotte du Puy de Jésus-Maria, whose prayers were believed to have removed the barrenness of Anne of Austria. The church of *Notre Dame*, in the lower town, is XIV. c. and XV. c.; that of *S. Nicolas*, on the hill (Le Haut Meulan), has a XII. c. ambulatory. Near Notre Dame is a good XIV. c. house. On the island called *Le Fort*, are remains of a XV. c. chapel of S. Jacques, and of a castle, of which Du Guesclin overthrew the *donjon*, when it was defended by the partisans of Charles le Mauvais.

5 *k.* to the north, occupying a square eminence, is the interesting *Château de Vigny*, built by Cardinal Georges d'Amboise.

'Le château de Vigny ressemble tout à fait à ceux du xve siècle; seulement on peut remarquer que les tours étaient appliquées sur les murs, autant comme ornement que comme moyen de défense. Les larges fenêtres distribuées également dans toutes les parties des murs extérieurs, prouvent combien on redoutait peu les attaques.

'Ce beau château établi sur un terrain coupé carrément, présentait la forme d'un carré long. Le grand côté qui sert de façade est garni de quatre tours également espacées, surmontées de mâchicoulis et couronnées de toits coniques fort élevés et très-élégants; la porte d'entrée se trouve au milieu de l'édifice, entre les deux tours centrales, dans une espèce d'avant-corps ou de pavillon qui rappelle, par sa position, les donjons de certains châteaux du xii⁰ siècle.

'Plusieurs fenêtres son. surmontées d'arcades simulées, en forme d'accolade et ornées de feuillages frisés, qui annoncent assez les dernières années du xv⁰ siècle et le commencement du xvi⁰.'—*De Caumont, 'Architecture militaire.'*

49 *k. Epône.*—The château belonged to the family of Créqui. The church has an octagonal romanesque tower, containing an XI. c. portal: two other portals are XII. c. (An omnibus runs from the station of Epône to that of *Villiers-Neauphle* on the line from Paris to Dreux, by the valley of the Mauldre, passing (12 *k.*) *Aulnay,* where the church contains an ancient tabernacle beautifully sculptured; and (20 *k.*) *Maule,* where the church was built 1070–1118, has a tower of 1547, and covers an XI. c. crypt: a beautiful XV. c. chapel serves as a sacristy. The château dates from Louis XIII.)

57 *k. Mantes.* (Hotel *du Grand Cerf,* a good old-fashioned inn : *du Soleil d'Or.*) 'Mantes la jolie,' of the old topographers, is a charming and interesting old town. It was in 1087, after burning Mantes, which he had reclaimed from Philippe I. of France, that William the Conqueror, whilst riding proudly round the town, received the injury of which he died a few days after at Rouen.

'Comme il galopait à travers les décombres, son cheval mit les deux pieds sur des charbons accouverts de cendre, s'abattit, et le blessa au ventre. L'agitation qu'il s'était donnée en courant et en criant, la chaleur du feu et de la saison rendirent sa blessure dangereuse. On le transporta malade à Rouen, et de là dans un monastère hors des murs de la ville, dont il ne pouvait supporter le bruit. Il languit durant six semaines, entouré de médecins et de prêtres, et son mal s'aggravant de plus en plus, il envoya de l'argent à Mantes pour rebâtir les églises qu'il avait incendiées.'—*Augustin Thierry.*

The noble church of *Notre Dame* was built with the

money sent by William the Conqueror, and was again rebuilt at the end of the XII. c. at the same time as Notre Dame de Paris, to which it has a great resemblance. Its façade shows what that of Paris would have been if its completion had not been delayed till the middle of the XIII. c. Of the three grand portals, two are admirable examples of the XII. c.; that on the right was rebuilt in 1300, with a gable copied from the south

MANTES.

portal of Rouen cathedral, which adds to the effect of the building by its variety. Above the three portals are seven arches, of which four light the first floors of the two towers. Higher, is a large window in each tower, and in the centre a beautiful rose-window. The graceful gallery above, of slender lancet arches, is comparatively modern. The upper story of the towers, of open arches, is indescribably light and beautiful. The retired space, shaded by trees, in which the church stands, recalls an English cathedral close in the charm of its seclusion.

The church has no transept, and originally it had only a simple ambulatory, with no radiating chapels; the five chapels which surround the choir only having been added in the XIV. c. The clerestory is exceedingly light, and the triforium, covering the whole space of the aisles, of great width. Two leaden coffins recently discovered are supposed to contain the heart and entrails of Philippe Auguste, who died at Mantes, July 14, 1223. Viollet-le-Duc mentions the Chapelle de Navarre on the south of the choir, with its four arches meeting at a central pillar, as one of the finest examples of the XIV. c. in the Ile de France. Its four great windows are beautiful in design, have grand fragments of stained glass, and are supported by a graceful arcade. Against the wall of the north aisle is the curious incised grave-stone of Robert Gueribeau (1644), founder of the Ursuline convent.

> 'Le magnifique édifice s'élève sur une place inclinée que l'on dirait bordée de maisons ecclésiastiques, mais où s'est pourtant glissé, comme un intrus, un joli, mignon, galant théâtre pompadour sculpté et pomponné comme un biscuit de Sèvres.'—*Barron,* '*Les environs de Paris.*'

An artist will find attractive subjects in the noble tower of 1340, which is all that remains of the great church of *S. Maclou*, destroyed in the Revolution, and in the gothic entrance (1344) of the old *Hôtel de Ville* (which has a stone staircase of the time of Charles VIII.), with a pretty renaissance fountain in front of it. Many picturesque fragments remain of the ancient walls and towers with which Mantes was surrounded by Charles le Mauvais and Charles le Sage, especially the *Tour de S.*

Martin and an old postern gate on the *Quai des Cordeliers*. Of the other gates, the *Porte Chante l'Oie* still exists. There is a very picturesque half-ruined bridge connecting the right bank with the island in the Seine, whence there is the best view of Notre Dame, rising in grey grandeur above the broken outline of the old houses, and the whole mirrored in the Seine.

Beyond the island, with its pleasant promenades, a second bridge leads to the suburb of *Limay*, which has a modern mairie, of good design, and a church chiefly of the XIII. c. and XV. c., but possessing a very beautiful XII. c. tower and spire, with a romanesque chapel beneath. On the left of the west entrance is the tomb of Jean le Chenet, grand-écuyer to Charles V., and his wife, brought from the chapel of S. Antoine, which they founded at the Celestine Convent; behind it is a *Pietà* in coloured relief, on either side of which are the founders presented by their patron saints. The low wide font is of the XIII. c.

On the hill above Limay is *Le Château des Célestins*, on the site of a convent founded in 1376 by Charles V.; and a little below the white walls of its vineyard terraces a path leads to the *Hermitage of S. Sauveur* (4 k. from Mantes). The way winds along the edge of the limestone hills, which, ugly in form, especially lend themselves to vineyards, and the views of the windings of the Seine are beautiful. A stone cross stands at a point where there is an exquisite view of Mantes—the noble towers of Notre Dame rising above rich woods and a graceful bend of the river, and the wavy hills, in soft succession of pink and blue distances, folding behind them. The present hermit is a woman with a number of children, but the place is very quaint and picturesque—a little establishment enclosed by walls, and a church of considerable size caverned out of the rock and containing a curious old S. Sepulchre and a number of other figures full of character, brought from the Celestins; also the effigy of Thomas le Tourneur, secretary of Charles V., and canon of Mantes, who died in that convent.

Those who wish for a longer walk may cross the Seine

HERMITAGE OF S. SAUVEUR.

by a ferry to the church of *Gassicourt* (3 *k.* from Mantes), partly of the XI. c. and XIII. c., which belonged formerly to a Cluniac priory, and of which Bossuet always held the living. The portal is curious. The choir windows have remains of stained glass given by Blanche of Castile. A curious sculpture represents Jesus offering to the Queen, as the Virgin, the portrait of S. Louis as a child. There are considerable remains of mural paintings, and, in the Chapelle S. Eloi, a sculptured lavabo.

A road runs north-west from Mantes, evading a wide bend of the river, by the *Château de Mesnil* to (12 k.) *Vétheuil*, which has an important collegiate church, partly gothic and partly renaissance, to the ornamentation of which many kings and queens of France have contributed. The porch bears the monograms of François I. and Henri II. The south and west doors are sculptured with scenes from Scripture history. The west portal, surmounted by a triple gallery, has statues of royal benefactors; the central column bears a figure of Charity. The unfinished tower is of 1350. In the interior are considerable remains of mural paintings. The XII. c. choir has good stall-work. At the end of the *Cour de l'Eglise* is a little crypt, a relic of the primitive church of Vétheuil.

At 19 k. from Mantes (2½ k. from the station of Gasny on the line from Vernon to Gisors), is the famous castle of *La Roche-Guyon*, founded by Guy de Guyon in 998 (though the existing buildings are of the XIII. c.), and taken by the English in 1418, after a gallant defence by Perette la Rivière, widow of Guy VI. de la Roche-Guyon, who fell at Agincourt. Old ballads tell the story of a lord of the castle murdered in 1097 by his father-in-law, together with his wife, who vainly endeavoured to protect him. The immense substructions are hewn out of the rock; the principal remaining building is the donjon. The later *Château* of the Duc de la Roche-Guyon, at the foot of the rock, has some traces of the XIII. c., and an entrance gate of the XV. c. The *Salle des Gardes*, inscribed with the family mottoes, *C'est mon plaisir: In Deo confido*, is filled with armour. The *Chambre de Henri IV.* contains the king's bed and bureau. The XV. c. *Church* contains the tomb of François de Silly, Duc de la Roche-Guyon, 1627, with his kneeling statue. A number of members of the families of La Rochefoucauld, De Rohan, and De Montmorency, repose in the vaults. A *Fountain*, between the church and the château, was erected by Duc Alexandre de la Rochefoucauld in 1717.

The first station west of Mantes is (6 k.) *Rosny*, with the XVI. c. *Château* built by the famous Sully (Maximilien de Béthune), to replace an earlier château in which he was born, December 13, 1550. It was left unfinished in 1610, as he had no longer spirit to continue the work after the murder of his beloved master, Henri IV. The Duchesse de Berri, daughter-in-law of Charles X., inhabited it as a summer residence; and a funeral monument remains behind the altar of the church, which once supported the heart of the murdered Duc de Berri. The château of Rosny now belongs to Lebaudy, the sugar-refiner!

To the south of Mantes is *Rosay*, where the picturesque brick château of the Comtesse de Jobal dates from Henri III., and, between Rosay and Septeuil, the little village of *S. Corentin*, which possessed an abbey where Agnès de Méranie, wife of Philippe Auguste, was buried, with the heart and entrails of Blanche of Castille.

Argenteuil is reached in twenty minutes from the *Gare S. Lazare*, passing——

6 k. *Colombes.*—In this village, which belonged to the abbey of S. Denis, was the convent of the Visitation de Chaillot, founded by Henrietta Maria, widow of Charles I. of England—'la reine malheureuse.' It was at Chaillot that Mme de Motteville, lady-in-waiting to Anne of

Austria, wrote the description of the English Revolution in her *Mémoires* from the lips of the queen; and here her wise sister, known in the court as Socratine, took the veil. After the death of Henrietta Maria (August 31, 1669, aged sixty, at a château which she possessed at Colombes[1]), her heart was given to Chaillot. Her body also lay in state in the convent before its removal to S. Denis: and here, forty days after her death, a magnificent commemoration service was performed in the presence of the Duke and Duchess of Orleans. Bossuet then pronounced a discourse, in which he reviewed the varied historic episodes which had attended the life of 'the queen incomparable, our great Henrietta,' whose 'griefs had made her learned in the science of salvation and the efficacy of the cross, whilst all Christendom united in sympathy for her unexampled sorrows—Sa propre patrie lui fut un triste lieu d'exil.'

Queen Mary Beatrice came to Chaillot from S. Germain to spend the time of James II.'s absence in Ireland, and made a great friendship with three of the nuns in the convent, her 'three Angéliques.' She frequently visited Chaillot afterwards, and kept up a constant correspondence with its inmates. Hither she retired immediately after the death of James II., and one of the nuns records[2] how, in her weeds, covered by a long black veil, and preceded by the nuns singing the 'De Profundis,' she came to the chapel to visit the heart of her husband. 'She bowed her head, clasped her hands together, knelt, and

---

[1] The Rue de la Reine-Henriette commemorates the residence of the queen at Colombes.
[2] Chaillot MS.

kissed the urn through the black crape which covered it, then, after a silent prayer, rose, and having asperged it with holy water, without sigh or tear, turned about silently, with great apparent firmness, but, before she had made four steps, fell in such a faint as caused fears for her life.'

In her latter years Mary Beatrice lived much in the seclusion of Chaillot, taking refuge here when she had given all she possessed to the importunity of the English exiles; and she bequeathed her heart to rest for ever in the convent, and her body till the moment she always hoped for should arrive, when her remains should be transported to Westminster with those of the king her husband and their daughter Louisa.

It was to Chaillot that Mlle de la Vallière fled, when she first escaped from the Court and from the indifference of Louis XIV., captivated by Mme de Montespan; and hither Colbert came on the part of his master, to bring her back once more to the Court, whence she soon fled a second time, and for ever.

In the church of the Minims of Chaillot was the tomb of Françoise de Veyni d'Arbouse, wife of Antoine Duprat, afterwards Cardinal and Chancellor of France under François I., and that of the brave Maréchal Comte de Rantzau, inscribed:—

> 'Du corps du grand Rantzau tu n'as que des parts,
> L'autre moitié resta dans les plaines de Mars :
> Il dispersa partout ses membres et sa gloire.
> Tout abattu qu'il fut, il demeura vainqueur :
> Son sang fut en cent lieux le prix de sa victoire,
> Et Mars ne lui laissa rien d'entier que le cœur.'

At *Bezons*, a little west of Colombes, near the Seine,

are some remains of the château inhabited by the Maréchal de Bezons in the beginning of the XVIII. c.

9 *k. Argenteuil*, famous for its wine and for its Benedictine monastery, of which the famous Héloïse was prioress in the beginning of the XII. c., before she went to the Paraclete. Its great relic was the seamless tunic of our Saviour, supposed to have been woven by the Virgin. Matthew of Westminster says that it grew with the growth of Jesus—*Mater ejus fecerat ei, et crevit ipso crescente.* Gregory of Tours says that, after the Crucifixion, the 'Holy Tunic' was preserved in a hidden cellar in the town of Galatia, fifty leagues from Constantinople. This town was destroyed by the Persians in 590, but the tunic was saved, and carried to Jaffa, and thence, in 595, to Jerusalem. In 614 it is believed to have been carried off by Chosroes II. of Persia, when he sacked the holy city, but his son gave it up in 628 to Heraclius, who carried it to Constantinople. Here it remained till the Empress Irene gave it to Charlemagne, who bestowed it upon his daughter Theodrada, abbess of Argenteuil. In the IX. c., when the convent was sacked by the barbarians of the north, the tunic was lost, but its existence is supposed to have been revealed by an angel to a monk in 1156, and henceforth it worked many miracles. The Huguenots, taking Argenteuil in 1567, made 'a plaything' of the tunic; but Henri III., Louis XIII., Marie de Medicis and Anne of Austria made pilgrimages to it, and Mlle de Guise gave it a sumptuous shrine. At the Revolution the church was pillaged, and the shrine carried off, but the tunic was hidden in the presbytery garden, where it was found by the Bishop of Versailles in 1804, and restored to the church. A morsel was given, at

his urgent request, to Pius IX. and another to the Jesuit convent at Fribourg. The Cathedral of Trèves possesses the robe of Christ, as distinguished from the tunic.

At the end of the long winding street of Argenteuil, is the very handsome modern romanesque church. The shrine is in the right transept, and, near it, a picture by *Bouterwek*, representing the reception of the relic by Charlemagne's daughter. The church bells still ring at 1 P.M., the hour at which the seamless tunic arrived in the VIII. c.

VI.

S. DENIS, ENGHIEN, AND MONTMORENCY.

S DENIS may be reached by rail from the Chemin de Fer du Nord in fifteen minutes, but the station of S. Denis is a long way from the cathedral. A much better plan is to take the tramway (every half-hour), from the Rue Taitbout or Boulevard Haussmann (an omnibus runs in connection from the Boulevard S. Denis), which sets visitors down close to the cathedral.

Hôtel *de France; du Grand Cerf.*

The way to S. Denis lies through the manufacturing suburb of Paris, and is very ugly. The crosses (Monjoies, Mons gaudii) which once bordered the way, have long perished.

'In the way were faire crosses of stone carv'd with fleurs de lys at every furlong's end, where they affirme S. Denys rested and layd down his head after martyrdom.'—*John Evelyn.*

On the site of an oratory in which the pious Catulla placed the relics of S. Denis, with his companions Rusticus and Eleutherius, after their death at the *Mons martyrum* (Montmartre), and in the village which in the XII. c. was called from her Vicus Catholiacensis, rose the famous abbey of St. Denis. In the V. c. S. Geneviève rebuilt the chapel of S. Denis, and her work was four times reconstructed before the XIII. c., to which the present building is due, though, in the crypt, some arches remain from the church of Dagobert, 630. The Abbot Suger, who governed France during the crusade of Louis VII., built greater part of the church which we now see, the church in which Jeanne Darc offered her sword and armour upon the altar, and in which Henri IV. abjured Protestantism. The western façade, of 1140, has three romanesque portals, richly decorated with sculpture, that in the centre with statues of the wise and foolish virgins. Only one of the two side towers remains; that on the north, pulled down in 1846, had a tall spire. The remaining tower contains the great bell of Charles V., recast in 1758, and called Louise, in honour of Louis XV. The stately aspect of the interior is greatly enhanced by the four staircases leading to the chevet. The choir, surrounded by radiating chapels, was consecrated in 1144. The stained-glass windows are mostly of the reign of Louis Philippe. Only one is ancient, that in the Chapel of the Virgin, with the genealogy of Christ.

In 1790, the decree which suppressed the religious orders put an end to the existence of the abbey of S. Denis, which had lasted more than eleven centuries and a half. The monks celebrated mass for the last time on September 14, 1792, after which their church became that of the parish. But in 1793 the church also was closed, and was only reopened in the following year, as a Temple of Reason. In 1800, when Chateaubriand saw S. Denis, the church was unroofed, the windows broken, and the tombs were gone.

'Le peuple, acharné sur les tombes, semblait exhumer sa propre histoire et la jeter aux vents. La hache brisa les portes de bronze, présent de Charlemagne à la basilique de Saint-Denis. Grilles, toitures, statues, tout s'écroula, en débris, sous le marteau. On souleva les pierres, on viola les caveaux, on enfonça les cercueils. Une curiosité moqueuse scruta, sous les bandelettes et les linceuls, les corps embaumés, les chairs consumées, les ossements calcinés, les crânes vides des rois, des reines, des princes, des ministres, des évêques dont les noms avaient retenti dans le passé de la France. Pepin, le fondateur de la dynastie carlovingienne et le père de Charlemagne, n'était plus qu'une pincée de cendre grisâtre qui s'envola au vent. Les têtes mutilées des Turenne, des Duguesclin, des Louis XII., des François I. roulaient sur le parvis. On marchait sur des monceaux de sceptres, de couronnes, de crosses pastorales, d'attributs historiques ou religieux. Une immense tranchée, dont les bords étaient recouverts de chaux vive pour consumer les cadavres, était ouverte dans un des cimetières extérieurs, appelé le cimetière des Valois. Des parfums brûlaient dans les souterrains pour purifier l'air. On entendait après chaque coup de hache des acclamations des fossoyeurs qui découvraient les restes d'un roi et qui jouaient avec ses os.

'Sous le chœur étaient ensevelis les princes et les princesses de la première race et quelques-uns de la troisième, Hugues Capet, Philippe le Hardi, Philippe le Bel. On les dénuda de leurs lambeaux de soie et on les jeta dans un lit de chaux.

'Henri IV., embaumé avec l'art des Italiens, conservait sa physionomie historique. Sa poitrine découverte montrait encore les deux blessures par où sa vie avait coulé. Sa barbe, parfumée et étalée en éventail comme dans ses images, attestait le soin que ce roi voluptueux avait de son visage. Sa mémoire, chère au peuple, le protégea un moment contre la profanation. La foule défila en silence pendant deux jours devant ce cadavre encore populaire. Placé dans le chœur au pied de l'autel, il reçut mort les hommages respectueux des mutilateurs de la royauté. Javogues, représentant du peuple, s'indigna de cette superstition posthume. Il s'efforça de démontrer en quelques mots au peuple que ce roi, brave et amoureux, avait été plutôt le séducteur que le serviteur de son peuple. "Il a trompé," dit Javogues, "Dieu, ses maîtresses et son peuple ; qu'il ne trompe pas la postérité et votre justice." On jeta le cadavre de Henri IV. dans la fosse commune.

'Ses fils et ses petits-fils, Louis XIII. et Louis XIV., l'y suivirent, Louis XIII. n'était qu'une momie ; Louis XIV., qu'une masse noire et informe d'aromates. Homme disparu, après sa mort, dans ses parfums, comme pendant sa vie dans son orgueil. Ce caveau des Bourbons rendit ses sépultures : les reines, les dauphines, les princesses furent emportées à brassées par les ouvriers et jetées avec leurs entrailles dans le gouffre. Louis XV. sortit le dernier du tombeau. L'infection de son règne sembla sortir de son sépulcre. On fut obligé de brûler une masse de poudre pour dissiper l'odeur méphitique du cadavre de ce prince dont les scandales avaient avili la royauté.

'Dans le caveau des Charles, on trouva, à côté de Charles V., une main de justice et une couronne en or ; des quenouilles et des bagues nuptiales dans le cercueil de Jeanne de Bourbon, sa femme.

'Le caveau des Valois était vide. La juste haine du peuple y cherche en vain Louis XI. Ce roi s'était fait ensevelir dans un des sanctuaires de la Vierge, qu'il avait si souvent invoquée, même pour assister dans ses crimes.

'Le corps de Turenne, mutilé par le boulet, fut vénéré par le peuple. On le déroba à l'inhumation. On le conserva neuf ans dans les greniers du cabinet d'histoire naturelle, au Jardin des Plantes, parmi les restes empaillés des animaux. La tombe militaire des invalides fut rendue à ce héros par la main d'un soldat comme lui. Duguesclin, Suger, Vendôme, héros, abbés, ministres de la monarchie, furent précipités, pêle-mêle, dans la terre qui confondait ces souvenirs de gloire avec les souvenirs de servitude.

'Dagobert Ier et sa femme Nantilde reposaient dans le même sepulcre depuis douze siècles. Au squelette de Nantilde la tête manquait comme au squelette de plusieurs reines. Le roi Jean ferma cette lugubre procession de morts. Les caveaux étaient vides. On s'aperçut qu'une dépouille manquait : c'était celle d'une jeune princesse, fille de Louis XV., qui avait fui, dans un monastère, les scandales du trône et qui était morte sous l'habit de carmélite. La vengeance de la Révolution alla chercher ce corps de vierge jusque dans le tombeau du cloître où elle avait fui les grandeurs. On apporta le cercueil à Saint-Denis pour lui faire subir le supplice de l'exhumation et de la voirie. Aucune dépouille ne fut épargnée. Rien de ce qui avait été royal ne fut jugé innocent. Ce brutal instinct révélait dans la Révolution le désir de répudier le long passé de la France. Elle aurait voulu déchirer toutes les pages de son histoire pour tout dater de la république.'—*Lamartine,* '*Hist. des Girondins.*'

Englishmen are interested in the fact that the first coffin disinterred at S. Denis was that of Henrietta Maria, widow of Charles I. of England. The next was that of her daughter Henrietta, first wife of the Duc d'Orléans, brother of Louis XIV.

None of the monuments which existed in the abbey-church before the Revolution were older than the time of S. Louis. It was that king who placed tombs upon the resting-places of his predecessors from the time of Dagobert to that of Louis VI., his great-great-grandfather. Very few princes and princesses of the first two dynasties were buried at S. Denis, but the house of Capet were almost all laid there. Of its thirty-two monarchs, only three desired to be buried elsewhere—Philippe I. at S. Benoît-sur-Loire; Louis VII. at the abbey of Barbeau; Louis XI. at Notre Dame de Cléry. The coffins up to the XIV. c. were in stone, after that in lead. The effigies placed here by S. Louis cannot be considered as portraits. The first statue which appears to aim at portraiture is that of Philippe le Hardi. After the time of Henri II. no royal monuments were erected, and two long lines of coffins of fifty-four members of the House of Bourbon were placed on iron trestles in the sanctuary of the crypt, without tombs. The Dauphin, eldest son of Louis XVI. (June 1789), filled the last place which remained unoccupied; a new burial-place was in contemplation, when the Revolution cleared out all the vaults. Up to that time, besides the abbots of S. Denis, only twelve illustrious persons had received the honour of burial amongst the kings—Pierre de Nemours and Alphonse de Brienne, who died before Carthage in 1270, and whose remains were brought back with those of S. Louis; Du Guesclin, the liberator of France, and his brother in arms, Louis de Sancerre; Bureau de la Rivière, the faithful councillor of Charles V. and Charles VI.; Arnaud de Guilhem, killed at the battle of Bulguéville, 1431; Sédile de S. Croix, wife of Jean Pastourel, councillor of Charles V.; Guillaume de Chastel, killed at the battle of Pontoise, 1441; Louis de Pontoise, killed at the siege of Crotoy, 1475; the Duc de Chatillon, killed at the taking of Charenton, 1649; and the Marquis de S. Maigrin, killed fighting in the

Faubourg S. Antoine, 1652; lastly, Turenne, whose body was removed to the Invalides by order of the first consul.

Between August 6 and 8, 1793, fifty monuments were thrown down at S. Denis, but by the indefatigable energy of a single private citizen, Alexandre Lenoir, the greater part of the statues and several of the tombs in stone and marble were preserved, and removed to a Musée des Monuments Français at Paris. The monuments in metal were almost all melted down, though they included the precious recumbent statue of Charles le Chauve, the tomb of Marguerite de Provence, the mausoleum of Charles VIII., and the effigy of the Sire de Barbazan, signed by Jean Morant, founder at Paris. At the same time the royal coffins were rifled of silver-gilt crowns, sceptres, hands of justice, rings, brooches, the distaffs of two queens, and many precious stuffs.

A royal ordinance of December 1816 ordered the closing of the historical museum, and the restoration to the churches of such fragments of tombs as were preserved. A number of monuments from the abbeys of S. Geneviève, S. Germain des Prés, and Royaumont; from the convents of the Cordeliers, Jacobins, Celestins, and other religious orders, were then sent to S. Denis with those which had originally belonged to the church. Only such tombs as were too large to be placed in the crypt were left above ground; the rest were arranged in the vaults, where they continued till the restoration of the monuments of S. Denis to their original site was begun by Viollet-le-Duc, and the effigies brought from other sites placed as near as possible to the tombs of those with whom they were connected.

According to present arrangements, the monumental

treasures of S. Denis may be glanced at, but they cannot be seen. Every half-hour (except 1 P.M.) on week days, and between 3.30 and 5.30 on Sundays, parties of ten are formed and hurried full gallop round the church under the guardianship of a jabbering custode, who is unable to answer any question out of the regular routine, allows no one to linger except over the XIX. c. monuments, which he greatly admires, and is chiefly occupied by the 'Gentlemen and ladies, please remember your guide,' at the end of the survey. Wooden barriers prevent anyone from approaching the tombs, so little is gained beyond a consciousness that they are there. As the tombs are always shown from the left, we follow that course here.

At the end of the open part of the left aisle of the nave is the little *Chapelle de la Trinité*. It contains the tombs of *Charles de Valois, Comte d'Alençon*, 1346, and his wife *Marie d'Espagne*, 1379, brought hither from the great church of the Jacobins at Paris. Charles de Valois fell in the battle of Crécy: his shield, sword, and baldrick were formerly covered with enamelled copper like those of the Earl of Cornwall in Westminster Abbey.

In the same chapel is the tomb of *Léon de Lusignan, King of Armenia*, 1393, who died at Paris and was buried with great magnificence by Charles VI. in the church of the Célestins, whence his monument was brought here. His statue lies on the spot where tradition says that Christ entered the church to consecrate it in person.

Passing the barrier, the *Chapelle de S. Hippolyte* on the left—open towards the aisle—is devoted to the family of Valois or of S. Louis. The first group of monuments in point of date is that of *Philippe, brother of S. Louis; Louis*, *eldest son of S. Louis*, 1260; *Louis and Philippe, sons of Pierre, Comte d'Alençon, and grandsons of S. Louis*, XIII. c. All these were originally buried in the abbey which S. Louis founded at Royaumont, and were brought hither on its suppression in 1791. The figures of the brother and son of S. Louis rest on tombs surrounded by niches full of figures. Those on the tomb of Prince Louis represent the funeral procession which accompanied his remains to Royaumont. Henry III. of England, who was at that time at Paris, was amongst those who carried the coffin, and is thus represented in a relief at the foot of the tomb. The two Alençon children died in infancy, and lie on the same tomb, divided into two niches; but this tomb is a copy, the original, with that of a child of Philippe, Comte d'Artois, 1291, also from Royaumont, is in the 'magasin' of the church ! *Charles d'Anjou, King of Sicily and Jerusalem*, 1285, brother of S. Louis, is buried at Naples, with a magnificent monument, but his heart was brought to the church of the Jacobins at Paris, where his great-granddaughter, Queen Clémence de Hongrie, erected (1326) the tomb which we now see here: his right hand holds a sword, and his left a heart. *Blanche, third daughter of S. Louis*, 1320, married Ferdinand, eldest son of Alfonso X. of Castille, but returned to France after his death, and died in the convent of the Cordeliers in the Faubourg S. Marcel, which she had founded, whence her tomb was brought hither. She is represented in extreme youth. *Louis, Comte d'Evreux*, 1319, son of Philippe le Hardi, and his wife, *Marguerite d'Artois*, 1311, were buried in the church of the Jacobins at Paris, whence their monument was brought here. The figure of the Countess is one of the best mediaeval statues known—both as to expression and costume: at her feet two little dogs play with some oak-leaves. *Charles, Comte de Valois*, 1325, third son of Philippe le Hardi, and chief of the royal branch of Valois, was also brought hither from the church of the Jacobins, his second wife, *Catherine de Courtenay*, 1307 (daughter of Philippe, titular Emperor of Constantinople, from whom she inherited the title of empress), was brought to S. Denis from the monastery of Maubuisson: her statue has the peculiarity of being in black marble. *Clémence de Hongrie*, 1328, second wife of Louis X., and daughter of Charles Martel (d'Anjou), King of Hungary, was brought hither from the Jacobins. The effigies of *Blanche d'Evreux*, second queen of Philippe VI., 1398, and their daughter *Jeanne de France*, 1371, rest on the spot which their tomb formerly occupied in the centre of the Chapelle S. Hippolyte, but the original black-marble tomb surrounded by twenty-four statuettes of the ancestors of Blanche d'Evreux is destroyed. The queen had formerly a metal crown. Jeanne de France died at Beziers on her way to marry Jean d'Aragon, Duc de Gironne, but was brought for burial to S. Denis. The statue erect against a pillar is that of a Prioress of Poissy, *Marie de Bourbon*, 1402, daughter of Pierre I., Duc de Bourbon, and sister-in-law of King Charles V. She received the veil in her fourth year. Her effigy remained till the last century in the conventual church of S. Louis de Poissy, attached to a pillar.

On the right of the aisle is the pillar in honour of *Cardinal Louis de Bourbon*, 1557 (son of François de Bourbon, Comte de Vendôme, and Marie de Luxembourg), archbishop of Sens and abbot of S. Denis. He is buried at Laon, which was one of his five bishoprics, but his heart was brought hither. The pillar formerly bore a kneeling statue of the cardinal.

Close to this, but inside the choir, is the red-marble twisted column in memory of *Henri III.*, 1589, assassinated at S. Cloud, and first buried at the abbey of S. Corneille de Compeigne, whence his remains were brought hither in 1610, to be buried in the chapel of the Valois.

Now, on the right, we see, restored to their original position between the choir and the transept, four tombs bearing statues—*Robert le Pieux*, 1031, and *Constance d'Arles*, 1032, daughter of Guillaume, Comte de Provence; *Henri I.*, 1060, founder of S. Martin les Champs, and Louis VI. 1137; *Philippe le Jeune*, eldest son of Louis VI., 1131 (who was crowned in the lifetime of his father, 1129, and was killed by a fall from his horse), and *Constance de Castille*, 1160, daughter of Alphonso VIII., who married Louis VII. after his divorce from Eleanor of Aquitaine; *Carloman*, 771, king of Austrasia, and brother of Charlemagne, who died at twenty-one, and *Ermentrude*, 869, first wife of Charles le Chauve. All this series belongs to the effigies erected by S. Louis to the memory of his ancestors in the XIII. c. Near these are the tombs of *Louis X., le Hutin*, 1316, who died at Vincennes; the charming little effigy of *Jean I.*, 1316, son of Louis X., who was born at the Louvre four months after his father's death, and only lived five days; and *Jeanne de France*, 1349, eldest daughter of Louis X. and Marguerite de Bourgogne, wife of Philippe le Bon, king of Navarre. Further inside the choir are tombs copied from those originally existing in the abbey of Royaumont, and supporting effigies brought from thence of *Jean Tristan and Blanche*, children of

S. Louis, in enamelled copper. Blanche died 1243; Jean, who accompanied his father to the Crusades, died before him on the coast of Africa in 1247.

On the left, on either side of the entrance to the north transept, are statues brought from Notre Dame de Corbeil—a king and queen, which have been long regarded, but with much uncertainty, as representing *Clovis* and *Clotilde*. Hard by is the splendid tomb of *Louis XII.*, 1515, and his second wife, *Anne de Bretagne*, 1514, executed at Tours by Jean Juste.[1] A large square base supports an edifice pierced by twelve arches, within which the royal pair are represented as skeletons, whilst above they kneel, as in life, with joined hands before a prie-dieu, in statues which are supposed to be portraits of the utmost fidelity. Statues of Fortitude, Justice, Prudence, and Temperance are seated at the angles; between the arches are statues of the apostles, and on the base are four bas-reliefs of wonderful workmanship, representing the campaigns of the king in Italy. In this monument, says Lübke, 'French sculpture attained its classical perfection.'

'Sur le lieu de la sépulture de Louis XII. et de la reine Anne, le roi François, leur gendre et successeur à la couronne, leur a fait dresser un très-somptueux mausolée de fin marbre blanc à deux étages, qui est une des belles pièces de l'Europe, pour ne pas dire la plus belle. . . . Il y a un caveau sous ce mausolée, dans lequel sont les corps du roi et de la reine, en des cercueils de plomb, aussi beaux et entiers que si on les y venait de mettre. Sur celui du roi, à l'endroit de la tête, il y a une couronne de cuivre doré, fermée à l'impériale, et sur celui de la reine, une simple couronne ducale. Aux pieds des deux cercueils sont les épitaphes de l'un et de l'autre, gravées en lames d'étain.'—*Germain Millet, XVII. c.*

'Fidèle à ses promesses, premier observateur des lois qu'il rendait, ennemi des intrigues, des subtilités; aimant à prendre conseil des

---

[1] In 1531, Francis I. commissioned Cardinal Duprat to pay Jean Juste of Tours, for the monument of the 'feu roy Loys et royne Anne.'

hommes instruits, et repoussant cette vanité, commune à tant de souverains, qui croit tout le savoir attaché à la toute-puissance, Louis fut véritablement un *bon roi.*'—*Touchard-Lafosse,* '*Hist. de Paris.*'

The next great monument, of *Henri II.,* 1559, and *Catherine de Medicis,* 1589, is the masterpiece of Germain Pilon. It formerly occupied the centre of a magnificent chapel of its own, destroyed in 1719, when it was transferred

TOMB OF LOUIS XII. S. DENIS.

to the north transept. The royal pair are again here represented twice—below, in the sleep of death, the queen beautiful as at the time of the death of her husband, whom she survived thirty years; above, kneeling in royal robes. The bas-reliefs of the stylobate represent Faith, Hope, Charity, and Good Works.

'Le cavalier Bernin admira le tombeau des Valois, lui qui voulait ne rien trouver de passable en France.'—Sauval, 'Antiquités de Paris.'

Near the tomb of Henri II. is that of *Guillaume du Chastel*, 1441, 'panetier du roi,' killed at the siege of Pontoise, and buried here by Charles VII. on account of his great valour and services to the state. He is represented in complete armour.

Beyond this, in the *Chapelle Notre Dame la Blanche*, are three tombs. The first bears the effigies of *Philippe V., le Long*, 1322; his brother, *Charles IV., le Bel*, 1328, with his wife, *Jeanne d'Evreux*, 1371, long his survivor. The second is that of *Blanche de France*, 1392, daughter of Charles IV., and wife of Philippe, Duc d'Orléans, fifth son of Philippe de Valois. The third effigy represents *Jean II., le Bon*, who was taken prisoner at the battle of Poitiers, and died at the Savoy in London, 1364.[1] It was to this chapel that Queen Jeanne d'Evreux gave the image of the Virgin which is now at Paris, in the church of S. Germain des Prés.

On the right of the stairs ascending to the sanctuary, between them and the choir, are the cenotaph monuments of *Clovis I.*, 511, and his son Childebert I., 558. The statue of Clovis, of XII. c., comes from a tomb which occupied the centre of a (now destroyed) church which he founded under the name of the Saints-Apôtres, and which afterwards took that of S. Geneviève. The king has the long hair and beard of the Merovingian race. The statue of Childebert I. comes from his tomb in the centre of the

---

[1] An authentic portrait of Jean le Bon, on wood, was, till recently, preserved at the Sainte Chapelle.

choir of the church which he founded in honour of S. Vincent, afterwards S. Germain des Prés.[1]

Ascending the steps, we find, on the right, the tomb of a prince, supposed to be a *Comte de Dreux*, from the church of the Cordeliers: the epitaph was destroyed in a fire at the monastery in 1580. Close by is an *Unknown Princess*, supposed to represent Blanche, daughter of Charles IV.

On the left, in the *Chapelle S. Eustache*, the second quadrangular chapel of the apse, we are surprised to find *Henri II.* and *Catherine de Medicis*, a second time, lying on a bronze bed. The statues are splendid works of Germain Pilon, and were only brought to S. Denis in 1589, after the death of Catherine de Medicis. Behind this tomb is the kneeling statue of *Marie de Bourbon*, 1538, which once existed, with that of her sister Catherine, in the abbey of Notre Dame de Soissons, of which the latter was abbess. They were daughters of Charles de Bourbon, Duc de Vendôme, and sisters of Antoine de Bourbon, father of Henri IV. Marie was betrothed, in 1535, to James V. of Scotland, but died before her marriage could take place. On this spot formerly stood the monument of Turenne, now at the Invalides.

The seven semicircular chapels of the chevet are dedicated to S. Osmanne, S. Maurice, S. Pérégrin, the Virgin, S. Cucuphas, S. Eugène, and S. Hilaire. A number of ancient inscriptions, and some sepulchral stones of abbots of S. Denis, have been placed in these chapels.

On the south side of the Sanctuary, but behind the high-

[1] Three sculptured gravestones placed by the Benedictines of S. Germain des Prés over the graves of Clotaire II., his wife Bertrude, and Childeric II., have been left neglected in the 'magasin' of S. Denis.

altar, inserted in a modern altar-tomb, is the curious mosaic tomb of *Frédégonde*, wife of Chilperic I., 597. The queen—who, amongst many others, murdered her brother-in-law, stepson, husband, and the bishop Pretextatus at the altar—is represented with crown and sceptre, and royal mantle. The tomb comes from S. Germain des Prés.

The *Sacristy* is adorned with modern paintings relating to the history of the abbey. In an adjoining room is the *Treasury*, now of little interest.

To the south of the high-altar, the side of the Epistle, has been restored the tomb of *Dagobert*, 638, long exiled to the porch of the nave. This king died in the Abbey of S. Denis. His gothic monument is probably due to S. Louis. A modern statue has been copied from the fragments broken at the Revolution. At the sides of the arch are the statues of *Nantilde*, wife of Dagobert, and Clovis II., their son. The relief behind represents the legend that, when Dagobert was dying, S. Denis appeared on the shore of Sicily to a holy hermit named John, bidding him arise instantly and pray for the departing king. He had scarcely obeyed when he beheld, on the neighbouring sea, a boat full of demons, who were flogging the king as he lay bound at the bottom of the vessel. The soul is represented as a naked figure crowned. Dagobert was crying for help to his three favourite saints—Denis, Maurice, and Martin. Forthwith the three saints appeared in the midst of a mighty tempest, and snatched their servant from the hands of his oppressors, and as they bore him, sustained on a sheet, to celestial spheres, the hermit heard them singing the words of Psalm lxv., 'Blessed is the man whom thou choosest, and causest to approach unto thee, that he may dwell in thy courts.' Guillaume de

Nangis, who narrates the vision of the hermit John, in his XIII. c. chronicle, adds :

'Et se ne me croyez, allez à Sainct Denis en France, en l'église, et regardez devant l'autel où len chante tous les jours la grant messe, là où le roy Dagobert gist. Là verrez-vous au-dessus de luy ce que vous ay dit, pourtraict et de noble euvre richement enluminée.'

A seated wooden statue of the Virgin, near the tomb of Dagobert, comes from the church of S. Martin des Champs at Paris. Descending the steps of the sanctuary we find on the left four tombs bearing statues to *Pepin*, 768, who was buried near the high-altar, with the good queen *Berthe*, 783 ; and to *Louis III.*, 883, and *Carloman*, 884, sons of Louis II. The latter was killed at eighteen, in hunting, by the carelessness of one of his servants, and died refusing to give his name, that he might not be punished ; his admirable statue is full of youthful grace.

Here is the entrance to the *Crypt*, of which the walled-in central part, a relic of the XI. c., has served since the time of Henri IV. as a burial-place for the princes and princesses of the blood royal. It now contains the coffins of Louis XVI., Marie Antoinette, Louis XVIII., Mesdames Adélaïde and Victoire de France (brought from Trieste, where they died), Charles Ferdinand, Duc de Berry, and two of his children, who died in infancy, Louis Joseph, Prince de Condé, and Louis Henri Joseph, Duc de Bourbon, father of the Duc d'Enghien. Here also are Louis VII., brought from the Abbey of Barbeau near Melun, and Louise de Lorraine, wife of Henri III., brought from the church of the Capucins at Paris. In a walled-up chapel at the end of the crypt aisle—Le Caveau de Turenne—have been placed all the remains of earlier kings and queens which were exhumed from the trench into which they were thrown at the Revolution. In the eastern chapel are kneeling figures by *Gaulle* and *Petitot* to *Louis XVI.* and *Marie Antoinette.* In another chapel is a monument to *Louis XVIII.* by *Valois*, and a relief to *Louis XVII.* In a third, a relief commemorates *Madame Louise*, daughter of Louis XV., who died a nun at S. Denis. In a fourth is a statue of Charlemagne by *Gois*, made by order of Napoleon I; in a fifth a monumental statue to *Diane de France*, 1619, Duchesse d'Angoulême et de Montmorency, brought from the Minimes of the Place Royale. On the wall to the south is a bust of *Louis XI.* A passage containing four huge statues of Religion, Courage, France, and Paris, by *Cortot* and *Dupaty*, intended for the tomb of the *Duc de Berry*, murdered 1820, leads to an inner crypt. Here are tombs to *Henri IV., Louis XIII. and Anne of Austria; Louis XIV.,* and *Marie Thérèse*, and *Louis XV.* The reliefs placed over the burial-place of the heart of Louis XIII. were brought from the Grands-Jésuites (SS. Paul et Louis) at Paris, and are the work of *Jacques Sarazin.* Here also a tomb bears medallions to *Mesdames Adélaïde and Victoire* and their niece, *Madame Elisabeth*, the brave and saintly sister of Louis XVI. The *Caveau Impérial,* which Napoleon III. made to receive his dynasty, is quite untenanted.

Returning to the upper church, we find on the left the *Chapelle de S. Jean-Baptiste* or *des Connétables*, which contains the very interesting tomb of *Bertrand Duguesclin*, Comte de Longueville and Constable of France, who died in 1380 before the walls of Châteauneuf de Rangon.

'"Messire Bertrand jura que jamais ne partiroit d'illec qu'il n'eût le châtel à son plaisir. Mais une maladie le prit, dont il accoucha au lit ; pour ce ne se défit mie du siège ; mais ses gens en furent plus aigres que devant" (Froissart). Le maréchal de Sancerre prévint le gouverneur Anglais, au nom de Du Guesclin, que toute la garnison serait passée au fil de l'épée si elle était prise d'assaut. Le chef ennemi capitula et apporta les clefs du château à messire Bertrand ; il le trouva étendu sur son lit de mort. Le bon connétable rassembla le reste de ses forces pour recevoir ce trophée de sa conquête, en rendit l'âme, peu de moments après, à l'âge de soixante-six ans.'—*Martin,* '*Hist. de France.*'

'Decimam Gallorum ex gente figuram,
Militis insignis Claschina, prole Britanna
Nati, Bertrandi, quo nullus major in armis
Tempestate sua fuit, aut praestantior omni
Virtute, et toto fama praeclarior orbe.'

Antoine Astesan, 1451

The funeral oration of Bertrand Duguesclin in 1580 is the first example of a funeral oration pronounced in a church.[1] A white marble statue commemorates the Constable *Louis de Sancerre,* 1402, brother-in-arms of Bertrand Duguesclin and Olivier de Clisson. ' "Enfants," disait-il à ses gens lorsqu'ils allaient en guerre, "en quelque état qu'un homme se trouve, il doit toujours faire son honneur." '

Near Duguesclin, two months later, was laid the king he served, *Charles V., le Sage,* 1380—whose characteristic statue reposes on a modern tomb of black marble, with that of his queen *Jeanne de Bourbon,* 1377, daughter of Pierre I., Duc de Bourbon, who was killed at Poitiers. The statue of the queen was brought from the church of the Célestins at Paris, where her entrails were buried, as is indicated in the figure, by the bag in its hands, which is supposed to contain them. From the same church were brought two niches containing statues of Charles V. and Jeanne, which formerly decorated the portal, destroyed in 1847.

[1] Saint-Foix, *Essais hist. sur Paris.*

Another modern tomb bears the remarkable effigies—apparently portraits—of *Charles VI.*, 1422, who died insane, and his wicked wife *Isabeau de Bavière*, 1435. Her crowned head bears a double veil, the upper fastened to the lower by long pins. This hated queen was brought to S. Denis in a boat by night, unattended—' ni plus ni moins qu'une simple demoiselle.'[1] A third tomb, almost similar to the two last, commemorates *Charles VII.*, 1461, and his wife, *Marie d'Anjou*, 1463, daughter of Louis II., king of Naples.

Against the wall of this chapel, the burial-place of Charles V., have been placed two curious sculptured slabs commemorating the *Battle of Bouvines*, 1214, brought from the church of S. Catherine du Val-des-Ecoliers, founded by the sergeants-at-arms in thanksgiving for that victory, the Confraternity of Sergeants-at-arms owing its foundation to Charles V. The inscriptions on these curious monuments tell how S. Louis laid the first stone of the church of S. Catherine as a thankoffering for the victory of Bouvines. 'Les sergents d'armes, qui gardaient le pont, avaient promis une église à Madame Sainte Catherine, si Dieu leur donnait victoire, et ainsi fut-il.' The first of the slabs bears one of the earliest known representations of S. Louis.

To the wall of the transept is removed the beautiful canopied tomb erected, in the church of the Célestins at Paris, by Françoise d'Alençon, to her seven-years-old child, *Renée d'Orléans-Longueville*, 1515, daughter of François II., Duc de Longueville, who died in the abbatial hotel of S. Geneviève. The crowned effigy of the child, holding a rosary, rests upon a slab of black marble supported on a

[1] Brantôme.

sarcophagus, decorated with statuettes of virgin saints. Above are other virgin patronesses—the Madonna, Margaret, Catherine, Barbara, and Geneviève bearing a lighted taper, which a devil tries to extinguish and an angel to keep alight.

Descending the church, we now come on the right to another group of tombs. That of *Isabelle d'Aragon*, 1271, daughter of James I., king of Aragon, who died from a fall from her horse while crossing a river at Cosenza in Calabria, bears her white marble effigy with two little dogs at her feet. Around, in white-marble letters inlaid in the black, is the most ancient rhythmical inscription at S. Denis :—

> ' Dysabel lame ait paradys
> Dom li cors gist sovz ceste ymage
> Fame av roi philippe ia dis
> Fill lovis roi mort en cartage
> Le jovr de sainte agnes seconde
> Lan mil CC. dis et soisente
> A cvsance fv morte av monde
> Vie sanz fin dexli consente.'

The tomb of *Philippe le Hardi*, 1285, who died at Perpignan, bears an effigy which is supposed to be the earliest authentic royal portrait-statue at S. Denis. Close by is the monument of *Philippe IV., le Bel*, 1314, with a well-preserved but mannered statue. Behind are the tombs of *Clovis II.*, 656, son of Dagobert I. and Nantilde, and husband of S. Bathilde (buried at Chelles); and *Charles Martel*, 741, son of Pepin d'Herstall, famous for his victories over the Saracens, who held the title of Maire in the palace of the Francs, or of ' Duc des Français.'

On the left side of the transept door is buried *Suger*, the great abbot of S. Denis, who built the greater part of the church, and governed France during the crusade of Louis VII.

We now reach, on the left, the magnificent tomb of *François I.*, 1547, and his wife *Claude de France*, 1521, one of the most perfect masterpieces of renaissance architecture and sculpture in France, designed by Philibert Delorme, with royal effigies by Jean Goujon, and exquisite sculptured details by Germain Pilon, Pierre Bontemps, Ambroise Perret, Jacques Chantrel, Bastien Galles, Pierre Bigoigne, and Jean de Bourges. The tomb is an edifice of white marble—of which the east and west façades are adorned, each with twenty-one reliefs representing the campaigns of the king, with the battles of Marignan and Cérisoles. Within the open arches, François—a sublime dead warrior—and Claude (who died at twenty-one), a gentle, melancholy girl, are seen lying in death. On the platform above they are represented a second time, kneeling in life, with their children behind them —*Charlotte de France*, who died at eight years, the dauphin *François*, and *Charles*, Duc d'Orléans.

'They exhibit dignity, simplicity, and repose, and the greatest nobleness of conception; the wide and yet unpretending garments fall in a noble manner, and the finely-characterised heads display great depth of expression.'—*Lübke*.

Under one of the arches of the wall arcade is the figure, brought from the church of the Jacobins in Paris, of *Beatrix de Bourbon*, 1383, Queen of Bohemia, daughter of Louis I., Duc de Bourbon, and great-granddaughter of S. Louis, whose first husband was Jean de Luxembourg, King of Bohemia, killed upon the battle-field of Crecy, and who afterwards married Eudes, lord of Grancey in Burgundy.

Behind the tomb of François I. and Claude, in the

chapel of S. Michel, is the exquisite urn, sculptured by Pierre Bontemps, to contain the heart of François I., which, after the death of the king at Rambouillet (March 31, 1547), was taken to the abbey of Notre Dame de Hautes-Bruyères. Close to the urn, on its ancient site, is the effigy of Princess *Marguerite*, 1382, daughter of Philippe le Long, and wife of Louis, Comte de Flandre, killed at the battle of Crécy. She died at the age of seventy-two, having endowed the chapel, where she was buried. Much more of the original tomb remains in the *magasin* of the church.

Near the aisle is the tomb of *Charles, Comte d'Etampes*, 1336, son of Louis, Comte d'Evreux, brought from the church of the Cordeliers at Paris, where it occupied a place behind the high-altar.

The group of monuments behind was originally erected by Louis XII., the son of Charles, Duc d'Orléans, to his father, uncle, grandfather, and grandmother, in the church of the Célestins at Paris. The fragments were brought hither and restored. On a quadrangular base, surrounded by twenty-four niches, are the statues of *Charles, Duc d'Orléans*, 1465, and *Philippe, Comte de Vertus*, 1420. Between these figures rises a sarcophagus bearing the effigies—full of character—of their parents, Louis de France, *Duc d'Orléans*, 1407, second son of Charles V., and his wife *Valentine de Milan*, 1408, from whom both Louis XII. and François I. descended. Twenty of the statuettes which surround the tomb are ancient. It was Louis d'Orléans who built the châteaux of Pierrefonds and la Ferté-Milon, and who was murdered in the Rue Barbette. Charles d'Orléans was the poet-duke, who languished as a prisoner at Windsor for twenty-five years after the battle of Agincourt. With these monuments at the Célestins was the urn of the little Duc de Valois, 1656, with the touching inscription by his parents, the Duc and Duchesse d'Orléans :—

> 'Blandulus, eximius, pulcher, dulcissimus infans,
> Deliciæ matris, deliciæque patris,
> Hic situs est teneris raptus Valesius annis,
> Ut rosa quæ subitis imbribus icta cadit.'

The *Magasins* of the church still contain many precious historic fragments, and it is much to be regretted that they are not all replaced in the upper church. A mutilated effigy, if original, or a fragment of a sepulchral canopy, would always have an interest which no later, though perfect, work can inspire.

A modern copy near the high-altar commemorates the famous *Oriflamme* (*auriflamma*—from its red and gold), the standard of S. Denis, which became the banner of the kings of France, and always accompanied them to the battle-field : its last appearance was on the field of Agincourt. The other precious objects which once filled the treasury of S. Denis, and which included the chair of Dagobert, the hand of Justice of S. Louis, the sword of Jeanne Darc, and the coronation robes of Louis XIV., all perished at the Revolution. Waxen effigies of the French kings were formerly to be seen here, as still at Westminster.

'In a certain loft or higher roome of the church I saw the images of many of the French kings, set in certain woden cupbords, whereof some were made onely to the middle with their crownes on their heads. But the image of the present king (Henri IV.) is made at length with his parliament roabes, his gowne lined with ermins, and his crowne on his head.'—*Coryat's* '*Crudities.*'

The Abbey of S. Denis, ruled by a line of sixty-three

abbots, several of whom were kings of France, has entirely disappeared. Mme de Maintenon appropriated its revenues for her institution of St. Cyr. A house of education for daughters of members of the Legion of Honour occupies the modern buildings.

In the church called *La Paroisse*, which was the chapel of the Carmelite convent, a grave is pointed out as that of Henriette d'Angleterre, youngest daughter of Charles I., and wife of Gaston d'Orléans, brother of Louis XIV.; her body, however, was amongst those exhumed in the abbey church.

In the Carmelite convent, Louise Marie de France, 'Madame Louise,' third daughter of Louis XV., took the veil in 1770; there she was constantly visited by her nephew, Louis XVI., and there she died, before the troubles of the Revolution, December 23, 1787.

'Un moment avant sa mort, elle s'écria : "Il est donc temps," et quelques instants après : "Allons, levons-nous, hâtons-nous d'aller en Paradis." Ce furent les dernières paroles que prononça la sainte princesse.'—*Proyart, 'Vie de Madame Louise.'*

After a morning passed laboriously at S. Denis, a delightful afternoon may be spent in the forest of Montmorency, returning to Paris in the evening. There is, however, nothing especial to see, and the excursion is only worth while to those not pressed for time, who wish for a pleasant drive or walk in pretty country. Trains may be joined at S. Denis. They run every hour from the Gare du Nord to—

11½ k. *Enghien les Bains* (Hôtel *des Quatre Pavillons*), a village much frequented, since 1821, for its mineral waters, with an artificial lake. Here trains are changed. The line then passes—

Soisy, where James II. of England lived for a time, and planted a wood which bears his name.

14 k. *Montmorency* (Hôtel *de France; Cheval Blanc*), where numbers of carriages, horses, and donkeys are waiting for excursions in the forest. This pretty place, famous for its cherries, has, from the X. c., given a name to one of the most illustrious families in France. Its château, with halls decorated by Lebrun and gardens by Lenôtre, has perished, and most of the tombs of the Montmorency family in the *Church* were destroyed in the Revolution : that of the great Constable Anne—the brave warrior who served under five kings, fought in two hundred battles, and was unable to read—was broken up, and its fragments are now to be seen in the Musée of the Louvre, to which the portrait of Guillaume de Montmorency, which hung in the church, has also been removed. Between the Rue Notre Dame and the Rue de Paris are some remains of an old convent of the Templars.

Turning to the left from the station, and following the boulevard to the end, we find, on the left, two groups of fine old chestnut trees. In front of the first of these, '*La Chataigneraie*,' are several restaurants; in the second is a very ugly ruined house of three stories, with some doggrel verses on its face. This is the so-called 'Hermitage' built for Jean-Jacques Rousseau by Mme d'Epinay, on a site where the hermit Leroy had built a cottage in 1659. Rousseau came to inhabit it April 9, 1756, and wrote his *Nouvelle Héloïse* there. He thus describes his retreat, to M. de Malesherbes :—

'Quel temps croiriez-vous, Monsieur, que je me rappelle le plus souvent et le plus volontiers dans mes rêves ? Ce sont les plaisirs de ma retraite, ce sont mes promenades solitaires, ce sont ces jours rapides, mais délicieux, que j'ai passés tout entiers avec moi seul, avec ma bonne et simple gouvernante, avec mon chien bien-aimé, avec ma vieille chatte, avec les oiseaux de la campagne et les biches de la forêt, avec la nature entière et son inconcevable auteur. En me levant avant le soleil, pour aller voir, contempler son lever dans mon jardin ; quand je voyais commencer une belle journée, mon premier souhait était que ni lettres, ni visites, n'en vinssent troubler la charme. . . . Je me hâtais de dîner pour échapper aux importuns. . . . Avant une heure, même les jours les plus ardents, je partais par le grand soleil avec le fidèle Achate, pressant le pas dans la crainte que quelqu'un ne vint s'emparer de moi avant que j'eusse pu m'esquiver ; mais quand une fois j'avais pu doubler un certain coin, avec quel pétillement de joie je commençais à respirer en me sentant sauvé, en me disant : "Me voilà maître de moi pour le reste de ce jour !" J'allais alors d'un pas plus tranquille chercher quelque lieu sauvage dans la forêt . . . quelque asile où je pusse croire avoir pénétré le premier, et où nul tiers importun ne vint s'interposer entre la nature et moi. C'était là qu'elle semblait déployer à mes yeux une magnificence toujours nouvelle. L'or des genêts et la pourpre des bruyères frappait mes yeux d'un luxe qui touchait mon cœur : la majesté des arbres qui me couvraient de leur ombrage ; la délicatesse des arbustes qui m'environnaient ; l'étonnante variété des arbres et des fleurs que je foulais aux pieds, tenaient mon esprit dans une alternative continuelle d'observation et d'admiration : le concours de tant d'objets intéressants qui se disputaient mon attention, m'attirant sans cesse de l'un à l'autre, favorisait mon humeur rêveuse et paresseuse et me faisait souvent redire en moi-même : "Non ! Salomon, dans toute sa gloire, ne fut jamais vêtu comme l'un d'eux." . . .

'Ainsi s'écoulaient, dans un délire continuel, les journées les plus charmantes que jamais créature humaine ait passées, et quand le coucher de soleil me faisait songer à la retraite, étonné de la rapidité du temps, je croyais n'avoir pas assez mis à profit ma journée.'

The hermitage, becoming national property at the Revolution, passed into the hands of Robespierre, who slept there only three days before his execution. In 1798, the house was bought by the musical composer Grétry, who wrote there his six volumes of *Réflexions d'un solitaire*, and died in 1813. His heart was buried in the garden, but afterwards removed.

One of the old chestnut trees in front of the house is especially shown as having been planted by Rousseau. When he left the hermitage in Dec. 15, 1757, he moved to the house called Le Petit S. Louis, where he finished the *Nouvelle Héloïse*, and stayed till April 9, 1762. A stone table on its terrace bore a copper plate, inscribed—

> 'C'est ici qu'un grand homme a passé ses beaux jours ;
> Vingt chefs-d'œuvre divers en ont marqué le cours ;
> C'est ici que sont nés et Saint Preux et Julie,
> Et cette simple pierre est l'autel du génie.'

The first turn on the left of the boulevard after leaving the station, and then the first turn to the right, takes us into the *Forêt de Montmorency*. After emerging from the village, the main road follows a terrace on the hillside, with a beautiful view over Paris, the plain, and the low-wooded hills. At 3 *k.* is *Andilly*, once the property of the famous Arnaud d'Andilly, who sold it when he retired to Port-Royal. Half an hour's walk from hence, through the forest, leads to the XIV. c. *Château de la Chasse*, once moated and surrounded by four towers, of which two remain. A little northwest of this is the valley of S. Radegonde, so called from a chapel belonging to the abbey of Chelles. It was here that the minister Roland took refuge in the Revolution, before he fled to Rouen. The village of *Grolay* (1½ *k.*) where the church has good stained glass, is another spot which may be visited from Montmorency.

VII.

S. LEU TAVERNY, THE ABBAYE DU VAL, AND PONTOISE.

THIS is a delightful summer day's excursion from the Gare du Nord. Tickets must be taken to S. Leu Taverny, thence to Mériel, thence to Pontoise.

18 k. *S. Leu Taverny* (Hotel, *Croix Blanche*).—The modern church faces the station, at the end of a road lined by villas. (The sacristan is to be found at No. 12 Grande Rue.) Behind the altar is the stately tomb of Louis Bonaparte, King of Holland, who died at Leghorn, desiring to be brought hither to rest by the two sons who had died before him. Below the king's statue are busts of his father and his two sons; on either side are statues—Faith and Charity. In the crypt beneath are four huge sarcophagi, of equal size, though the elder boy, Napoleon, died at five years old. The death of the second boy, Louis, at Forli, was a terrible affliction to Napoleon I. and Josephine.

'Cet enfant eût été, s'il eût vécu, un homme bien distingué. Il ressemblait extraordinairement à son père, et conséquemment à l'Empereur. C'était un enfant charmant, d'une bonté, d'une fermeté de caractère qui donnait de la ressemblance morale également avec son oncle.'—'*Mémoires de la Duchesse d'Abrantès.*'

Opposite the sarcophagus of King Louis is that of his father, Charles Bonaparte, who died at Montpelier.

A chapel, which belonged to an older church, contains

the tomb of Mme le Broc, niece of the famous Mme Campan, who fell from a precipice whilst visiting a waterfall near Aix les Bains, in the presence of her sister, Maréchale Ney, and of Queen Hortense, to whom she was lady-in-waiting. The queen herself is buried with Josephine at Rueil.

S. Leu Taverny once possessed two famous châteaux. One of these belonged to the Duc d'Orléans, whose children were educated there by Mme de Genlis. The other had been inhabited by the Constable Mathieu de Montmorency. The grounds of the châteaux were united by Louis Bonaparte, brother of Napoleon I., and that of Montmorency pulled down. The other château became a palace and gave the title of Comte de S. Leu to King Louis after he abdicated the throne of Holland; after his separation from Queen Hortense, S. Leu was made a duchy for her. After the second Restoration, the Prince de Condé, Duc de Bourbon, bought S. Leu, and was found hanged to the cord of the window, August 28, 1830. He bequeathed S. Leu to his mistress, Mme de Feuchères, who sold it, and the château was pulled down in 1835.

Five minutes' walk from the church (turning to the left from the door, and again to the left by the Rue du Château) on the site of his château, is a garden with a cypress avenue and a cross in memory of the Duc de Bourbon.

'Le duc de Bourbon était attaché à l'espagnolette de la croisée du nord, par deux mouchoirs passés l'un dans l'autre : le premier formant un anneau aplati et allongé, le second un ovale dont la base supportait la mâchoire inférieure et qui avait son sommet derrière la tête, sur le haut. Le mouchoir de compression ne faisait pas nœud coulant ; il ne pressait pas la tranchée artère, laissait la nuque à découvert, et se trouvait tellement lâche, qu'entre ses plis et la tête quelques-uns des assistants purent aisément passer les doigts. . . . Cette disposition et ces apparences du corps combattaient puissamment l'hypothèse du suicide. Elles frappèrent de surprise la plupart des assistants.'—*Louis Blanc,* '*Hist. de dix ans.*'

Taverny, 2 *k.* from S. Leu, has a church, partly XIII. c. The line runs through cherry orchards to—

24 *k. Méry.* The church contains several spoils of the Abbaye du Val—a XV. c. pulpit, an XVIII. c. lectern, four stalls, and some tombs, especially those of Charles Villiers

ABBAYE DU VAL.

of l'Isle-Adam, Bishop of Beauvais, and of Charles de Montmorency and his third wife, Péronnelle du Villiers. The sanctuary is XIII. c., except the vaulting. Behind, is a château built by Pierre d'Orgemont, Chancellor of France, at the end of the XIV. c.

28 *k. Mériel,* whence it is 2 *k.* to the Abbaye du Val.

Turn to the left from the station, under the railway; then take the first turning to the left where a tramway crosses the road. On reaching a cross in the cornfields, turn to the right, and, in the next wooded hollow, find the gate of the enclosure of the *Abbaye du Val*, which was founded 1125, and was a favourite resort of the kings of France. In 1646 it was united with the Monastery of the Feuillants at Paris. Sold at the Revolution, it has since been partially demolished for the sake of its materials. Still, there are huge remains. The existing buildings include the east corridor of the cloister, with several vaulted halls, of which the pillars are partially buried, on the ground floor, including the chapter-house and refectory of late XII. c. On the first floor is the ancient dormitory, a vast vaulted gothic hall, divided into two aisles by eight columns with sculptured capitals. The divisions of the cells are marked by the windows, each monk having one. Near the south gable of this dormitory stood the church, of which the walls of the apse and some pillars on the south have been unearthed. To the west of the cloister are several low vaulted gothic halls, a staircase of the XIII. c., and a vestibule rebuilt in the XVII. c. Opposite the farm stood the palace of the abbot, of which only the foundations remain. On the ground floor of an adjacent building, the lavatory of the monks remains, on the line of the stream Vieux-Moutier; on the first floor is a gallery of the XV. c.; under ground is a gallery communicating from the lavatory with the cellar and ice-house of XIII. c. The very picturesque *moulin d'en haut* (threatened with destruction; 1887), has perfectly-preserved buildings of the XV. c., on the brook Vieux-Moutier, of which the source is not far distant.

One of the high officials of the first empire, Comte

Regnault de Saint-Jean-d'Angely, transformed the abbey into a château, and raised a colossal statue of Napoleon I. in the park; but all his works have already perished.

Pedestrians will walk across to the station of *Auvers*, on the opposite line, or one may go on from Mériel to the next station of *Valmondois*, and there wait for a train going south to—

33 *k*. (from Paris), *Auvers*.—The noble cruciform church, situated on a height, has a picturesque gabled tower. The

FIFTEENTH-CENTURY MILL (ABBAYE DU VAL).

chapel at the end of the left aisle is XII. c. The choir was rebuilt in the XVI. c. The nave (XIII. c. or early XIV. c.) is surrounded by a gothic gallery.

29 *k*. *Pontoise* (Hotels *du Pontoise, de la Gare*; omnibus 20 c.).—A very picturesque little town on a height above the Oise, which is crossed by a stone bridge of five arches. Pontoise existed in the time of the Gauls, who called it

O

Briva Isarae (the bridge of the Oise): the Romans called it Pons Isarae. The early kings of France were often here. Philippe I. coined *moneta Pontisiensis*. S. Louis spent the early years of his married life here, in a castle in the upper tower, Mont Bélien,[1] and here, after recovering from a dangerous illness, in 1244, he took the vows of a crusader.

> 'La roine mère faisoit à la roine Marguerite de grandes rudesses: elle ne vouloit souffrir que le roi hantat la roine sa femme, ni demeurat en sa compagnie; et, quand le roi chevauchoit aucunes fois par sa royaume avec les deux roines, communément la roine Blanche faisoit séparer le roi et la roine Marguerite, et ils n'étoient jamais logis ensemblement. Et advint une fois qu'eux étant à Pontoise, le roi étoit logé au-dessus du logis de la roine sa femme et avait instruit ses huissiers de salle de telle façon, que quand il étoit avec ladite roine et que madame Blanche vouloit venir en la chambre du roi ou en celle de la roine, les huissiers battoient les chiens, afin de les faire crier, et, quand le roi entendoit cela, il se mussoit [se cachait] de sa mère.'—*Joinville.*

In 1437 the town was taken by the English under Talbot, who covered his men with white sheets, and so enabled them to come close to the walls unobserved during a heavy snowstorm. Amongst the many historical events which have since occurred at Pontoise, we may notice the consecration of Bossuet, as Bishop of Meaux, in the church of the Cordeliers, which possessed a magnificent refectory, three times used for meetings of Parliament.

Winding streets lead up into the town, passing the church of *Notre Dame*, which is renaissance, though founded XIII. c. It has a very wide central aisle, on the right of which is the beautiful altar-tomb of S. Gautier, 1146, bearing his figure, with four little angels swinging censers

---

[1] Only destroyed in the XVIII. c.

at the extremities. Gautier was the first abbot of S. Martin of Pontoise. Disagreeing with his monks, he fled from them to Cluny, but was forced to return in 1072 : soon he left them again, to live in a cave, where he gave himself up to flagellation and penance, and finally he found a more complete seclusion on an island near Tours. He died in 1094, and, as he was censured by the Council of Paris for his opinions, imprisoned for contumacy, and frequently reproved for his wandering tendencies,[1] it is strange that he should have been enrolled amongst the saints.

Finely placed, at the highest point of the town, is the vast and stately church of *S. Maclou*, which has a noble tower and flamboyant west front. The choir and transept date from the XII. c., but have later vaulting. In the Chapelle de la Passion (first, left) is a splendid S. Sepulcre with eight statues : the Resurrection is represented above, and, on the side wall, the Maries hurrying to the tomb. The *Hôtel Dieu*, founded by S. Louis, was rebuilt 1823–27 : its chapel contains the Healing of the Paralytic, a good work of *Philippe de Champaigne*. At the entrance of the town was a convent of English Benedictines, transferred to Boulogne in 1659. It contained the tomb of John Digby, brother of an Earl of Bristol, inscribed 'Hic jacet umbra, et pulvis, et nihil.'

The famous *Foire de S. Martin* is held at Pontoise on November 11, 12, and 13, and is the most important fair in the neighbourhood of Paris.

Beyond the river, at 2 k., is *Aumône*, where the church

[1] *Gallia Christiana*, x. 234.

of *S. Ouen*, founded in the X. c., has a romanesque XI. c. portal, and contains an image of the Virgin, given by Queen Blanche to the Abbey of Maubuisson. Returning from S. Ouen d'Aumône to the highway, we should cross the road, and then the railway by an iron bridge, to where the gate of the famous *Abbey of Maubuisson* still crosses a lane on the right, and supports a covered passage. The greater

GATEWAY (ABBAYE DE MAUBUISSON).

part of the abbey ruins are in the beautiful gardens of the adjoining château, but travellers are allowed to see them on applying to the concierge. When the abbey was founded, in 1236, by Queen Blanche of Castille for nuns of the order of Citeaux, it was at first called Notre Dame la Royale; but the name of Maubuisson, which is that of a neighbouring fief, has prevailed. As she felt the approach of death

(1253), Queen Blanche summoned the abbess to her palace at Melun, and received the monastic habit from her hands, and, after her death, she was buried, with great pomp, in the church of Maubuisson. Here, in 1314, Blanche, daughter of Othelin, Comte de Bourgogne, and wife of Philippe de Poitiers, son of Philippe le Bel, accused, with her two young sisters-in-law, of adultery, was shut up for life. But the convent itself had a very scandalous reputation in later days, especially when Angélique d'Estrées, sister of the famous Gabrielle, obtained the appointment of abbess from Henri IV., and spent five-and-twenty years in corrupting the sisterhood.

'Sans nulle hypocrisie, sans voile ni détours, très hardiment elle organise la vie mondaine. L'abbaye devient celle de Thélème; le jeu, les tables, les réceptions, les promenades, les collations friandes, voire les spectacles et la danse, le tout en compagnie de gentils cavaliers, amusent les loisirs des recluses. Ce riant séjour est le rendez-vous de la jeune noblesse des environs. Souvent même les religieux de S. Martin prennent leur part de la fête, et nonnes et moines se donnent ensemble le plaisir du bal.'—*Barron.*

Angélique Arnauld was sent from Port Royal to spend five miserable years in the uphill work of reforming Maubuisson, where she had been educated in her early childhood, and Angélique d'Estrées, arrested by the general of her Order, was carried off to the Filles Pénitentes de S. Marie, at Paris, where, though she once contrived to escape and return to Maubuisson for a time, she ended her days. Succeeding abbesses were not, however, much more virtuous, certainly not Louise-Marie Hollandine, Princess Palatine (daughter of Frederick IV. of Bohemia and Elizabeth Stuart, daughter of James I.), and aunt of George I. of England, appointed abbess in 1664, who had had fourteen children, and used to swear 'par ce ventre qui a porté quatorze enfants.'[1] In her latter days, however, this abbess became perfectly respectable, and was very highly esteemed.

'J'ai de nouveau fait une visite à ma tante l'abbesse de Maubuisson et je l'ai trouvée, grâces en soient rendues à Dieu! encore plus alerte e plus gaie que la fois d'avant. Elle a plus de gaieté, plus de vivacité, la vue et l'ouïe meilleure que moi, quoiqu'elle ait juste trente ans de plus, car le 1ᵉʳ avril elle a eu soixante-dix-sept ans. Elle peint un très-beau tableau pour Madame sa sœur, notre chère électrice de Brunswick, c'est le veau d'or d'après le Poussin. On l'adore dans son couvent; elle mène une vie fort rigide, mais pourtant tranquille, elle ne mange jamais de la viande, à moins d'être gravement malade, elle couche sur des matelas durs comme la pierre, elle n'a que des chaises de paille dans sa chambre et se lève à minuit pour prier. . . . Elle oublie moins l'anglais que l'allemand, car journellement il y a des Anglais qui viennent la voir et de plus elle a des nonnes anglaises dans son couvent.'—*Correspondance de Madame.*

The ruins are of great extent, though the abbey church was so completely destroyed at the Revolution that nothing remains but bases of walls and pillars, and the altar, embedded in shrubs and flowers. Greatly to be regretted are the magnificent tombs, including those of Blanche of Castille; of Bona of Luxembourg; of Charles le Bel; of a brother of S. Louis; of Jean de Brienne, Prince of Acre; of Jeanne de France, daughter of Charles le Bel and Blanche de Bourgogne; of Catherine of France, daughter of Charles V.; of Jeanne, daughter of Charles VI.; and of Gabrielle d'Estrées, who was brought hither to be buried in the choir of her sister's abbey, in April 1599. The centre of the choir was occupied by the tomb of the foundress, inscribed—

'Ex te, Castella! radians ut in aethere Stella,
Prodiit haec Bianca, quam luget natio Franca.
Rex pater Alphonsus, Ludovicus Rex quoque sponsus.

[1] *Lettres d'Elisabeth-Charlotte, Duchesse d'Orléans.*

Quo viduata regens agit ut vigeat requiescens.
Hinc peregrinante nato, bene rexit ut ante ;
Tandem se Christo coetu donavit in isto,
Cujus, tuta malis, viguit gens Franca sub alis,
Tanta prius, talis jacet hic Pauper Monialis.'

The two last words allude to the fact that the queen took the monastic vows five days before her death.

The magnificent refectory is entire, in which the prioress, Mme de Cleri, rebuked Henri IV. with profaning the temples of God, when he came with Gabrielle d'Estrées to the abbey. It has a vaulted roof, supported by four columns, but is subdivided into an orangerie and dairy. The gravestone of a bishop is preserved here. The dormitory above is destroyed, and replaced by a terrace, at the end of which some curious openings are seen, over a stream which runs below at a great depth. In the gardens, where the Mère Marie Angélique used to walk with S. François de Sales, there are some traces of the Palace of S. Louis. 'La Chapelle de Nuit de S. Louis,' supported by two columns, remained entire till 1884, when the columns suddenly gave way, without a moment's warning, and all was instantaneously buried in ruin. A little XVII. c. pavilion of the abbess—a kind of summer-house—remains. There is a magnificent monastic barn, divided into three aisles by pillars ; attached to the gable on the interior is a tourelle with a staircase to the roof. Tourelles of the XIV. c. remain at the angles of the park wall.

'Dans le plan de l'abbaye de Maubuisson on retrouve encore la sévérité primitive des dispositions cisterciennes mais dans le style de l'architecture des concessions sont faites au goût dominant de l'époque ; la sculpture n'est plus exclue des cloîtres, le rigorisme de Saint Bernard le cède au besoin d'art, qui alors se faisait sentir jusque dans les constructions les plus modestes. L'abbaye de Maubuisson était en même temps un établissement agricole et une maison d'éducation pour les jeunes filles. Nous voyons, en examinant le plan de l'abbaye, que ce monastère ne différait pas de ceux adoptés pour les communautés d'hommes.'—*Viollet-le Duc.*

VIII.

ECOUEN, ROYAUMONT, S. LEU-D'ESSERENT, CREIL, NOGENT-LES-VIERGES.

REACHED from the Gare du Nord, Ecouen is on the line from Paris to Beauvais. Ecouen and Royaumont (*via* Viarmes) may be visited in one day's excursion; S. Leu d'Esserent and Nogent-les-Vierges in another. The train which leaves Paris about 10.15 allows three hours at S. Leu, which gives time for luncheon at the little inn by the river. From Creil one can walk or drive to Nogent-les-Vierges, and return to Paris by the express trains in one hour.

The line to Ecouen follows the Chemin-de-fer du Nord to S. Denis, whence we branch off on the left to—

13 *k. Groslay.*—The church, XIII. c. and renaissance, has good XVI. c. windows.

15 *k. Sarcelles-S. Brice.*—*S. Brice* has a XIII. c. steeple, and *Sarcelles* (1 *k.*, by omnibus) has a curious church of the XII. c. and XVI. c., with a renaissance portal and romanesque steeple.

18 *k. Ecouen.*—The town is 2 *k.* from the station. An omnibus meets every train. Ecouen is a pretty wooded spot. The little town clusters around a little square with an old chestnut tree. The renaissance church with fine vaulting and glass (attributed to Jean Cousin) in the chancel and aisle, was built by Jean Bullant for the famous

Anne de Montmorency, at the same time with the magnificent château, which rises above the houses. The gothic choir windows bear the device of the Montmorency, ἀπλανῶς, and the dates 1544, 1545. Bullant, who wrote his *Traité des cinq ordres ou manières* at Ecouen, died here in 1578, and had a monument, which is now destroyed, in the church.

The château of Ecouen was founded in the XI. c., by the Barons de Montmorency. The Connétable Anne demolished the ancient fortress, and replaced it by a magnificent renaissance palace by Bullant. Primaticcio furnished designs for the two chapel windows. It was here that Henri II. published his famous edict of 1559, pronouncing sentence of death against the Lutherans. Confiscated from the Montmorency under Louis XIII., Ecouen was given to the Duchesse d'Angoulême, and passed to the house of Condé, to whom it belonged till the Revolution, when its treasures were dispersed. Napoleon restored the fabric of the château, and made it a school for daughters of members of the Legion of Honour, under the famous Mme Campan. It was restored to the Prince de Condé at the Restoration, but returned to the State in 1852, and is now once more a school, for the daughters of officers. There is no admittance to the château or its pretty gardens; but the buildings are well seen from the gate.

4 *k.* north of Ecouen is *Le Mesnil-Aubry*, with a very handsome renaissance church; its side wall, of XV. c., has its ancient windows.

20½ *k. Domont.*—The choir of the church is XII. c.; in the nave and transept are curious XIII., XV., and XVI. c. gravestones.

25 *k. Monsoult.* 2 k. north-west is *Maffliers*, with a church partly due to Philibert Delorme.

(A branch leads east to—

7 *k. Viarmes.*—3 *k.* north are the interesting remains of the still occupied *Abbey of Royaumont* (Mons Regalis),

CHÂTEAU OF ÉCOUEN.

founded in 1230 by S. Louis, who often made it a retreat, eating with the monks in the refectory, and sleeping in their dormitory. Five of his children were buried in the beautiful XIII. c. church, which is now a ruin. The effigies of Prince Jean Tristan and Princess Blanche are now at S. Denis. Amongst other tombs which once existed here, was that of Henri de Lorraine, Comte d'Harcourt, 1666, a chef-d'œuvre of Coysevox.

The cloister and the refectory, which resembles that of S. Martin des Champs at Paris, are preserved. In the centre of the latter is an admirable reader's pulpit. Visitors are not admitted to the abbey.

12 *k. Luzarches* (Hotel, *S. Damien*).—The church is XII., XIII., and XIV. c. There are remains of a château, and of the priory of S. Côme, with a gate over a steep street. 3 *k.* south is the stately XVI. c. *Château de Champlâtreux*, belonging to the Duc d'Ayen. The abbey of *Rocquemont* was bought at the Revolution by Sophie Arnould and turned into a villa, whence she went to represent the Goddess of Liberty in the civic fêtes at Luzarches.)

33 *k. Presles.*—The church is XIII., XVI., and XVIII. c. Raoul de Presles was an author well known in the XIV. c. 3 *k.* east, in the forest of *Carnelle*, is *La Pierre Turquoise*, a subterranean avenue of Druidical stones.

38 *k. Persan-Beaumont.*—The little town of *Beaumont-sur-Oise* gave a title of count to the family of Conti. It has a fine XIII. c. church, with a crocketed stone spire, and remains of a château of the same period. Behind the town is the *Forest of Carnelle*. Here we join the main-line from Paris to Creil *viâ* Pontoise, which has passed at—

40 *k. L'Isle-Adam*, where the Princes de Conti had a magnificent chateau,[1] destroyed at the Revolution, on an island in the Oise; nothing remains but a terrace. A

---

[1] Armand de Conti inherited it as the second son of his mother, Charlotte de Montmorency, Princesse de Condé, sister and heiress of Henri II. de Montmorency, beheaded at Toulouse in 1633.

modern villa replaces the château. The place owes its name to its island, upon which the Constable Adam built a château in 1019, under Philippe I. The church is of the XVI. c., but has a portal attributed to Philibert Delorme, and was built at the cost of Anne de Montmorency; in one of its modern stained windows the great seigneurs of l'Isle-Adam—Philippe de Villiers, Louis de Villiers, Anne de Montmorency, and François de Bourbon, Prince de Conti, are seen assisting at a mass celebrated by S. Martin of Tours. In a chapel to the left is the tomb, partially destroyed at the Revolution, of Louis François de Bourbon, Prince de Conti, exiled to his estates of Isle-Adam by the vengeance of Mme de Pompadour, whom he had treated with great disdain. To the north-east and south-east is the *Forest of l'Isle-Adam.*

After passing Beaumont the line reaches—

53 *k. Boran.*—A suspension bridge over the Oise leads (4 *k.* south-east) to the Abbey of Royaumont (see above). 6 *k.* east is the old château of *La Morlaye,* occupying the site of the Merovingian villa of Morlacum.

61 *k. S. Leu-d'Esserent,* famous for its quarries of *Pierre de S. Leu.* The noble and picturesque church stands finely on a terraced height. It is approached by a striking XII. c. porch with a chamber above it. The steeple, of 1160, has the singularity of detached hips only united by rings to the main spire. To the south and west the church is surrounded by buttresses and flying buttresses. At the east end is a romanesque tower on either side of the sanctuary, which is beautifully constructed.

'Si l'on veut constater l'extrême limite à laquelle arrivèrent les architectes de la fin du xii⁰ siècle, en fait de légèreté des points d'appui intérieurs et de stabilité obtenue au moyen de l'équilibre des forces opposées, il faut aller voir le sanctuaire de l'église de S. Leu-d'Esserent.'—*Viollet-le-Duc.*

There are considerable remains, near the west end of the church, of a priory, founded within the fortifications of his castle by Hugues d'Esserent, Comte de Dammartin, in the XI. c., in gratitude to the Benedictines of the Wood of

S. LEU-D'ESSERENT.

S. Michel, who paid his ransom when he was taken prisoner whilst on a pilgrimage to Palestine. The most remarkable remnant of the priory is a machicolated gateway of the XIV. c., intended apparently as much for the entrance to a farm as for a fortified gate. There are beautiful later renaissance buildings.

67 *k. Creil* (*Buffet*; Hotel *de l'Epée, Léon d'Argent,*

des Chemins-de-fer), the ancient Credulium, is a pretty town on the Oise. Its old turreted houses rise straight from the river by the bridge, with the church spire behind them. In the castle, pulled down by the Prince de Condé before the Revolution, was a chamber, with a balcony enclosed by an iron grille, where Charles VI. was shut up during his madness. The island, where the castle once stood, is now occupied by the remains of the *Abbey of S. Evremond*, of which the desecrated choir exists, and shows some friezes of great beauty. The *Church* has a tower and crocketed spire (1551): near the entrance (right) are remains of a chimney for warming the water used in baptisms.

1 *k.* north-west of Creil is *Nogent-les-Vierges*, where Clovis is said to have had his camp when he drove out the Roman legions from Gaul, and where the earliest kings had a palace, in which Thierry III. was surprised by the rebel Ebroïn, maire du palais, in 673.

To the right is the *Church of Villers S. Paul.* Its nave and aisles are romanesque, with gothic arches resting upon its huge columns and capitals. The choir and tower, flanked by four tourelles, are gothic. The porch, in the façade, has curious sculptures.

A road turning to the left at the entrance of the village of Nogent, past the front of the château of Villers, leads for 2 *k.* along the foot of the hills to the hamlet of Royaumont, above which, strikingly placed on the steep rocky crest of a wooded hill, with an old château nestling under it, and a wide view over the plain, is the interesting *Church of Nogent-les-Vierges*, dedicated to the Assumption. The beautiful tower has three tiers of arcades, ornamented at the angles by columns, twisted or adorned with foliage, and with a gabled roof. The very ancient nave—with gothic additions—has stone roofs. Two bas-reliefs on the pillars under the tower come from the destroyed church of S. Marguerite at Beauvais. The gothic choir was added by

NOGENT-LES-VIERGES.

S. Louis: it is lighted by seven lancet windows of three lights, with roses above them. The monument of Messire Jehan Bardeau is signed by Michel Bourdin. In front of this is a shrine with relics of SS. Maura and Bridget, Irish virgins, who gave a name to the place, having been buried here after their martyrdom at *Baligny*, 1 k. distant. Close by is the sepulchral chapel of Maréchal Gérard.

'Il arriva que, du temps du pape Urbain III. (qui fleurissoit en l'an 1185), les serviteurs de Messire Garnier, chevalier de Senlis, perdirent de nuit une vache de poil noir, laquelle passa la nuit au cimetière de Nogent sur le tombeau des vierges; lesquels, l'ayant trouvée couchée et contrainte de se lever, la trouvèrent *qu'elle étoit devenue blanche du côté duquel elle avoit touché le tombeau*; émerveillés qu'ils sont, dirent l'un à l'autre que ce n'étoit pas la vache qu'ils avoient perdue; l'autre disoit que, si c'étoit la même, elle retourneroit en son lieu, ainsi qu'elle avoit accoutumé; ce qu'elle fit : ce qui causa que les serviteurs racontèrent cette merveille à tous ceux qu'ils rencontroient, montrant la vache qui étoit devenue blanche d'un côté. Dès lors, ce lieu commença d'être honoré et visité par les affligés de diverses maladies, lesquels s'en retournant avec grande joie et liesse, sains et guaris, donnoient louanges à Dieu. Quelque temps après, la même vache s'étant de rechef adirée, et ayant passé la nuit au même lieu, et couché sur le sepulcre des saintes vierges, les serviteurs, ne l'ayant trouvée, allèrent la rechercher au même lieu qu'ils avoient fait au précédent, où ils la trouvèrent couchée, et, l'ayant contrainte de se lever, la trouvèrent *être totalement blanche* : la renommée du miracle s'étant répandue par toute la France, le peuple vint en grande abondance à Nogent, désirant voir cette merveille, d'où plusieurs, affectés de diverses maladies et langueurs, s'en retournèrent sains et guaris. Ce fut dès lors que le village de Nogent fut baptisé du nom des vierges.'—Louvet, '*Hist. de la ville de Beauvais.*'

Behind the church is a desecrated cemetery, overgrown with juniper. The grey walls and arches of the church, the old elm in front clustered with misletoe, the wide porch with its deep shadows, the broken tomb-stones, and the little encircling chapels, are well adapted for a picture.

At the spot called *La Croix des Vierges*, a XIV. c. column marks the spot where the oxen stopped which drew the chariot of Queen Bathilde, when she was attracted to Nogent, in 645, by the fame of the miracle-working virgins.

Passing in front of the château of Villers we may soon

reach the *Church of Villers S. Paul.* The nave and its aisles are romanesque, with gothic arches resting upon its huge columns and capitals. The choir and the tower, flanked by four tourelles, are gothic. The porch, in the façade, has curious sculptures.

IX.

CHANTILLY AND SENLIS.

A DELIGHTFUL excursion of three days from Paris may be made by spending the first between Chantilly and Senlis, and sleeping at the latter; spending the second morning at the Abbaye de la Victoire, proceeding by rail to Pierrefonds, *viâ* Crépy-en-Valois, and sleeping at Compiègne; on the third day seeing Compiègne, and returning *viâ* Creil.

The direct line from Paris to Chantilly branches off from the main line at S. Denis. There is no beauty till it enters the forest of Chantilly. It passes—

31 *k. Survilliers,* where the château was bought by Joseph Bonaparte, who took the name of Comte de Survilliers when he went to America after the fall of the Empire. 4 *k.* east, near Plailly, is *Morfontaine*—where the treaty of peace between France and the United States was signed—the favourite residence of Joseph Bonaparte.

'A Morfontaine, la promenade sur les lacs, des lectures, le billard, de la littérature, des histoires de revenants plus ou moins bien racontées, une aisance, une liberté entière, voilà quelle était la vie qu'on y menait.

'Joseph Bonaparte fut enlevé à ses goûts paisibles pour aller régner sur l'antique Parthénope.

'"Laissez-moi *roi de Mortefontaine,*" disait-il à son frère "je suis bien plus heureux dans cette enceinte, dont je vois le terme, il est vrai, mais où je puis répandre le bonheur autour de moi."

'Sa femme, Mme Joseph Bonaparte, éprouvait aussi le même regret de quitter ses douces habitudes; mais Napoléon avait parlé, et il n'y avait plus qu'à se taire et à obéir.'—*Mémoires de la Duchesse d'Abrantès.*

After Joseph Bonaparte, Morfontaine was possessed by the Duc de Bourbon, who left it to his mistress, Mme de Feuchères.

40 *k. Chantilly* (Hotels, *du Cygne, d'Angleterre*) was the Versailles of the Princes de Condé. The famous Constable Anne de Montmorency inherited Chantilly through his grandmother, Marguerite d'Orgemont. He built the existing château in the style of the Renaissance, uniting it to the feudal castle, which had existed from the ninth century. Henri II., Duc de Montmorency, grandson and heir of the Constable, was beheaded at Toulouse for joining in the conspiracy of Gaston d'Orléans against Richelieu. His confiscated domains were given by Louis XIII. to his sister Charlotte, who married Henry II., Prince de Condé, and was the mother of the Grand Condé, of Armand de Bourbon Prince de Conti, and of the Duchesse de Longueville.[1] The magnificence of Chantilly dates from the Grand Condé, under whom the gardens were designed by Lenôtre, and the waters of the Nonette and the Thèye pressed into service for magnificent cascades and fountains. The most celebrated of the fêtes given by the Grand Condé at Chantilly was that to Louis XIV. in April 1671. When it was in prospect Mme de Sévigné wrote:

[1] The House of Condé descended from Louis I. de Bourbon, fifth and last son of Charles de Bourbon, Duc de Vendôme, younger brother of Antoine de Bourbon, King of Navarre. He was first cousin of Henri IV. By his first wife, he was the father of Henri, Prince de Condé; by his second wife, of Charles de Bourbon, founder of the branch of Soissons. The Princes de Conti descended from Armand de Bourbon, son of Henri II. de Condé, and younger brother of le grand Condé.

'Le roi doit aller à Chantilly le 25 de ce mois, il y sera un jour entier; jamais il ne s'est fait tant de dépenses au triomphe des Empereurs, qu'il y aura là; rien ne coûte; on reçoit toutes les belles imaginations sans regarder à l'argent. On croit que M. le Prince n'en sera pas quitte pour quarante mille écus.'

It was at this fête that the famous cook Vatel killed himself because the fish was late.

'Vatel, le grand Vatel, maître-d'hôtel de M. Fouquet, qui l'étoit présentement de M. le Prince, cet homme d'une capacité distinguée de toutes les autres, dont la bonne tête étoit capable de contenir le soin d'un état, voyant à huit heures que la marée n'etoit point arrivée, n'a pu soutenir l'affront qu'il a vu qui alloit l'accabler, et, en un mot, il s'est poignardé.

'Le roi arriva jeudi au soir; la promenade, la collation dans un lieu tapissé de jonquilles, tout cela fut à souhait. On soupa; il y eut quelques tables où le rôti manqua, à cause de plusieurs dîners à quoi l'on ne s'étoit point attendu. Cela saisit Vatel; il dit plusieurs fois: "Je suis perdu d'honneur; voici un affront que je ne supporterai pas." Il dit à Gourville: "La tête me tourne; il y a douze nuits que je n'ai dormi; aidez-moi à donner des ordres." Gourville le soulagea en ce qu'il put; le rôti qui avoit manqué, non pas à la table du roi, mais aux vingt-cinquièmes, lui revenoit toujours à l'esprit. Gourville le dit à M. le Prince, M. le Prince alla jusques dans la chambre de Vatel, et lui dit: "Vatel, tout va bien, rien n'étoit si beau que le souper du roi." Il répondit: "Monseigneur, votre bonté m'achève; je sais que le rôti a manqué à deux tables." "Point du tout," dit M. le Prince, "ne vous fâchez point, tout va bien." Minuit vint, le feu d'artifice ne réussit pas, il fut couvert d'un nuage; il coûtoit seize mille francs. A quatre heures du matin, Vatel s'en va partout, il trouve tout endormi; il rencontre un petit pourvoyeur qui lui apportoit seulement deux charges de marée; il lui demande: "Est-ce là tout?" "Oui, monsieur." Il ne savoit pas que Vatel avoit envoyé à tous les ports de mer. Vatel attend quelque tems; les autres pourvoyeurs ne vinrent point; sa tête s'échauffoit, il crut qu'il n'auroit point d'autre marée. Il trouva Gourville, il lui dit: "Monsieur, je ne survivrai point à cet affront-ci." Gourville se moqua le lui. Vatel monte à sa chambre, met son épée contre la porte, et se la passe à travers le cœur, mais ce ne fut qu'au troisième coup, car il s'en donna deux qui n'étoient point mortels. Il tombe mort. La marée arrive cependant de tous côtés; on cherche

Vatel pour la distribuer : on va à sa chambre, on heurte, on enfonce la porte, on le trouve noyé dans son sang ; on court à M. le Prince, qui fut au désespoir. M. le Prince le dit au roi fort tristement ; on dit que c'étoit à force d'avoir de l'honneur à sa manière ; on le loua fort, on loua et blâma son courage. . . . Cependant Gourville tâcha de réparer la perte de Vatel ; elle fut réparée : on dîna très-bien, on fit collation, on soupa, on se promena, on joua, on fut à la chasse ; tout étoit parfumé de jonquilles, tout étoit enchanté.'—*Mme de Sévigné.*

The Grand Condé spent his latter years in a literary seclusion at Chantilly. He died in 1686, and the last work of the great orator Bossuet was his funeral oration :

'On voyait le grand Condé à Chantilly comme à la tête de ses armées, toujours grand dans l'action et dans le repos. On le voyait s'entretenir avec ses amis dans ces superbes allées, au bruit de ces eaux jaillissantes qui ne se taisaient ni jour ni nuit.'

The son of the Grand Condé—Henri Jules de Bourbon, 'M. le Prince,' of whom S. Simon gives so curious an account, 'qui alloit jusqu'à peser tout ce qui sortait de son corps'—was a terrible domestic tyrant, his Princess was his continual victim, and Mlle de Condé died of his harsh treatment.

'Chantilly était ses délices. Il s'y promenait toujours suivi de plusieurs secrétaires avec leur écritoire et du papier, qui écrivaient à mesure ce qui lui passait par esprit pour raccomoder et embellir. Il y dépensa des sommes prodigieuses, mais qui ont été des bagatelles en comparaison des trésors que son petit-fils y a enterrés et des merveilles qu'il y a faites.

'Les quinze ou vingt dernières années de sa vie on crut y remarquer des égaremens. . . . On disait tout bas qu'il y avait des temps où tantôt il se croyait chien, tantôt quelque autre bête dont alors il imitait les façons.'—*S. Simon.*

Louis III. (1668–1710), the next Prince de Condé, known through life as 'M. le Duc,' was one of the most prominent figures at Versailles during the reign of Louis XIV.

'C'était un homme très-considérablement plus petit que les plus petits hommes, qui sans être gras était gros de partout, la tête grosse à surprendre, et un visage qui faisait peur. On disait qu'un nain de madame la princesse en était cause. Il était d'un jaune livide, l'air presque toujours furieux, mais en tout temps si fier, si audacieux, qu'on avait peine à s'accoutumer à lui. Il avait de l'esprit, de la lecture, des restes d'une excellente éducation, de la politesse et des grâces même quand il voulait, mais il voulait très-rarement ; il n'avait, ni l'injustice, ni l'avarice, ni la bassesse de ses pères, mais il en avait toute la valeur, et avait montré de l'application et de l'intelligence à la guerre. Ses mœurs perverses lui parurent une vertu, et d'étranges vengeances qu'il exerça plus d'une fois, et dont un particulier se serait bien mal trouvé, un apanage de sa grandeur. Sa férocité était extrême, et se montrait en tout. C'était une meule toujours en l'air qui faisait fuir devant elle, et dont ses amis n'étaient jamais en sûreté, tantôt par des insultes extrêmes, tantôt par des plaisanteries cruelles en face.'—*S. Simon.*

It was to this strange personage that Louis XIV. had married one of his daughters by Mme de Montespan—Louise Françoise de Bourbon, known as Mlle de Nantes.

'Les gens qui avaient le plus lieu de la craindre, elle les enchaînait, et ceux qui avaient le plus de raisons de la haïr avaient besoin de se la rappeler souvent, pour résister à ses charmes. Jamais la moindre humeur, en aucun temps ; enjouée, gaie, plaisante avec le sel le plus fin, invulnérable aux surprises et aux contre-temps, libre dans les moments les plus inquiets et les plus contraints, elle avait passé sa jeunesse dans le frivole et dans les plaisirs qui, en tout genre et toutes les fois qu'elle le put, allèrent à la débauche. Avec ces qualités, beaucoup d'esprit, de sens pour la cabale et les affaires, avec une souplesse qui ne lui coûtait rien ; mais, peu de conduite pour les choses de long cours, méprisante, moqueuse, piquante, incapable d'amitié et fort capable de haine, et alors méchante, fière, implacable.'—*S. Simon.*

The eldest of their nine children was Louis Henri, 'M. le Duc,' chief of the council of regency after the death of Louis XIV., and, after the death of the Duke of Orleans, first minister of Louis XV. He displayed in a greater degree the rapacity which had been a characteristic of his ancestors, was greatly compromised in the financial operations of Law, and enormously increased his hereditary fortune, living as a king at Chantilly, and receiving Louis XV. and the Duchesse de Berry there with the utmost magnificence. In 1726 he was supplanted as first minister by Cardinal Fleury, who caused him to be exiled from the Court. He spent his latter years entirely at Chantilly, devoted to natural history, and died there in 1740.

His son, Louis Joseph de Bourbon, Prince de Condé, was distinguished as a soldier.

'C'était le champ de bataille qu'il fallait aux hommes de cette maison, si pauvres, si mesquins dans la vie civile. C'était là seulement qu'il leur était donné de montrer ce qu'ils valaient. On rapporte qu'un officier invitant un jour ce Prince de Condé à reculer de quelques pas, pour éviter le feu d'une batterie : "Je ne trouve pas," répondit-il, "toutes ces précautions dans l'histoire du grand Condé."'—*Le Bas.*

This prince delighted to fill Chantilly with Buffon, Marmontel, D'Alembert, Diderot, and other clever men of the time. Originally a liberal in his views, he became vehemently conservative with the Revolution, and was the first of the princes to emigrate. On the banks of the Rhine he organised the emigrant army called 'l'armée de Condé.' Meanwhile the old château of Chantilly was destroyed by the *Bande noire.* The little château escaped, as its sale was not completed at the time of the Restoration. The Château d'Enghien, which had been built by Louis Joseph, was used as a barrack. Under the first empire Chantilly was given to Queen Hortense.

Louis Joseph Henri, the next owner of Chantilly, who had married his cousin, Louise d'Orléans, was the father of the Duc d'Enghien, murdered by Napoleon I. He was the Duc de Bourbon found hanged to the window-blind at S. Leu, a few days before the revolution of 1830. He left the Duc d'Aumale, his great-nephew, his heir, with the exception of two millions, several châteaux, &c., which he bequeathed to his English mistress, Sophia Dawes, called Baronne de Feuchères.

Opposite the station of Chantilly is the entrance to a delightful footpath which leads through a wood to the famous *Racecourse*, where the races, established 1832, take place every spring and autumn. On the third day of the spring races, which is always a Sunday, the 'Prix du Jockey-Club' is contended for.[1] The handsome building beyond the racecourse will be taken for the château, but is the magnificent *Stables*, built (1719-1735) by Louis Henri, seventh Prince de Condé. Behind the stables rises the *Church*, of 1672, where a monument, with an angel guarding a bronze door, encloses the hearts of the House of Condé, preserved, till the Revolution, in the church of the Jesuits at Paris. A stained window represents the death of S. Louis. Very near the church is the Hotel *du Cygne*.

Through a stately gateway at the angle of the stables, we re-enter the park, and descend to the lake, out of which the *Château* rises, the earlier part abruptly from the water. The stone pavilion at the gate, the old pillars and terraces close to the water, the feathery trees, the tall gilt spire of the chapel, the brilliant flowers on the flat land beyond the lake, and the groups of people perpetually feeding the fish, form a charming picture.

An equestrian statue of the Connétable Anne de Montmorency, by *Paul Dubois*, has been replaced before the arcade of the Cour d'Honneur. Opposite the château is the

---

[1] The races are in the second week in May; on the Sunday towards the end of September which precedes the Paris races, and on the Sunday in October which follows the Paris races.

Pavillon d'Enghien, which the last Prince de Condé but one built for the accommodation of his suite. The parterre is open from half-past twelve to eight. A bridge leads over a sunken garden to wooded glades, where numbers of peacocks strut up and down. The name of that part of the grounds known as *Parc de Sylvie* comes from the 'Maison de Sylvie,' a dull poem in honour of the Duchesse de Montmorency, composed here by Théophile de Viau, condemned

CHANTILLY.

to be burnt alive for sacrilege, and to whom the Duke (beheaded 1632) had given an asylum.

The noble domain of Chantilly was given in 1886 as a free gift to the France to which his life and heart were devoted, by the most distinguished and public-spirited of her sons, Henri d'Orléans, Duc d'Aumale, immediately after his exile by the republican government. The art treasures with which the palace is filled will be open to the public, under the superintendence of officers appointed by the Académie de France, and will form the most touching and lasting evidence of forbearance and forgiveness which Europe has ever seen.

The pictures at Chantilly include the glorious 'Vierge de la Maison d'Orléans' of *Raffaelle*, the 'Venus and Ganymede' of Raffaelle, the 'Battle of Rocroi' of *Van der Meulen*, some of the best works of *Watteau* in existence, the 'Ecole Turque' and 'Réveil' of *Decamps*, the 'Deux Foscari' of *Delacroix*, and the 'Mort du Duc de Guise' of *Delaroche*. There is a glorious collection of portraits of the house of Condé. The library is valued at 200,000*l*., and for a single chest of drawers, which belonged to Louis XIV., 20,000*l*. was refused by its late owner. In the splendid XVI. c. glass of the chapel windows, the children of the Connétable de Montmorency are represented.

In the *Forest of Chantilly* (1½ hour, following the Route du Connétable, opposite the château, as far as the Carrefour du Petit Couvert, and thence taking the third alley to the left) is the *Château de la Reine Blanche*, or *de la Loge*, a building erected in the ancient style by the Duc de Bourbon, on the supposed site of a little château built in 1227 by Queen Blanche, mother of S. Louis.

The neighbouring village of *S. Firmin* was the place where the Abbé Prévost, author of *Manon Lescaut*, fell down in a fit. He was carried, apparently dead, into the house of the curé, and the authorities ordered the body to be opened. As the surgeon plunged his knife into the body, a fearful scream showed that a swoon had been mistaken for death ; but it was too late !

The line from Chantilly to Crépy-en-Valois passes—

43 *k.* (from Paris) *Senlis* (Hotels, *du Grand Cerf*—good, clean, and reasonable ; *des Arènes*).

The picturesque and attractive little city of Senlis is a treasure-house alike to the antiquary and artist. It retains its *Gallo-Roman fortifications* more perfectly than any town in France, except Bourges and S. Lizier, and its walls of cement, faced on both sides with cut stone, have preserved sixteen out of their twenty-eight ancient towers. The site of the residence of the Roman governor was afterwards occupied by a *Château of the Kings of France*, from Clovis to Henri IV., of which interesting ruins remain from the XI., XIII., and XIV. c. The ancient gothic entrance to this château is to be found at the end of the Rue du Châtel, but the modern approach is from the little Place S. Maurice. The towers of the royal château are well seen from the Rue de Chat-Huret. In 1863 some small remains of a Roman *Amphitheatre* were discovered.

The *Cathedral of Notre Dame*, to which time has given colouring of exquisite beauty, is a noble building of the XII., XIII., and XVI. c. The plan on which it was begun, in 1155, was of vast size, but want of funds compelled the curtailment of the length which it was intended to give to the nave, and the suppression of the triforium. The church was consecrated in 1191. In the XIII. c., one of the west steeples was completed, leaving the other unfinished, chapels were added on the right of the choir, and a transept was begun. The chapels of the nave and some of those of the choir date from the XIV. c. and XV. c. In 1502 the cathedral was struck by lightning, and it became necessary to renew the whole of the vaulting and the upper windows. The transept was finished and the façade restored at the same time. The central portal of the façade, formerly divided by a central pillar, has the Burial and Coronation of the Virgin in its tympanum, one of the earliest and best representations of this subject. The transept portals bear the salamander of François I.: they are surrounded by a loggia under the principal windows.

PORTAL, SENLIS.

'Chacun des pignons de ces portails est surmonté de figures ; sur le portail méridional est représentée la Trinité, sous la figure d'un père éternel assis et tenant la croix sur laquelle est étendu Jésus-Christ ; une colombe remplace sa barbe, et semble désigner le Saint-Esprit.

On donne, dans le pays, à cette statue le nom de *Dieu le père*. Au portail septentrional est aussi une figure allégorique, nommée *Dieu le fils;* elle représente un homme, les mains élevées vers le ciel, dans l'attitude que prenaient les premiers chrétiens pour prier.'—*Dulaure, 'Environs de Paris.'*

The steeple on the right of the façade is one of the marvels of the XIII. c.

'Un des rares clochers complets du commencement du xiii⁰ siècle est celui qui flanque la façade de la cathédrale de Senlis, du côté méridional. Bâti d'un seul jet pendant les premières années du xiii⁰ siècle, en matériaux d'excellente qualité, ce clocher nous montre déjà les tendances des architectes des xiii⁰ siècle à chercher les effets surprenants. S'élevant sur une base carrée à peu pres pleine, mais sous laquelle s'ouvre une charmante porte donnant sur le bas côté sud de la cathédrale, ce clocher latéral, contrairement aux habitudes des constructeurs antérieures, n'est plus un monument isolé; il se lie intimement au plan de l'église : son rez-de-chaussée sert de vestibule à l'un des collatéraux . . . . De grands pinacles à jour posés sur les angles du carré servent de transition entre la base carrée et l'étage octagonal. La pyramide supérieure, à huit pans comme la tour qui la reçoit, porte sur chacune de ses faces une grande lucarne, dont l'ouverture laisse une issue au son des cloches.'—*Viollet-le-Duc.*

In the interior, the pillars, side-aisles, and tribunes of the nave and choir belong to the construction of the XII. c. The nave has five bays, of which the first is a vestibule under the towers, and the last opens upon the transepts. In a chapel on the left, the keystone of the vaulting represents a large crown, with four angels extending their wings towards it. The rectangular part of the choir has six bays, of which the first is common to the transepts. The chapels are XIII. c. and XIV. c. The ambulatory of the apse is encircled by five chapels, of which four are XII. c. The final chapel is modern. In the chapel of S. Rieul are some fine incised monuments of bishops, their crosiers inlaid in white marble. In the wall of the left aisle is a XVII. c. relief of the Entombment.

The *Évêché*, to the south-east of the cathedral, dates from XII. c., but has lost all its characteristics.

Near the cathedral is the desecrated collegiate *Church of S. Frambourg*,[1] rebuilt in 1177, of striking and simple proportions, without aisles or transepts. In this part of the town are several curious old houses with tourelles, and other desecrated churches, one of them, *S. Aignan* (XIV. c. and XVI. c.), turned into a theatre. Another collegiate church, *S. Rieul*, is greatly dilapidated.

The fine *Church of S. Pierre* is now enclosed in a cavalry barrack. It is of the richest XVI. c. flamboyant, and has two towers, one crowned by a beautiful spire of 1431.

Approached by an avenue from the lower part of the town is the ancient *Abbey of S. Vincent*, founded by Queen Anne of Russia in 1065, now modernised, and occupied by an ecclesiastical college. The monastic church still exists, with its vaulting of 1130, and its graceful early pointed (XII. c.) tower and low steeple.

The *Hôtel de Ville* was rebuilt in 1495. Of the fine old houses, we may especially notice No. 53 Vieille Rue de Paris, with a XVI. c. polygonal tower, and No. 20 Rue du Châtel, with a curious gothic portal and vaulted halls.

We must take the Rue Bellon (first on left in descending the Grande Rue) and proceed in a direct line till we reach a crucifix, then follow a stony road (right) to a watermill, opposite which take a paved lane to reach (right), in the gardens of a château, the beautiful ruins of the *Abbaye de*

[1] To visit the interior apply at No. 6 Rue S. Frambourg.

la Victoire, founded by Philippe Auguste in honour of the victory of Bouvines. The architect was a monk named Menand. Louis XI. often used to stay at this abbey, and built a château close by (which was pulled down by the monks in 1599), where he signed a treaty of peace with François II. of Brittany. In 1783 the abbey was suppressed, and the greater part of its buildings were pulled

ABBAYE DE LA VICTOIRE.

down. The existing remains are those of three bays of the south aisle of the choir, which had been restored 1472–1519.

Very near the Abbaye de la Victoire, $3\frac{1}{2}$ k. from Senlis, is the ancient *Château of Mont l'Evêque*, which was the summer residence of the bishops of Senlis. $4\frac{1}{2}$ k. further (twenty minutes' walk from the station of Barbery, on the line from Senlis to Crépy-en-Valois) is the ruined castle of *Montépilloy* (Mons Speculatorum), built in the XII. c., partly rebuilt by Louis d'Orléans in 1400, and dismantled at the end of the XVI. c.

Ermenonville (13 *k*.) may be visited from Senlis. See Chap. XI.

The excursion to Chantilly and Senlis may be combined with that to Pierrefonds and Compiègne, by taking the railway to the former, changing at Crépy-en-Valois. The line passes—

60 *k*. (from Paris) *Barbery* (the nearest station to Montépilloy). The church was consecrated in 1586 by Guillaume Rose, Bishop of Senlis, famous in the League. Near this is the château of *Chamant*, which belonged to Lucien Bonaparte. There is a monument to his first wife Eléonore Boyer.

'Madame Lucien fut enterrée dans le parc de sa terre du Plessis-Chamant. Son mari lui fit élever là un monument en marbre blanc, entouré d'une grille. Lorsqu'il allait au Plessis il y conduisait ses filles pour qu'elles y priassent avec lui, toutes jeunes qu'elles étaient.'— *Mémoires de la Duchesse d'Abrantès.*

69 *k*. *Auger-S. Vincent.* The church is XII., XIII., and XVI. c. with some windows of 1534. 2 *k*. east is the farm of *Parc-aux-Dames*, once a monastery: the XV. c. chapel remains.

76 *k*. *Crépy-en-Valois* (Hotel, *de la Bannière*). The former capital of the duchy of Valois has some remains of a château founded in the XI. c. The parish church of *S. Denis* dates from the same time, but the façade is XII. c., the choir XV. c. The collegiate church of *S. Thomas* was begun

(1180) by Philippe d'Alsace, Comte de Flandre. The façade is XIII. c.; the tower, with a stone spire, XIV. c.

'L'édifice était en construction quand le fameux Thomas Becket, archevêque de Cantorbéry, traversa la ville de Crépy. Comme le comte lui montrait avec orgueil les vastes bâtiments de l'église : "A quel saint sera-t-elle consacrée ?" demanda l'archevêque. "Au premier martyr," répondit le comte, qui voulait la faire dédier à S. Etienne. "Parlez-vous," reprit le prélat, "du premier des martyrs passés ou du premier des martyrs à venir ?" Après la mort de Thomas, le comte rappela ces prophétiques paroles, et fit mettre l'église sous l'invocation du nouveau martyr.'—*Dulaure, 'Environs de Paris.*

The town contains many houses of the XV. c. and XVI. c. and one of the XIV. c.

X.

COMPIÈGNE AND PIERREFONDS.

FROM the Gare du Nord. Compiègne and Pierrefonds may well form part of a three-days' excursion, embracing Chantilly and Senlis (see Chap. IX.), but they may easily be visited in the day from Paris. The line as far as Creil is described in Chap. VII. and Chap. VIII.

At Creil the line to Brussels and Compiègne diverges north-east by the right bank of the Oise, passing—

62 k. (from Paris) *Pont-S. Maxence*, which takes its name from an Irish martyr of the V. c. The church is XV. c. and XVII. c. A XIV. c. façade remains of the palace called *Yraine*, which belonged to the dukes of Burgundy. The *Hôtel de Ville* or *Maison du Roi*, in the Rue de Cavillé, is XV. c. In the Rue de la Ville is a XV. c. tower. The line passes, on the left, near Houdancourt, the ancient farm of *Lamotte*, of the Comtes de Lamotte-Houdancourt, and the ruined castle of *Longueil-S. Marie*. The forest of *Halatte* lies between the line and Senlis.

72 k. *Verberie*, where Clotaire and Chilperic had a residence, in which Charles Martel died, and where Pepin summoned a general council in 752. Charlemagne rebuilt the palace, in which several councils were afterwards held, and where Charles le Chauve celebrated the marriage of his daughter Judith with Ethelwulf, king of England. The

palace, restored by Charles V., existed till the XV. c., when it was pulled down for building materials.

Verberie was amongst the fortresses whose demolition was ordered by Charles VII. in 1431; but François I. again surrounded it with walls, and its five gates were entire in the XVIII. c. The church is XII., XIII., and XV. c. At the south extremity of the town is *Le Petit Ceppy*—a house of XIII. c. or XIV. c. 1 *k.* south-east is the church of *S. Waast-de-Longmont*, with a fine romanesque portal and apse, and a tower with a stone steeple of XII. c. The line passes on the left the church of *Rivecourt*, which has a curious portal. The interior was painted in fresco in the XVI. c.

84 *k. Compiègne* (Hotels, *de la Cloche*, very good ; *de France* ; *du Soleil d'Or*). The Latin name of Compiègne was Compendium. The first Merovingian kings had a palace here, and, ever since, the town has been a resort of royalty. Pepin le Bref received here, as a present from Constantine Copronymus, the first organ which had been seen in France. Louis le Bègue, son of Charles le Chauve, was crowned here in 877, and died here two years after. It was here that Eudes, Comte de Paris, was elected king of France in 888. It was in the forest of Compiègne that Philippe-Auguste lost his way whilst hunting, in his fourteenth year, and was brought back to the palace by a charcoal-burner, an adventure of which he so nearly died of fright, that his father, Louis VII., had to cross over into England to pray for his recovery at the shrine of S. Thomas of Canterbury. Under the reign of S. Louis, 2,000 barons assembled at Compiègne for the marriage of the king's brother, Robert. It was here that,

after the disasters which followed the battle of Poitiers, Charles V., in 1358, reunited the States-General, and provoked a monarchical and feudal reaction against the rebellion of Paris, which was making its first attempt at representative government.

In the troublous times of Charles VII. Compiègne was frequently taken and retaken by the conflicting armies, but only one attack of the English is especially remembered, for on that day, so fatal for the honour of France and England, Jeanne Darc was taken prisoner.

'Jeanne était retournée à Compiègne. Son cœur était avec cette ville et sa population "si bounne françoise," mais la voix intérieure gémissait toujours plus triste. Presque chaque jour se renouvelait la prophétie de sa prochaine captivité. Suivant une tradition conservée à Compiègne, "la Pucelle, un bien matin, fit dire messe à Saint-Jacques et se confessa et reçut son créateur, puis se retira près d'un des piliers de la dite église, et dit à plusieurs gens de la ville qui là étoient (et y avait cent ou six-vingts petits enfants qui moult désiraient à la voir) : 'Mes enfants et chers amis, je vous signifie que l'on m'a vendue et trahie, et que, de brief, serai livrée à la mort. Si vous supplie que vous priez Dieu pour moi ; car jamais n'aurai plus de puissance de faire service au roi ne au royaume de France.'"

'Jeanne fit jusqu'au dernier moment tout ce qu'elle eût pu faire avec la conviction de la victoire. Elle repartit pour aller chercher du secours, réunit à Crespi trois ou quatre cents hommes d'élite et se hâta de les amener à "ses bons amis de Compiègne." Elle rentra dans la ville au soleil levant, le 23 mai, par la forêt, qu'on appelait encore alors la forêt de Cuise. Une sortie fut préparée d'accord entre elle et le gouverneur Guillaume de Flavi.

'Une fois dans l'action, l'ardeur guerrière, la fièvre des héros la reprenait et chassait loin d'elle les sombres pressentiments. Elle n'eut ce jour-là, aucun avertissement particulier, aucun noir présage. . . .

'Vers cinq heures du soir, Jeanne sortit de Compiègne à la tête de cinq cents hommes d'élite, partie à cheval, partie à pied, et se jeta sur Marqui. La garnison de Marqui sortit à sa rencontre, fut culbutée et rejetée dans le village, où Jeanne la suivit. Les Bourguignons se rallièrent. Ils devinrent bientôt très supérieurs en nombre ; mais l'élan des assaillants était si grand qu'ils repoussèrent encore, dans une seconde et dans une troisième charge, cette multitude toujour croissante.

'Cinq cents Anglais, cependant, arrivaient du côté opposé, de Venette. Les compagnons de Jeanne les aperçurent de loin sur leurs derrières. Ils oublièrent que les Anglais ne pouvaient se placer entre eux et la ville sans se faire cribler par l'artillerie du boulevard. Ils se crurent coupés. Les derniers rangs se débandèrent. Les fuyards se précipitèrent vers la barrière du boulevard et masquèrent les Anglais, qui alors à l'abri du tir de la place, les chargèrent hardiment et gagnèrent la chaussée.

'Les plus braves, les plus dévoués des compagnons de Jeanne, ceux qui ne l'avaient pas quittée depuis son départ d'auprès du roi, un de ses frères, son écuyer Jean d'Aulon et d'autres combattaient toujours autour d'elle. Quand ils virent ce qui se passait derrière eux : "Mettez peine de recouvrer la ville," lui crièrent-ils, "ou vous et nous sommes perdus !"

'Mais Jeanne était transportée de cette extase héroïque que lui inspirait le danger. "Taisez-vous !" cria-t-elle, "il ne tiendra qu'à vous qu'ils ne soient déconfits ! ne pensez que de *férir* sur ceux !"

'"Pour chose qu'elle dit, ses gens ne la *vouldrent* [voulurent] croire"; ils prirent la bride de son cheval et la firent retourner de force vers la ville.

'Il était trop tard. Des flots de cavaliers bourguignons et picards les suivaient têtes sur croupes ; devant eux, entre eux et la place, d'autres Bourguignons, mêlés aux Anglais, poussaient l'épée dans les reins les premiers fugitifs et assaillaient déjà la barrière. La barrière venait d'être fermée et le pont-levis du boulevard levé. Le gouverneur de Compiègne avait craint de voir le boulevard et le pont d'Oise envahis par l'ennemi. Restait la ressource des bateaux garnis de gens de trait : la plupart des fantassins de la troupe de Jeanne y avaient déjà trouvé un refuge ; mais Jeanne, qui ne reculait que pas-à-pas, tout en combattant, et qui ne se résignait à rentrer que la dernière, ne put gagner le bord de l'Oise. Elle fut poussée, avec ses amis, dans l'angle formé par le flanc du boulevard et par le talus de la chaussée.

'Tous les ennemis se ruaient à la fois contre elle. La bannière, bien autrement sacrée que l'oriflamme, qui avait été le salut de la France, la bannière d'Orléans, de Patay et de Reims s'agita en vain pour appeler à l'aide. La fidèle armée de Jeanne n'était plus là. Le saint étendard tomba, renversé par les mains françaises. Les derniers défenseurs de la Pucelle étaient morts, captifs ou séparés d'elle par la foule des assailants. Jeanne luttait toujours. Cinq ou six cavaliers l'entourèrent et mirent la main, tous à la fois, sur elle et sur son cheval. Chacun d'eux lui criait : "Rendez-vous à moi ! Baillez la foi !" "J'ai juré," répondit-elle, "et baillé ma foi à autre que à vous ; je lui tiendrai mon serment."

'Un archer la tira violemment "par sa huque [casaque] de drap d'or vermeil." Elle tomba de cheval.

'L'archer et "son maître" le bâtard de Wandomme, homme d'armes artésien au service de Jean de Luxembourg, s'emparèrent d'elle. Elle fut emmenée prisonnière à Margny.

'La prédiction de *ses voix* était accomplie. La période de la lutte était achevée pour elle. La période du martyre commençait.'— Martin, ' *Hist. de France.*'

The Porte du Vieux-Pont, near which Jeanne Darc was taken, long bore the inscription—

> ' Cy fuct Jehanne d'Ark près de cestui passage
> Par le nombre accablée et vendue à l'Anglais,
> Qui brûla, le félon, elle tant brave et sage.
> Tous ceux-là d'Albion n'ont faict le bien jamais.'

All the later kings of France have from time to time inhabited Compiègne, which was the favourite residence of the Emperor Napoleon III., and the scene of his chief hospitalities.

The town is prettily situated on the Oise, and its streets are clean and handsome. In a central position is the picturesque *Hôtel de Ville* of 1502-1510. The figures of the Annunciation, which once decorated it, have been replaced by an equestrian statue of Louis XII., by Jacquemart. In the interior is a *Musée*, with the ordinary collection of second-rate pictures. The very fine church of *S. Antoine* dates from the XII. c., but retains little of that time. The rest is chiefly rich XVI. c. gothic, but the very lofty choir and chevet are due to Pierre Dailly, XIV. c. The tracery of its parapets is very rich. A curious XI. c. font was brought from S. Corneille, and a stained window from the church of Gilocourt. The church of *S. Jacques*, so touchingly connected with the story of Jeanne Darc, was founded at the beginning of the XIII. c., but not finished till the XV. c. It was intended to have two towers, but only one was completed, and the portal which was to have connected them is also unfinished. The internal ornamentation is of XVIII. c. On the neighbouring Place du Change is a house where Henri IV. often stayed with his mistress, the Duchesse de Beaufort, to whom it belonged. The *Church of S. Nicholas*, attached to the Hôtel Dieu, contains a curious renaissance wooden altar-piece. In *S. Germain* is a beautiful *banc-d'œuvre* of 1587, which came from S. Jacques.

The *Château de Compiègne* is the fourth royal residence which has existed here. The first was that of Clovis and Charlemagne; the second was built by Charles le Chauve on the banks of the Oise; the third, on the present site, was that of Charles V.: the existing château was built by Gabriel for Louis XV. The architectural effect of the principal part recalls that of the Palais Royal at Paris, on the side towards the Louvre. It is approached through a grille from the great square.

The château is open to foreigners daily from 10 to 1; the public are freely admitted on Tuesdays, Thursdays, Saturdays, and Sundays at the same hours. On the ground floor is installed the *Musée Khmer*, of early Indian and Chinese monuments. The apartments, chiefly interesting from their association with Napoleon I. and III., are handsome, but have no especial importance. The *Galerie des Fêtes* has decorations in the style of the first Empire, by Girodet, and statues of Napoleon I. and Madame Mère, by

Canova. There is a large collection of indifferent pictures; those of the story of Don Quixote, by *Charles Coypel*, are amusing.

The *Gardens* cannot be entered through the palace. Emerging from the Cour d'honneur, one must turn to the left, where an open gate will soon be found on the left of the avenue. These unkempt gardens have a much greater look

CHATEAU DE COMPIÈGNE.

of the country than those of Versailles, and a long grass avenue, made by Napoleon I. in 1810, stretches away from them through the forest. The terrace is very handsome, lined with orange and palm-trees in tubs. The great N of Napoleon is often repeated on the façade of the palace on this side. At the end of the terrace, on the left, passing a grille, we find ourselves above the *Porte Chapelle*, built by

Philibert Delorme for Henri II., with a vaulted gallery under the terrace. It bears the monograms of Henri II. and Diane de Poitiers. Hence, an avenue leads to the *Cours*, along the river. Here we may see the moat of Charles V. and remains of the towers which defended it. Returning to the middle of the façade, and taking the staircase which descends to the park, we find to the left the berceau, 1,800 mèt. long, which Napoleon I. made to please Marie Louise, in imitation of that of Schoenbrunn.

The *Forest of Compiègne* (called, till 1346, *la forêt de Cuise*) was a favourite hunting-ground with the kings of France. Here a wild man, 'vêtu comme un loup,' was seized in the time of Charles IX. and brought to the king, and here Henri IV. narrowly escaped being carried off by Rieux, governor of Pierrefonds. An avenue, facing the château, leads to the heights called *Beaux-Monts*, from which and from the neighbouring hill called *Mont du Tremble*, there are good points of view. A more distant point for an excursion is the *Mont S. Marc*. This may be combined with a visit to the royal *Abbey of S. Corneille*, at the foot of the Beaux Monts. In this abbey, founded by Charles le Chauve in 876, Henri III. was buried, in accordance with his own desire, but was moved to S. Denis by the Duc d'Epernon. The abbey was totally destroyed at the Revolution. A road now traverses the nave of the church. Only part of the cloister remains, and is used as a barrack.

'Tout le monde connaît l'histoire du Grand-Ferré (1358), que les collecteurs d'anecdotes ont tirée de la belle chronique du continuateur de Nangis. Les habitants du village de Saint-Corneille et des villages voisins s'étaient retranchés dans un petit fort, voisin de l'abbaye de Saint-Corneille, sous le commandement d'un fermier nommé Guillaume l'Alouette, homme résolu et fort aimé dans le pays. Guillaume avait avec lui son valet de ferme, qu'on appelait le Grand-Ferré, espèce de géant d'une taille et d'une force prodigieuses, du reste aussi humble de cœur que simple d'esprit. Les aventuriers de la garnison de Creil envoyèrent un détachement pour prendre le fort de Saint-Corneille : les bandits entrèrent par surprise, et commencèrent par massacrer l'Alouette ; à cette vue, le Grand-Ferré prend une lourde hache, et suivi de les plus hardis paysans, il se jette sur les Anglais ; à chaque coup, il abattit un bras ou fendit une tête, et ses compagnons, l'imitant le leur mieux, frappaient sur les Anglais comme s'ils eussent battu leur blé dans aire : le Grand-Ferré en assomma plus de quarante à lui seul ; les autres s'enfuirent. Les paysans furent si fort enhardis par leur victoire, qu'un second détachement étant venu pour venger le premier, ils sortirent au devant des ennemis en pleine campagne. Les Anglais furent traités comme l'avaient été leurs devanciers. Les paysans ne voulurent prendre personne à rançon ; ils tuèrent tous ceux qu'ils purent attraper, "afin de les mettre hors d'état de mal faire."

'Cependant le Grand-Ferré s'était fort échauffé dans ce second combat : il but beaucoup d'eau froide et fut pris de la fièvre : il retourna dans son village et s'alita. Les gens de Creil apprirent bientôt sa maladie et dépêchèrent douze soldats pour le tuer ; mais le Grand-Ferré, averti par sa femme, eut le temps d'empoigner sa bonne hache et de sortir dans sa cour : "Ah, larrons !" cria-t-il aux Anglais, "vous croyez me prendre dans mon lit ; mais vous ne me tenez pas encore !" Il s'adossa au mur, leva sa hache cinq fois et abattit cinq Anglais morts sur la place ; les sept autres se sauvèrent à toutes jambes. Il se remit au lit et but encore de l'eau froide ; la fièvre redoubla ; il reçut les sacrements et mourut pleuré de tout le pays. Ses exploits en avaient fait un héros populaire.'—*Henri Martin,* '*Hist. de France.*'

A direct road leads from S. Corneille to *S. Pierre* (8 *k.* from Compiègne) with ruins of a priory founded by Charles le Chauve for Benedictines, replaced by Celestines in 1308. Below the ruins is *La Fontaine des Miracles*, supposed to remove barrenness.

From Compiègne most visitors will take the railway line to Villers-Cotterets, though there is a good road of 12 *k.* (omnibus) to—

96 *k. Pierrefonds* (Hotels, *des Bains*, prettily situated; *des Ruines*, good, less pretentious; *du Château*; *des Etrangers*.) One may dine at the *Restaurant du Lac*, which has a lovely view of the lake and the opposite hill, with every variety of forest green, and pink houses emerging from it. Pierrefonds is much frequented for its mineral waters, useful for rheumatism and throat affections; but of world-wide celebrity from its magnificent château, one of the finest existing fortresses of the middle ages. The original castle dated from the XI. c., but this was replaced by the existing château (1398-1406) by the Duc d'Orléans (brother of Charles VI.) who was assassinated in Paris by Jean sans Peur, in 1407. It was frequently besieged by the English and bravely defended against them. In 1588 it became the refuge of a band of brigands under the command of the brave Rieux, vainly besieged here by the Duc d'Epernon and afterwards by the Maréchal de Biron, but eventually taken whilst preparing to attack some public carriages and hanged at Compiègne. Under Louis XIII. the castle was commanded by one Villeneuve, who pillaged the country much as Rieux had done. He was besieged by Charles de Valois, Comte d'Auvergne, and the castle was dismantled by Richelieu. During the Revolution the ruins were sold for 8,100 fr. In 1813 they were purchased by Napoleon I., and their restoration was begun in 1858 under Viollet-le-Duc and carried out through twenty-eight years at the expense of the State, the vast works being rendered comparatively easy owing to the neighbourhood of quarries of the right kind of stone. Now the magnificent château is as complete as when it was finished in the XIV. c., everything ancient having been carefully

preserved and the old lines strictly followed out. The castle is open daily to the public, who are shown over it by warders, in large parties.

'Le château est à la fois une forteresse du premier ordre et une résidence renfermant tous les services destinés à pourvoir à l'existence d'un prince et d'une nombreuse garnison. Le donjon peut être complètement isolé des autres défenses. Il était l'habitation spécialement réservée au seigneur, et comprenait tous les services nécessaires : caves, cuisines, offices, chambres, garde-robes, salons et salles de réception. Le bâtiment qui renferme les grandes salles du château de Pierrefonds

PIERREFONDS.

occupe le côté occidental du parallélogramme formant le périmètre de cette résidence seigneuriale. Une fois casernées dans les salles de rez de chaussée, les troupes étaient surveillées par la galerie d'entre-sol qui se trouve au-dessus du portique, et ne pouvaient monter aux défenses que sous la conduite d'officiers. D'ailleurs ces salles sont belles, bien aérées, bien éclairées, munies de cheminées, et contiendraient facilement cinq cents hommes.'—*Viollet-le-Duc.*

The château forms an irregular square of 6,270 mèt. at

the end of a promontory from which it is separated by a moat. On each front are three great machicolated towers. There are two entrances to the outer wall, though from that nearest to the village only a steep footpath leads up the hill. Here, an outer gate and two drawbridges are passed, before entering the castle court close to the donjon tower. The Annunciation is sculptured on the front, S. Michael over the gate. On the right of the court is the chapel, on the door of which Viollet-le-Duc is himself represented as S. James of Compostella. In the interior the gallery pew for the inmates of the castle draws attention. A statue of the Duc d'Orléans stands opposite the perron which leads to the principal apartments. The *Grande Salle de Réception*, with squirrels holding shields of fleurs de lis over the chimney : the *Cabinet de Travail du Seigneur* ; the *Chambre à Coucher du Seigneur*, with its curious arrangement for the Garde de Nuit ; the chamber for the Knights of the Round Table, are some of those which have been magnificently restored, their ancient decorations having been reproduced as far as possible. Over the chimney of the *Salle d'Armes* are statues of the wives of *preux chevaliers*, restored from statues found in the ruins. From the towers there is a wide view over the forests of Compiègne and Villers-Cotterets. In the south-west tower are oubliettes, apparently veritable. The different arrangements for defence through the whole building are very interesting, and are well pointed out.

'Si les dispositions défensives du château Pierrefonds n'ont pas la grandeur majestueuse de celles du château de Coucy, elles ne laissent pas d'être combinées avec un art, un soin et une recherche dans les détails, qui prouvent à quel degré de perfection étaient arrivées les constructions des places fortes seigneuriales à la fin du xive siècle, et jusqu'à quel point les châtelains à cette époque étaient en défiance des gens du dehors.'—*Viollet-le-Duc.*

The village *Church* stands upon a crypt of 1060. The choir and chapels are of 1206, the nave and portal XV. c., the renaissance tower of 1552. There are remains of XIV. c. stained glass.

5½ *k.* from Pierrefonds, 8 *k.* from Compiègne, is the ruined gothic church of *S. Jean aux Bois*, occupying the site of the villa of Cuisa, which gave the forest its first name, where king Gonthran died in 562, saying—'Que pensez-vous que soit le roi du ciel, qui fait mourir de si grands rois?' It was Adelaide, mother of Louis VII., who built the convent and church for Benedictine nuns. The buildings were destroyed by the soldiers of Turenne. 2½ *k.*, at *S. Périnne*, are remains of a succursale of the abbey. Some of the finest oaks in the forest are near S. Jean aux Bois.

14 *k.* from Compiègne, traversing the whole forest, is *Morienval*, a hunting-lodge of king Dagobert, who founded a church and two monasteries there. The monastery for men was burnt by the Normans and rebuilt, as well as the church, in the X. c.

XI.

NANTOUILLET, DAMMARTIN, AND ERMENONVILLE.

THIS is a pleasant and easy day's excursion from the Gare du Nord. The best way is to take the 8.50 train, which does not stop till it reaches the station of Dammartin. Here the *courier* (a pleasant open omnibus) waits, and will take travellers to (2½ k.) *Juilly*, a village circling round a convent and the whitewashed buildings of a college of Oratorians, founded 1638. It possesses a statue of Cardinal de Bérulle, founder of the society here, and the heart of Henri d'Albret, King of Navarre, deposited at Juilly in 1555.

Probably the courier will go on to *Nantouillet*, but it is only 1 k. further. Here there are vast remains of the magnificent château built by the unpopular minister Duprat, who was chancellor under François I. After the death of his wife, ambition induced him to take orders, and in time he became cardinal-legate. On the death of Clement VII. he hoped to succeed to the papal throne through the influence of his patron, François I., and laid aside 400,000 fr. to spend in bribery for the purpose.

A stately renaissance gateway, near a huge brick tower, forms the approach to the château, which had a deep moat, formerly crossed by a drawbridge. Over the entrance is a storm-beaten statue, said to represent Jupiter, whom the founder—for a cardinal-legate—held in strange admiration, as is attested by the still legible inscription 'Jovi genitori et protectori.' The interior of the castle is now occupied as a farm, but has many renaissance details of ex-

PORTAL, NANTOUILLET

quisite beauty. Especially deserving of attention are the wide gate on the left of the court, the door represented in the woodcut, and a graceful staircase, with open windows towards the court. Amongst the ornaments, the salamander of François I., and the trefoils of Duprat are frequently repeated. The chimney-piece of the Salle des Gardes bears the arms of Duprat, and medallions with mythological subjects.

The omnibus from Juilly will take tourists back to the station, where they may find another omnibus, which also comes to meet the train, to (4 k. from station) *Dammartin* (Hotel *du Chemin de Fer*, a good country inn—excellent luncheon), a small town prettily situated on the ridge of a low hill. It was burnt down in 1230, according to the rhyming chronicle—

> L'an mil deux cents vingt et dix,
> Fut Dammartin en flamme mis.

It has two churches, the more important of which, founded 1480, has a good flamboyant entrance. In its beautiful choir, divided by two central pillars, and surrounded by oak stalls, is the fine altar-tomb of the founder, Antoine de Chabannes, the companion in arms of Lahire and Jeanne Darc, who became Count of Dammartin by his marriage with Marguerite de Nanteuil. It was Antoine de Chabannes who revealed to Charles VII. the conspiracy of his son, afterwards Louis XI., for which he fell into disgrace and had his property confiscated, as soon as that king came to the throne, though his possessions were afterwards restored, and he lived to become the trusted friend of the king. Pierre Lemire, who saved the church under the Terror, is buried close by. On the north-east of the town are some remains of the castle of Antoine de Chabannes, sold to Anne de Montmorency in 1554.

It is an easy drive of 8 k. (carriage for half-day, 8 fr.)

from Dammartin to Ermenonville, through an uninteresting country, but passing the renaissance church of *Orthis*, and *Eve*, where the church has a very good early-pointed tower. In a wooded hollow, close to the road, is the handsome moated XVIII. c. château of *Ermenonville*, belonging to Prince Radziwill. Here permission must be asked of the concierge, before following a path, along (on the other side of the road) the shore of an artificial lake, to an island at the further end, reached by a bridge. Here, under some poplars, is a tomb, still bearing its inscription to Rousseau— 'L'homme de la vérité et de la nature.' On a smaller island is the tomb of the painter G. F. Meyer, 1779. Not far distant, but on a separate property, is *La Cabane de J. J. Rousseau*, a cottage where he used to rest in his botanising excursions.

Ermenonville, which had previously belonged to the families of Orgemont and Montmorency, fell, in 1763, into the hands of the Marquis de Girardin, who had a natural talent for landscape gardening, and made it one of the prettiest places near Paris. He offered a retreat here, in 1778, to Jean Jacques Rousseau, then very failing in body and mind, who inhabited a little pavilion (now destroyed) near the château. Here he expatiated over the delights of the country, and gave botanical lessons to the children of his host. At the end of six weeks he had a fall, from which he injured his head, and died, July 3, 1778. He was buried the same evening by moonlight in the Isle of Poplars, which has been a place of sentimental pilgrimage ever since, though his remains were removed to the Pantheon, October 11, 1794. When Bonaparte visited the tomb of Rousseau, he said—' It would have been better for

France if this man had never existed !'—'And why, citizen consul?' asked Girardin. 'Because he paved the way for the French Revolution.' 'I think, citizen consul, that it is scarcely for you to complain of the Revolution.' 'Well, the future will learn that it would have been better for the repose of the world if neither Rousseau nor I had ever existed.'

A walk of two hours, through woods, leads from Ermenonville to Morfontaine (see Chap. IX.). Both places may be visited from Senlis, from which Ermenonville is 13 *k*. and Morfontaine 10 *k*. distant.

XII.

VINCENNES AND BRIE-COMTE-ROBERT.

VINCENNES, a short drive from Paris, is most easily reached by omnibus from the Louvre, the Bourse, or Place de la Bastille to Vincennes itself; or by the *Chemin de Fer de Vincennes* (Place de la Bastille) in 15 min. Those who wish to walk to the castle through the *Bois* may take the tramway from the Bastille to Charenton, descending at the Porte de Picpus; or may take the railway, and leave it at the station of Bel-Air, close to the Porte de Picpus. From the Porte de Picpus, the Avenue Daumesnil leads by the Lac Daumesnil to the fortress: or by the Chaussée du Lac (third turn, left) one may reach the Lac de S. Mandé, and follow the Route de la Tourelle from thence, and then the Route de l'Esplanade to the château.

From the station of Vincennes the Rue de Montreuil leads to the château.

The château is only shown in detail, from 12 to 4, to those furnished with a special order from the Minister of War. Strangers are always allowed to visit the chapel in the centre of the enclosure unattended. Artists are not allowed to draw without special permission.

The first castle of Vincennes was built by Louis VII., 1164. This was rebuilt by Philippe Auguste, and again by Philippe de Valois. In 1560 Catherine de Medicis began to add the Pavillons du Roi et de la Reine, which Louis XIV. united by covered galleries, forming a vast rectangle, flanked by nine outer towers. In the middle of the XVIII. c. the château ceased to be a royal residence, and it became in turn a china manufactory, a military school, and a manufactory of arms. It was put up for sale at the Revolution, but no one would buy it, and under Louis Philippe it was restored as a fortress and barrack.

Many historic recollections linger about the old castle. It was there that S. Louis received the Crown of Thorns from the Emperor Baldwin, and thence that he set out for his two crusades. Thither his body was brought back from the coast of Africa.

'Lorsque le roi était parti pour la Terre-Sainte, il était allé à Vincennes prendre congé de la reine. Au bout d'une année, on rapporta les restes de ce prince au donjon qu'il avait aimé. Rien de plus triste que le retour du jeune roi, Philippe III.; il avait pour cortège les dépouilles mortelles de Louis IX., son père; de Jean, son frère; de Thibaut, roi de Navarre, son beau-frère; d'Isabelle d'Aragon, sa femme; d'Alphonse, son oncle; et de Jeanne de Toulouse, sa tante; tous morts, soit en Afrique, soit en Italie, pendant cette funeste expédition.'—*Touchard-Lafosse,* '*Hist. de Paris.*'

It was at Vincennes that Enguerrand de Marigny, the powerful minister of Louis le Hutin, was tried for having misappropriated the public finances, and unjustly condemned to be hanged at Montfaucon, 1315. It was there that Louis X. (1316), Philippe V. (1322), and Charles IV. (1328) died. There Charles V. was born (1337) and passed the greater part of his life, and there Queen Isabeau de Bavière enjoyed her orgies.

Henry V., of England, after conquering the greater part of France, died at Vincennes, in his thirty-fourth year.

'Hung be the heavens with black, yield day to night !
. . . .
King Henry the Fifth too famous to live long !
England ne'er lost a king of so much worth.'
Shakspeare, '*Hen. VI.,*' Act i. sc. 1.

'Un de ses médecins, dont il avait "requis vérité," se jeta à genoux devant son lit et lui dit de penser à son âme, parce qu'il ne lui restait pas deux heures à vivre: Henri manda son confesseur et d'autres gens' d'église, et leur ordonna de réciter les sept psaumes de la pénitence. "Et, quand ce vint à *Benigne fac, Domine*, où il y a *muri Hierusalem*, il dit tout haut qu'il avoit eu l'intention, après qu'il auroit mis le royaume de France en paix, d'aller conquerre Jérusalem, s'il eût été le plaisir de son Créateur de le laisser vivre son âge." Puis, comme pour se rassurer lui-même en cette heure solennelle, il rappela que sa guerre de France avait eu l'approbation des "plus saints personnages," de tous les prélats d'Angleterre ; et qu'il l'avait poursuivie

DONJON OF VINCENNES.

sans offenser Dieu et sans mettre son âme en péril. "Et, assez *brief* ensuivant, il rendit l'esprit," 31 août, 1422.'—*Henri Martin*, 'Hist. de France.

'Son corps fut mis par pièces et bouilli dans un chaudron, tellement que la chair se sépara des os ; l'eau fut jetée dans un cimetière, et les os avec la chair furent mis dans un coffre de plomb, avec plusieurs espèces d'épices et de choses odoriférants et sentant bon.'—*Juvénal des Ursins*.

Louis XI. used Vincennes as a state prison, but his successor continued to reside there occasionally, and in 1574 it witnessed the miserable death-bed of Charles IX., in his twenty-fourth year, red from the Massacre of S. Bartholomew.

'Sa fin fut si misérable, que les écrivains huguenots eux-mêmes en témoignent quelque pitié. Son sommeil court et rare était troublé par des visions hideuses : épuisé par de violentes hémorragies, il s'éveillait parfois baigné dans son sang, et ce sang lui rappelait celui de ses sujets versés à grands flots par ses ordres ; il revoyait en songe tous ces cadavres flottant au fil de la Seine ; il entendait dans les airs des cris lamentables. La nuit d'avant sa mort, sa nourrice, qu'il aimait beaucoup, quoique huguenote, et qui veillait près de son lit, l'entendit se plaindre, pleurer et soupirer : "Ah ! nourrice," s'écriait-il, "que de sang et que de meurtres ! Ah ! que j'ai eu un méchant conseil ! O mon Dieu, pardonne-les-moi, et me fais miséricorde ! Je ne sais où je suis, tant ils me rendent perplexe et agité ! Que deviendra tout ceci [tout ce pays] ? Que deviendrai-je, moi, à qui Dieu le recommende ? Je suis perdu, je le sens bien !" Alors sa nourrice lui dit : "Sire, les meurtres et le sang soient sur la tête de ceux qui vous les ont fait faire et sur votre méchant conseil." Ses dernières paroles furent qu'il se réjouissait de ne laisser aucun enfant mâle qui portât la couronne après lui.'—*Henri Martin.*

Cardinal Mazarin died at Vincennes, March 3, 1661 ; but the death by which the castle is most remembered is that of the brave and innocent Duc d'Enghien, son of the Prince de Condé, treacherously seized on foreign soil, condemned without a trial, and executed at once by order of Napoleon I. in the night of March 20, 1804.

'On sortit de l'escalier par une porte basse qui ouvrait sur les fossés. Le cortège longea quelque temps dans l'obscurité le pied des hautes murailles de la forteresse, jusqu'aux soubassements du pavillon de la Reine. Quand on eut tourné l'angle de ce pavillon, qui dérobait une autre partie des fossés cachés par les murs, le prince se trouva, tout-à-coup, face-à-face avec les détachements de troupes postés pour le voir mourir. Le piquet de fusiliers commandés pour son supplice était séparé des autres soldats, et leurs fusils brillaient à quelques pas de lui. Quelques lanternes, portées à mains d'hommes, éclairaient le fossé, les murs et la tombe. Le prince s'arrêta au signe de ses guides ; il vit d'un regard son sort et ne pâlit pas.

'Il se tourna alors vers la groupe d'officiers et de gendarmes qui l'avaient précédé, et demanda à haute voix s'il n'y avait personne parmi eux qui voulût lui rendre un dernier service. Le lieutenant Noirot sortit du groupe et s'approcha. Sa démarche disait son intention. Le prince lui dit quelques mots à voix basse. Noirot, se retournant alors du côté des troupes : "Gendarmes," dit-il, "l'un de vous aurait-il des ciseaux sur lui ?" Les gendarmes cherchèrent dans leurs gibernes ; ils passèrent de mains en mains une paire de ciseaux au prince. Il ôta sa casquette, coupa une des mèches de ses cheveux, tira une lettre de son sein, ôta une bague de son doigt, plia les cheveux, la lettre et la bague dans une feuille de papier, et remit ce petit paquet, son seul héritage, au lieutenant Noirot, en le chargeant, au nom de sa situation et de sa mort, de le faire parvenir à la jeune princesse Charlotte de Rohan, à Ettenheim.

'Ce message de l'amour ainsi confié, il se recueillit un moment les mains jointes pour faire sa dernière prière, et recommanda à voix basse son âme à Dieu. Puis il fit de lui-même cinq ou six pas pour venir se placer en face du peloton dont il voyait luire les armes chargées. La lueur d'une grosse lanterne à plusieurs chandelles placée sur le petit mur d'appui qui dominait la fosse ouverte, rejaillissait sur lui et éclairait le tir des soldats. Le peloton se retira de quelques toises pour mesurer le distance ; l'adjutant commanda le feu ; le jeune prince, frappé comme de la foudre, tomba sans un cri et sans un mouvement contre terre. Trois heures du matin sonnaient aux horloges du château.

'Son chien, qui l'avait suivi dans le fossé, hurlait et se précipitait sur son corps. On arracha avec peine le pauvre animal, qui fut remis à un des serviteurs du prince et ramené à la princesse Charlotte ; seul messager de cette tombe où dormait celui qu'elle ne cessa de pleurer !

'On le coucha tout habillé dans la fosse creusée sous le mur. Son sang criait et criera de siècle en siècle contre son meurtrier.'—*Lamartine.*

'Interrogé de nuit, jugé de nuit, le duc d'Enghien a été tué de nuit. Cet horrible sacrifice devait se consommer dans l'ombre, afin qu'il fût dit que toutes les lois avaient été violées, toutes, même celles qui prescrivaient la publicité de l'exécution.'—*Dupin.*

It was in the moat, on the side towards the esplanade, to

the right of the drawbridge, in the angle formed by the Tour de la Reine, that the crime was committed. A red granite column, inscribed 'Hic cecidit,' marked the spot till the revolution of July, when it was destroyed.

Vincennes is a fortress rather than a château. The outline of the enclosure, keep, towers, and curtain walls —a splendid example of a military work of the XIV. c., prove that a regular form was then adopted wherever the site allowed. Though considerable walls have been added at later times, it is still easy to detach the XIV. c. fortress from its additions.

Entering the gates, we find, on the left of the great court, the Salle d'Armes, the Chapel, and the Pavillon de la Reine; on the right, the Donjon and the Pavillon du Roi.

The *Chapel* (the successor of those built by S. Louis and Philippe de Valois) was founded by Charles V. in 1379, and finished by Henri II. in 1552.

'A Vincennes, une tribune large est portée par une voûte au-dessus de l'entrée ; elle occupe toute la première travée. Les statues des apôtres et de quatre anges, derrière l'autel, étaient, à Vincennes comme à Paris, adossées aux piliers, à la hauteur de l'appui des fenêtres, supportées par des culs-de-lampe et surmontées de dais. Les murs d'appui sous les meneaux n'étaient point décorés d'arcatures à Vincennes, mais probablement garnis autrefois de barres de bois avec des tapisseries. Les fenêtres de l'abside ont seules conservé leurs vitraux, qui ont été peints, au xvie siècle, par Jean Cousin, et représentent le Jugement dernier. Parmi les vitraux de la renaissance, ceux-ci peuvent prendre le premier rang ; ils sont bien composés et d'une belle exécution. Le comble de la sainte Chapelle de Vincennes, construit en bois de chêne, et combiné avec une grande perfection, ne fut jamais surmonté que d'une flèche fort petite et simple, qui n'existe plus.'— *Viollet-le-Duc.*

In the stained glass of the Last Judgment (saved during the Revolution, in the Musée des Petits-Augustins), the figure of Diane de Poitiers is pointed out—naked, her golden hair encircled by a blue riband. In the former sacristy (left of choir) is the tomb, by Deseine, erected by Louis XVIII. to the Duc d'Enghien, whose body, buried on the spot where he fell, was then exhumed from the moat and brought to the chapel. The Duc de Bourbon, who

CHAPEL OF VINCENNES.

died at S. Leu in August 1830, vainly implored in his will to be buried here by his son.

The donjon is a lofty square tower, with a turret at each angle. It is five stories high, and when the castle was a royal residence, the king occupied the first floor, the queen and her children the second, the rest of the royal family the third, the guards and servants the fourth and fifth. Some of the panelling and wood-carving of the royal apartments is now to be seen in the Salles Historiques of the Louvre. Amongst the many illustrious prisoners immured here were the leaders of the Fronde (1650), of whom the Prince de Condé amused himself by the cultivation of flowers, which produced the verses of Mlle de Scudéry :—

> 'En voyant ces œillets, qu'un illustre guerrier
> Arrose d'une main qui gagne des batailles,
> Souviens-toi qu'Apollon bâtissait des murailles,
> Et ne t'étonne pas que Mars soit jardinier.'

The quietist Mme Guyon, the friend of Fénelon, was imprisoned here in 1695, and composed a great volume of mystic verses here.[1] Diderot, author of the *Pensées philosophiques*, was imprisoned here in 1749, and Mirabeau in 1777, who wrote several of his works during his three years' incarceration. He thus describes the introduction of a prisoner to Vincennes :—

> 'La faible lueur d'une lampe vraiment sépulcrale éclaire les pas du captif; deux conducteurs, semblables à ces satellites infernaux que les poètes placent dans le Ténare, guident sa marche ; les verrous sans nombre frappent ses oreilles et ses regards : des portes de fer tournent sur leurs gonds énormes, et les voûtes retentissent de cette lugubre harmonie. Un escalier tortueux, étroit, escarpé, allonge le chemin et multiplie les détours ; la lumière tremblante qui perce avec effort dans cet océan de ténèbres, et laisse à percevoir partout des cadenas, des verrous et des barres, augmente l'horreur d'un tel spectacle et l'effroi qu'il inspire. Le malheureux arrive enfin dans son repaire ; il y trouve un grabat, deux chaisses de paille et souvent de bois, un pot presque toujours ébréché, une table enduite de graisse . . . . et quoi encore ? rien ! Imaginez l'effet que produit sur son âme le premier coup d'œil qu'il jette autour de lui.'—*Lettres de cachet*.

Before the Revolution visitors were often admitted to the prisons at Vincennes, and could read upon the walls

---

[1] Voltaire.

such inscriptions as, 'Il faut mourir, mon frère, il faut mourir, quand il plaira à Dieu;' 'Beati qui persecutionem patiuntur propter justitiam, quoniam ipsorum est regnum coelorum;' and, over the door, 'Carcer Socratis, templum honoris.' The holy Jansenist leader, M. de S. Cyran, was imprisoned and composed many of his most important works here.

The *Manufacture royale de Porcelaine de France* was founded in 1753 by Louis XV. at the instance of Mme de Pompadour, and from its origin was occupied in the manufacture of flowers in china.

'Ce goût désordonné de la porcelaine fit épanouir toute une flore; des parterres entiers, avec toutes leurs variétés de plantes, sortirent des fours de Vincennes et vinrent s'animer dans des mains d'habiles ouvriers, qui forgèrent une végétation de bronze pour ces fleurs d'émail.' *Courajod.*

The *Bois de Vincennes*, terribly curtailed of late years, is the especial 'promenade du peuple.' Six railway stations, on the Vincennes Brie-Comte-Robert line give access to it; that of Nogent or Fontenay is nearest to the Lac des Minimes, that of Joinville-le-Pont to the Faisanderie. The Rue de Paris leads from the château to the eastern part of the Bois, containing (2 k.) *Les Minimes*, where a pretty lake with islands and cascades occupies the site where a religious house, founded by Louis VII., once stood. Here the Duc de Montpensier gave a famous fête, July 6, 1847. On Sunday afternoons in summer the Bois is crowded. Under every tree, along the edge of every lawn, by the bank of every stream, are family picnic parties, easily satisfied and intensely happy. Stolid Englishmen are astonished at the eagerness with which grown-up people are playing at ball or battledore. Nowhere is the light-hearted, kindly, cheery character of the French middle classes seen to greater advantage. In England such a scene would be an orgy; here all is quiet enjoyment—coarseness, drunkenness, roughness are unknown. It was during a shower of rain in the park of Vincennes, when all the rest of the Court had hurried to take shelter, that Louis XIV. lingered by the side of Mlle de la Vallière, and declared his love to her.

From Vincennes a line leads in a little more than one hour to Brie Comte-Robert, passing—

9 *k. Nogent-sur-Marne*, where Charles V. built a château— 'un moult notable manoir,' called the Château de la Beauté, —where he died (1380); it was destroyed in the XVI. c. In 1721 the painter Antoine Watteau died here, saying to the curé of Nogent, who held a common crucifix before his closing eyes, 'Otez-moi cette image ! Comment un artiste a-t-il pu rendre si mal les traits d'un Dieu ?'

13 *k. S. Maur-Port-Créteil.* — A famous Benedictine abbey was founded at *S. Maur-les-Fossés*, in the reign of Clovis II., and dedicated to S. Peter, but changed its name in 868, when the monks of Grandfeuille in Anjou fled thither from the Normans, bringing with them the wonder-working body of S. Maur, which was henceforth invoked here every June 24, by vast multitudes shouting 'S. Maur, grand ami de Dieu, envoyez-moi guérison, s'il vous plait !'

On the death of Henry V. of England at Vincennes in 1423, his entrails were buried at S. Maur. The abbey was secularised in the XVI. c. by the bishop of Paris, when its monks were replaced by eight canons, of whom François

Rabelais was one. Bishop Jean de Bellay employed Philibert Delorme to build him, on the site of the abbey, a palace, which was sold to Catherine de Medicis in 1536. From the last Valois, the château passed to Charlotte de la Trémouille, and from her, by marriage, to the house of Condé. The relics which had belonged to the abbey were removed to S. Germain des Prés at Paris, and the XI. c. reliquary of S Maur is now in the Louvre. The château perished in the Revolution.

17 k. *La Varenne S.-Maur.*—On the opposite side of the Marne is *Chennevières*, in a situation so admirable that Louis XIV. thought of making it the royal town before he decided to build at Versailles. An avenue leads to the very picturesque château of *Ormesson*, built (XVI. c. and XVII. c.) in a lake, and connected by two bridges with the main land.

20 k. *Sucy-Bonneuil.*—The *Château de Sucy*, of 1640, belonged to the Maréchal de Saxe, and his chamber retains the furniture of his time. In the neighbourhood are the château of *Chaud-Moncel*, which belonged to the royalist 'dames de Sainte-Amaranthe,' guillotined on accusation of plotting against the life of Robespierre, and the château de *Montaleau*, which belonged to the Abbé de Coulanges, and where Mme de Sévigné lived from her sixth to her twelfth year. 'Vous ai-je mandé,' she wrote late in life to her daughter, 'que je fus l'autre jour à Sucy. Je fus ravie de voir cette maison où j'ai passé ma plus belle jeunesse; je n'avais point de rhumatismes en ce temps-la!'

22 k. *Boissy-S.-Léger.*—Close by, on the left of the line, is the very handsome moated *Château de Gros-Bois*, built by the arrogant Charles de Valois, Duc d'Angoulême,

bastard of Charles IX. and Marie Touchet. Wishing to enlarge his park at the expense of the village, but being opposed by the curé, who refused to allow the church to be pulled down, he took advantage of a processional pilgrimage in which the whole parish was engaged, to set such a vast number of soldiers to work, that when the priest and his congregation returned, no sign of the church remained, and its site was already enclosed within the park walls. In the XVIII. c., Monsieur, Comte de Provence, was the owner of Gros-Bois. When it was sold by the nation, it was bought by Barras, who was succeeded in turn by Moreau, Fouché, and Berthier. It still belongs to the son of the Maréchal Prince de Wagram, and is filled with historic relics of the Empire.

20 *k. Villecresnes.*—A little south is the *Château de Cercay*, which was the residence of M. Rouher, the favourite minister of Napoleon III.

36 *k. Brie-Comte-Robert* (Hotel *de la Grâce de Dieu*); named from Robert of France, fifth son of Louis le Gros. It retains some ruins of a XII. c. *Castle.* The *Church*, of the XII. c. and XIII. c., was modernised in the XVI. c. In the chevet, which ends in a straight wall, is a fine rose window, with XIII. c. glass, representing the months. The side chapels are XIV. c. and XVI. c. In the north aisle is a XIII. c. tomb, with the figure of a warrior. The tower is XIII. c. The *Hospital* has a gothic portal, with six arches of the XIII. c.

XIII.

MEAUX.

THE station of the *Chemin de Fer de l'Est* or *de Strasbourg* is close to the Gare du Nord and to the Boulevard Magenta. The scenery of the line is exceedingly bare and ugly. It passes through the *banlieue* of Paul de Koch, described in so many of his novels, but now built over and blackened, to—

11 *k*. *Bondy*, near the forest of Bondy, where Childeric II., king of Austrasia, is supposed to have been murdered in 673. The Avenue de l'Abbaye leads to the site of the *Abbey of Livry*, founded 1200, whither Mme de Sévigné often retired, and whence she wrote—

'Mardi Saint. 24 mars, 1671. Il y a trois heures que je suis ici, dans le dessein de me retirer du monde et du bruit : jusqu'à jeudi au soir, je prétends être en solitude. Je fais de ceci une petite Trappe ; je veux y prier Dieu, y faire mille réflexions : j'ai résolu d'y jeûner beaucoup.'

The small remains of the abbey are now an orphanage ; the gardens are cut up and destroyed. At the Restoration the château of Livry belonged to the Comte de Damas, the faithful friend of Louis XVIII., who slept here April 11, 1814, the day before his entry into Paris.

13 *k*. *Le Raincy* (Rinciacum), where, in the XVII. c., Jacques Bordier built a magnificent château on the site of

a Benedictine abbey. In 1750 the Duc d'Orléans made here a park which is described in the stilted verses of Delille. Under the first empire the château belonged to Marshal Junot, whose wife (Duchesse d'Abrantès) describes the first interview of Jerome Bonaparte with his second wife, Princess Catherine of Wurtemburg, which took place there under her auspices. Napoleon I. afterwards imperiously forced the Duke d'Abrantès to give up the château to him. It was pulled down under Louis Philippe, and the park has since been cut up and destroyed. The fine marble busts of Henri II., Charles IX., Henri III., and Henri IV., now in the Louvre, formed part of the decorations of Raincy.

15 *k. Villemouble-Gagny* —The church of *Gagny* dates partly from the XIII. c. 2 *k.* distant (omnibus, 30 c.) is *Montfermeil,* celebrated by Victor Hugo and Paul de Koch, but the place is much changed of late years.

'Aujourd'hui, c'est un assez gros bourg orné, toute l'année, de villas en plâtre, et, le dimanche, de bourgeois épanouis.'—*Les Misérables.*

19 *k. Chelles,* where the early kings of France had a palace, stained, in the VI. c., by the crimes of Fredegonde, who murdered the last of her stepsons at Noisy, on the opposite bank of the Maine, in 580. The great stone called *Pierre de Chilpéric* once sustained the *Croix de Sainte-Bauteur,* marking the spot where Fredegonde caused her husband Chilperic to be assassinated. That morning he had come playfully behind her whilst she was dressing her hair, and had given her a rap with his cane. 'Pourquoi me frappes-tu ainsi, Landri?' she had exclaimed, thinking that it was the Maire du Palais, her favoured lover of the moment. The king then went off abruptly to the chase, and

she felt that he must never return. Dagobert I., Clovis II., and his son lived at the *villa regalis* of Chelles, Clotaire III. died there, and Robert II. (le Pieux) convoked meetings of bishops there. The palace fell into decay under the last Capetian kings, but the abbey, founded by S. Clotilde in the beginning of the VI. c. and rebuilt by S. Bathilde, wife of Clovis II., flourished till the great Revolution, and counted Gisela, sister of Charlemagne, amongst its many abbesses of royal birth. Little remains of it now, except some wood carvings in the church and some reliquaries containing bones of S. Bathilde, S. Bertille, &c. When Louis XIV. was inspired with his sudden passion for Mlle de Fontanges, amongst the benefits heaped upon her family, he made her sister abbess of Chelles, a dignity usually conferred upon the daughters of princes or dukes.

'6 avril, 1680. Mme de Fontanges est duchesse avec vingt mille écus de pension; elle en recevoit aujourd'hui les complimens dans son lit. Le roi a été publiquement; elle prend demain son tabouret, et s'en va passer le tems de Pâques à une abbaye, que le roi a donnée à une de ses sœurs. Voici une manière de séparation qui fera bien de l'honneur à la sévérité du confesseur. Il y a des gens qui disent que cet établissement sent le congé; en vérité, je n'en crois rien, le tems nous l'apprendra. Voici ce qui est à présent: Mme de Montespan est enragée; elle pleura beaucoup hier; vous pouvez juger du martyre que souffre son orgueil.'—*Mme de Sévigné.*

To this abbey, a few months later, her health and power broken, Mlle de Fontanges came as a refuge.

'7 juillet, 1680. Mme de Fontanges est partie pour Chelles. Elle avoit quatre carrosses à six chevaux, le sien à huit; toutes ses sœurs y étoient avec elle; mais tout cela si triste qu'on avoit pitié; la belle perdant tout son sang, pâle, changée, accablée de tristesse; méprisant quarante mille écus de rente, et un tabouret qu'elle a, et voulant la santé et le cœur du roi, qu'elle n'a pas. Je ne pense pas qu'il y ait un exemple d'une si heureuse et si malheureuse personne.'

'1 sept. 1680. Nous aurions entendu de notre abbaye [de Livry] les triomphes, les fanfares et la musique de Chelles, au sacre de l'abbesse. On dit que *la belle beauté* a pensé d'être empoisonnée, et que cela va droit à demander des gardes ; elle est toujours languissante, mais si touchée de la grandeur, qu'il faut imaginer précisément le contraire de cette petite violette [Mme de la Vallière] qui se cachoit sous l'herbe, et qui étoit honteuse d'être maîtresse, d'être mère, d'être duchesse ; jamais il n'y aura sur ce moule.'—*Mme de Sévigné.*

Louise Adélaïde de Chartres, daughter of the Duc d'Orléans and granddaughter of Louis XIV. and Mme de Montespan, became Abbess of Chelles in 1719. Her grandmother, Elizabeth Charlotte, writes—

'Elle persiste dans son projet de se faire religieuse ; il me semble qu'elle convient mieux au monde. . . . Mais c'est une folie qui s'est plantée dans sa tête. Elle a pourtant de vrais goûts de garçon ; elle aime les chiens, les chevaux, les cavalcades ; toute la journée elle manie la poudre, fait des fusées et d'autres feux d'artifice ; elle a une paire de pistolets avec lesquels elle tire sans cesse. Elle n'a peur de rien au monde : elle n'aime de ce qui plaît aux femmes : elle fait même peu de cas de sa figure. Voilà pourquoi je ne saurais m'imaginer qu'elle soit bonne religieuse.'—*Mémoires de Madame.*

The abbey was totally destroyed at the Revolution, and the tombs of Clotaire, Bathilde, and the numerous princesses who had reigned as abbesses perished with it. A few statues which belonged to the abbey ornament the parish church.

45 *k. Meaux* (Hotel *du Grand Cerf ; des Trois Rois*), in the flourishing and prosperous *pays Meldois*—a vast fruit and vegetable garden, an attractive old city, worth staying to see. The *Cathedral* is seen from the station, rising above the trees of the pleasant public walks. It was begun in the XII. c., but was only finished in the XVI. c. On the

north-west is a massive square tower. The interior, of the XV. c. and XVI. c., is exceedingly beautiful and harmonious; faultless as far as it reaches, it impresses more than many grander buildings.

In the right aisle of the choir is the monument by Buixiel (1822) of Bossuet, the most illustrious bishop of Meaux; he is buried at the entrance to the sacristy.

'C'était un homme dont l'honneur, la vertu, la droiture, étaient aussi inséparables que la science et la vaste érudition. Sa place de précepteur de Monseigneur l'avait familiarisé avec le roi, qui s'était adressé plus d'une fois à lui dans les scrupules de sa vie. Bossuet lui avait souvent parlé là-dessus avec une liberté digne des premiers siècles et des premiers évêques de l'église. Il avait interrompu le cours du désordre plus d'une fois; il avait osé poursuivre le roi, qui lui avait échappé. Il fit à la fin cesser tout mauvais commerce, et il acheva de couronner cette grande œuvre par les derniers coups qui chassèrent pour jamais Mme de Montespan de la cour.'—*S. Simon*, '*Mémoires*.'

In the left choir aisle is the tomb of Philippe de Castille, son of the Seigneur de Chenoise, 1627, with his kneeling figure; and, opposite, the beautiful flamboyant portal called Porte Maugarni.

Entered to the left of the cathedral façade is the *Evêché*, of the XV c. and XVI c. Visitors are admitted by the portress to the charming old-fashioned garden behind the palace, designed by Lenôtre, covered with snowdrops in early spring. It is backed by a sunny terrace upon the walls, ending in a pavillon, where Bossuet spent much of his time, but which is no longer furnished. Here were composed many of those sermons (which began in improvisations at the Hôtel de Rambouillet) in which, with thorough knowledge and use of the Fathers, and in kingly splendour of style, the great bishop chiefly aimed at upholding the majesty of the Church doctrines, and making of theological dogma a living reality. He is, however, almost better known by his funeral orations than by his sermons, though they are more artificial, and their high-sounding phrases would now be unendurable.

'The Evêché is full of historic associations, besides being very curious in itself. Here have slept many noteworthy personages— Louis XVI. and Marie Antoinette, when on their return from Varennes, June 24, 1791; Napoleon in 1814; Charles X. in 1828; later,

LA MAÎTRISE, MEAUX.

General Moltke in 1870, who said on that occasion, "In three days, or a week at most, we shall be in Paris," not counting on the possibilities of a siege.'—*Holidays in Eastern France.*

Behind the cathedral is the curious building, of the XIII c., called *La Maîtrise*. The bridges across the Marne are covered with mills, some of them very old and picturesque.

XIV.

FONTAINEBLEAU.

THE Chemin de Fer de Lyon (for Fontainebleau) starts from the Boulevard Mazas. It passes—

1 *k.* (right), the village of *Conflans*, where the libertine archbishop of Paris, Harlay de Champvalon, built a château, in which he died August 6, *1695*, when Mme de Coulanges wrote to Mme de Sévigné: 'Il s'agit maintenant de trouver quelqu'un qui se charge de l'oraison funèbre. On prétend qu'il n'y a que deux petites bagatelles qui rendent cet ouvrage difficile : la vie et la mort.' The château continued to be the residence of the archbishops before and after the Revolution, till a service at S. Germain l'Auxerrois (Feb. 13, 1831), in honour of the Duc de Berry, led to an insurrection in which it was sacked. The buildings are now occupied by a convent.

5 *k. Charenton-le-Pont*, a position which has often proved of great military importance in defending or attacking Paris. Here was the famous *Temple des Protestants*, authorised by Henri IV., capable of containing 14,000 persons, where the Calvinists held their synods; it perished at the revocation of the edict of Nantes. A little hospital of twelve beds, founded by Sébastien Leblanc in 1642, was the origin of the enormous *Hospital and Lunatic Asylum* of Charenton—the Bedlam of France.

7 k. Maisons-Alfort.—Maisons is remarkable for its magnificent *Ecole vétérinaire*, founded 1766. There is a tramway hence to (*4 k.*) *Créteuil*, where Odette de Champdivers, mistress of Charles VI., had a manor. The church is partly of the XIII. c., and has a fine west tower serving as a porch.

15 k. Villeneuve-S.-Georges.—Above the village is seen the *Château de Beauregard*, which belonged to Claude le Pelletier, Controller of Finances after Colbert.

18 k. Montgeron.—At *Crosne*, 1 *k.* distant, Boileau was born, at No. 3, Rue Simon, which is inscribed—

> 'Ici naquit Boileau, ce maître en l'art d'écrire,
> Il arma la raison des traits de la satire,
> Et, donnant le précepte et l'exemple à la fois,
> Du goût il établit et pratiqua les lois.'

2½ *k.* east is *Yeres*, where the château belonged in the XIV. c. to the family of Courtenay, then to that of Budé. To the latter belonged Guillaume Budé, the learned secretary of Charles VIII., of whose house the stately entrance, flanked by round brick towers, remains in the village. A spring, which was formerly in his garden, is called the Fontaine Budé, and bears a poetical inscription.

At *L'Abbaye* (1 *k.*) are considerable remains of the Benedictine Abbey, founded in 1132 by the Comtesse d'Etampes, sister of Louis le Gros. Marie de Pisseleu, sister of the famous Anne, Comtesse d'Etampes, became its abbess in the XV. c. The buildings are now occupied by a woollen factory. A beautiful XV. c. portal remains. Few fragments exist of the convent of *Camaldules*, founded by the Duc d'Angoulême, bastard of Charles IX., on the hill above the village. 2 *k.* distant is the ancient *Château de la Grange*, a very handsome brick and stone building, flanked by five towers, of the time of Henri IV. It belonged to the widow of Henri de Guise, murdered by Henri III., and afterwards to Louis XIII. (under whom it was called Grange-le-Roi); then to the Maréchal de Saxe, the victor of Fontenoy. The ivy on the façade was planted by Fox, when he came here to visit La Fayette, after the peace of Amiens.

26 *k. Brunoy.*—The old château of François de la Rochefoucauld, celebrated in the wars of the Fronde, was rebuilt in 1722 by the financier Paris de Montmartel, whose son Jean Paris, Marquis de Brunoy, squandered his large fortune in eccentricities.

'A la mort de son père, il voulut que tout fût en deuil autour de lui, les choses comme les gens. Ses domestiques durent s'habiller de serge noire, chaque habitant reçut six aunes de la même étoffe et les statues de son parc en furent vêtues. Un immense crêpe enveloppa le château. Les arbres portèrent des pleureuses ; les bassins, les cascades s'emplirent d'eau noircie ; on jeta des flots d'encre dans la rivière et dans le canal ; l'église fut peinte en noir ; les vaches, les moutons, les poules furent teintes du noir.'—*Louis Barron,* '*Les Environs de Paris.*'

After the ruin of the marquis, Brunoy was bought by Monsieur, brother of Louis XVI. Château and park were alike destroyed at the Revolution. In 1815, after the battle of Waterloo, Louis XVIII. conferred the title of Marquis de Brunoy upon the Duke of Wellington.

45 *k. Melun* (Hotel *du Grand-Monarque; du Commerce*), prettily situated on the Seine, was a favourite residence of the kings of France from the XI. c. Their castle, at the east end of the island in the Seine was the place where Philippe I. died ; where S. Louis celebrated the marriage of his daughter Isabelle with Thibaut of Navarre, and which was besieged by Henry V. of England in 1420.

The château was inhabited by Louis XIV. as a boy, but was totally demolished in 1740. The market-place has a large fountain. Of the churches which remain, *S. Aspais*, in the main street, with good stained glass, is XV. c.; *Notre Dame*, near the river, was founded in the X. c., and has two romanesque west towers. At the east end of the town is the *Château de Vaux-le-Pény*. Jacques Amyot, the learned bishop of Auxerre, was a native of Melun.

STREET AT MELUN.

6 k. north-east, by a walk or drive across a dreary upland plain, is the noble *Château de Vaux-Praslin*, built by Fouquet, the famous 'surintendant de finances' under Cardinal Mazarin, with magnificent gardens laid out by Lenôtre, and internal decorations by Mignard and Charles Lebrun.

'Le palais et les jardins de Vaux avaient coûté dix-huit millions, qui en valent aujourd'hui environ trente-cinq : Fouquet avait bâti le palais deux fois, et acheté trois hameaux, dont le terrain fut enfermé dans ces jardins immenses, plantés en partie par Lenôtre, et regardés alors comme les plus beaux de l'Europe. Les eaux jaillissantes de Vaux, qui parurent depuis au-dessous du médiocre après celles de Versailles, de Marly, et de Saint-Cloud, étaient alors des prodiges ; mais, quelque belle que soit cette maison, cette dépense de dix-huit millions, dont les comptes existent encore, prouve qu'il avait été servi avec aussi peu d'économie qu'il servait le roi. Il est vrai qu'il s'en fallait beaucoup que Saint-Germain et Fontainebleau, les seules maisons

CHÂTEAU DE VAUX-PRASLIN

de plaisance habitées par le roi, approchassent de la beauté de Vaux : Louis XIV. le sentit, et fut irrité. On voit partout dans cette maison les armes et la devise de Fouquet ; c'est un écureuil avec ces paroles, "Quo non ascendam ?" "Où ne monterai-je point ?" Le roi se les fit expliquer : l'ambition de cette devise ne servit pas à appaiser le monarque. Les courtisans remarquèrent que écureuil était peint partout poursuivi par une couleuvre, qui était les armes de Colbert. La fête fut au-dessus de celles que Cardinal Mazarin avait données, non seulement pour la magnificence, mais pour le goût : on y représenta pour la première fois le Fâcheux de Molière : Pélisson avait fait le prologue, qu'on admira. Les plaisirs publics cachent ou préparent si souvent à la cour des désastres particuliers, que, sans la reine-mère, le surintendant et Pélisson auraient été arrêtés dans Vaux le jour de la fête.'—*Voltaire*, '*Siècle de Louis XIV.*'

The glories of the château are celebrated in the 'Songe de Vaux' of La Fontaine :—

'Tout combattit à Vaux pour le plaisir du roi :
La musique, les eaux, les lustres, les étoiles.'

Yet, eighteen days after his fête, Fouquet was arrested at Nantes, and imprisoned for life at Pignerol by order of the king. The Duc de Praslin, minister of Louis XIV., purchased the property, and it will ever be thought of in connection with the murder of the unhappy Duchesse de Praslin, daughter of Maréchal Sebastiani, which occurred in Paris in 1847.

The château rises nobly from its wide moat, surrounded by vast terraces. The *Cour d'Honneur* has a vast *avant-cour*, lined by *les communs*. It may be all seen through the grille which separates it from the road, inside which the sugar-refiner, who has bought the château from its aristocratic and liberal owners, allows no visitors.

4 *k.* west of Melun, near *Dammarie-les-Lys*, which has a church dating partly from the XII. c., are the very picturesque ruins of the XIII. c. *Abbaye du Lys.*

51 *k. Bois-le-Roi.*—A little east of this, beyond the curve of the Seine, is the little village of *Fontaine-le-Port*, near which was the famous abbey of Barbeaux, founded by Louis le Jeune in 1147. The church, which contained the fine tomb of Louis VII., was demolished at the Revolution, but the body of the king, wrapped in its silken shroud, was concealed by a curé, and removed to S. Denis in 1817.

59 k. Fontainebleau.

The town is 3 *k.* from the station; omnibus, 30 c. Hotels—*de France et d'Angleterre*, facing the château; *de l'Europe*, close by and very good; *de Londres*; *Bristol*; *l'Aigle Noir*. Carriages—two horses, 4 f. first hour, 3 f. second hour; one horse, 3 f. first hour, 2 f. second hour. By the day: two horses, 20 f., one horse, 10 f.

ABBAYE DU LYS

The dull town is much frequented in the summer for the sake of its park and château—

> 'Chasteau qui s'appelle
> Du gracieux surnom d'une fontaine belle.'

Louis le Jeune, who dated his acts of 1137 and 1141 'apud fontem Bleaudi,' was probably the first king of France who lived here; S. Louis could still sign his ordinances 'Donné en nos déserts de Fontainebleau,' though, after a fashion, the kings of France continued to make the place a residence.

Philippe le Bel, Louis (X.) le Hutin, Philippe V. and Charles IV. were all born in the palace, and there Philippe le Bel died (as was believed, from the Templars' curse), in November 1328—'His face was still fair when it began to pale from some nameless disease, for he had neither fever nor visible malady.' Philippe V. also died at Fontainebleau.

But the golden age of Fontainebleau came with the Renaissance and François I., who wished to make Fontainebleau the most glorious palace in the world. 'The Escurial!' says Brantôme, 'what of that? See how long it was of building! Good workmen like to be quick finished. With our king it was otherwise. Take Fontainebleau and Chambord. When they were projected, when once the plumb-line, and the compass, and the square, and the hammer were on the spot, then in a few years we saw the Court in residence there.'

Il Rosso was first (1531) employed to carry out the ideas of François I. as to painting, and then Sebastian Serlio was summoned from Bologna in 1541 to fill the place of 'surintendant des bastiments et architecte de Fontainebleau.' Il Rosso—Giovambattista—had been a Florentine pupil of Michelangelo, but refused to follow any master, having, as Vasari says, 'a certain inkling of his own.' François I. was delighted with him at first, and made him head of all the Italian colony at Fontainebleau, where he was known as 'Maître Roux.' But in two years the king was longing to patronise some other genius, and implored Giulio Romano, then engaged on the Palazzo del Té at Mantua, to come to him. The great master refused to come himself, but in his place sent the Bolognese Primaticcio, who became known in France as Le Primatice. The new-comer excited the furious jealousy of Il Rosso, whom he supplanted in favour and popularity, and who, after growing daily more morose, took poison in 1541. Then Primaticcio, who, to humour his rival, had been sent into honourable exile (on plea of collecting antiquities at Rome), was summoned back, and destroyed most of Il Rosso's frescoes, replacing them by his own. Those that remain are now painted over, and no works of Il Rosso are still in existence (unless in engravings) except some of his frescoes at Florence.

With the Italian style of buildings and decorations, the Italian system of a Court adorned by ladies was first introduced here under François I., and soon became a necessity.

'Bien souvent ay-je veu nos roys aller aux champs, aux villes et ailleurs, y demeurer et s'esbattre quelques jours, et n'y mener point les dames ; mais nous estions si esbahis, si perdus, si faschez, que pour huict jours que nous faisions de séjour séparez d'elles et de leurs beaux yeux, ils nous paroissoient un an et toujours à souhaitter : "Quand serons-nous à la court ?" n'appelant la court bien souvent là où estoit le roy, mais où estoient la reyne et les dames.'—*Brantôme*.

Under François I., his beautiful mistress, the Duchesse d'Etampes—'la plus belle des savantes, et la plus savante des belles,' directed all the fêtes. In this she was succeeded, under Henri II., by Diane de Poitiers, whose monogram, interwoven with that of the king, appears in all the buildings of his time, and who is represented as a goddess (Diana) in the paintings of Primaticcio.

Under François II., in 1560, by the advice of the queen-mother, an assembly of notables was summoned at Fontainebleau; and here, accompanied by her 150 beautiful maids of honour, Catherine de Medicis received the embassy of the catholic sovereigns sent to demand the execution of the articles of the Council of Trent, and calling for fresh persecution of the reformers.

Much as his predecessors had accomplished, Henri IV. did more for the embellishment of Fontainebleau, where the monogram of his mistress, Gabrielle d'Estrées, is frequently seen mingled with that of his wife, Marie de Medicis. All the Bourbon kings had a passion for hunting, for which Fontainebleau afforded especial facilities.

'Le roi ne pensait qu'au plaisir de la chasse ; on aurait pu croire que les courtisans se permettaient une épigramme quand on leur entendait dire sérieusement, les jours où Louis XV. ne chassait pas : *Le roi ne fait rien aujourd'hui.*'—*Mme Campan.*

'Le même jour, Sa Majesté, après avoir chassé à l'oiseau, fit une chasse au loup, et finit la journée par une troisième chasse au cerf qui dura jusqu'à la nuit, malgré une pluie de trois ou quatre heures. On était alors à six lieues du gîte. Le roi arriva un peu fatigué. Voilà ce que les princes appellent s'amuser ; il ne faut disputer ni des goûts ni des plaisirs.'—*Sully.*

It was at Fontainebleau that Louis XIII. was born, and that the Maréchal de Biron was arrested. Louis XIII. only lived here occasionally. In the early reign of Louis XIV. the palace was lent to Christina, of Sweden, who had abdicated her throne.

It was in one of the private apartments, occupying the site of the ancient Galerie des Cerfs, now destroyed, that she ordered the execution of her chief equerry, Monaldeschi, whom she had convicted of treason. She listened patiently to his excuses, but was utterly unmoved by them and his entreaties for mercy. She provided a priest to confess him, after which he was slowly butchered by blows with a sword on the head and face, as he dragged himself along the floor, his body being defended by a coat of mail.[1]

'De quelque faute que Monaldeschi fût coupable envers cette reine philosophe, ayant renoncé à la royauté, elle devait demander justice, et non se la faire. Ce n'était pas une reine qui punissait un sujet, c'était une femme qui terminait une galanterie par un meurtre ; c'était un Italien qui en faisait assassiner un autre par l'ordre d'une Suédoise, dans un palais du roi de France. Nul ne doit être mis à mort que par les lois : Christine, en Suède, n'aurait eu le droit de faire assassiner personne ; et certes ce qui eût été un crime à Stockholm, n'était pas permis à Fontainebleau. Ceux qui ont justifié cette action méritent de servir de pareils maîtres. Cette honte et cette cruauté ternirent la philosophie de Christine, qui lui avait fait quitter un trône. Elle eût été punie en Angleterre, et dans tous les pays où les lois règnent ; mais la France ferma les yeux à cet attentat, contre l'autorité du roi, contre le droit des nations, et contre l'humanité.'—*Voltaire*, '*Siècle de Louis XIV.*'

Even after the creation of the palaces of Versailles and Marly, Louis XIV. continued to make an annual 'voyage de Fontainebleau.' He compelled his whole Court to follow him ; if any of his family were ill, and unable to travel by road, he made them come by water ; for himself, he slept on the way, either at the house of the Duc d'Antin (son of Mme de Montespan) or of the Maréchal de Villeroy. It was here that the Grand Dauphin was born, in 1661. Here, also, it was that Mme de Maintenon first appeared at the councils, and that the king publicly asked her advice as to whether he should accept the throne of Spain for the Duc d'Anjou. Here, also, in 1685, he signed the revocation of the edict of Nantes. The great Condé died in the palace. Louis XV. was married here to Marie Leczinska in 1725 ; and here

[1] See the terrible narrative of Père Lebel Mathurin de Fontainebleau, called in to confess Monaldeschi.

the Dauphin, his son, died in 1765. Louis XVI. delighted in Fontainebleau for its hunting facilities.

After the Revolution, Napoleon I. restored the château and prepared it for Pius VII., who came to France to crown him, and was here (January 25, 1813) induced to sign the famous Concordat de Fontainebleau, by which he abjured his temporal sovereignty.

The château which witnessed the abdication of the Pope, also saw that of Napoleon I., who made his touching farewell to the soldiers of the Vieille-Garde in the Cour du Cheval-Blanc, before setting off for Elba.

'La garde elle-même était à Fontainebleau. Il voulut lui adresser ses adieux. Il la fit ranger en cercle autour de lui, dans la cour du château, puis en présence de ses vieux soldats profondément émus, il prononça les paroles suivantes : " Soldats, vous mes vieux compagnons d'armes, que j'ai toujours trouvés sur le chemin de l'honneur, il faut enfin nous quitter. J'aurais pu rester plus longtemps au milieu de vous, mais il aurait fallu prolonger une lutte cruelle, ajouter peut-être la guerre civile à la guerre étrangère, et je n'ai pu me résoudre à déchirer plus longtemps le sein de la France. Jouissez du repos que vous avez si justement acquis, et soyez heureux. Quant à moi, ne me plaignez pas. Il me reste une mission, et c'est pour la remplir que je consens à vivre, c'est de raconter à la postérité les grandes choses que nous avons faites ensemble. Je voudrais vous serrer tous dans mes bras, mais laissez-moi embrasser ce drapeau qui vous représente.. ."" Alors attirant à lui le général Petit, qui portait ce drapeau de la vieille garde, et qui était le modèle accompli de l'héroïsme modeste, il pressa sur sa poitrine le drapeau et le général, au milieu des cris et des larmes des assistants, puis il se jeta dans le fond de sa voiture, les yeux humides, et ayant attendri les commissaires eux-mêmes chargés de l'accompagner.'—*Thiers,* '*L'Empire.*'

The *Cour du Cheval-Blanc*, the largest of the five courts of the palace, took its name from a plaster copy of the horse of Marcus Aurelius at Rome, destroyed 1626. Recently it has been called the *Cour des Adieux*, on account of the farewell of Napoleon I. in 1814. It was once surrounded by buildings on all sides; one was removed in 1810, and replaced by a grille. The principal façade is composed of five pavilions with high roofs, united by buildings two stories high. The beautiful twisted staircase in front of the central pavilion was executed by Lemercier for Louis XIII., and replaces a staircase by Philibert Delorme. Facing this pavilion, the mass of buildings on the right is the *Aile Neuve* of Louis XV., built on the site of the Galerie d'Ulysse, to the destruction of the precious works of Primaticcio and Niccolo dell' Abbate, with which it was adorned. Below the last pavilion, near the grille, was the Grotte du Jardin-des-Pins, where James V. of Scotland, coming over to marry Magdalen of France, daughter of François I., watched her bathing with her ladies, by the aid of a mirror. In the left angle is the Jeu de Paume, occupying the site of the Galerie de Chevreuils, destroyed by fire. Beginning at this corner of the façade, the *Pavillons de l'Horloge* and *des Armes* stand on either side of the *Chapelle de la Sainte-Trinité*. The central is called the *Pavillon des Peintures*, because François I. collected the works of the great Italian masters there; the fifth at the right corner is the *Pavillon des Reines*, built by Catherine de Medicis and Anne of Austria.

To the west of the Cour du Cheval-Blanc, and communicating with it, is the *Cour de la Fontaine*, the main front of which is formed by the Galerie de François I. This faces the great tank, into which Gaston d'Orléans, at eight years old, caused one of the courtiers to be thrown, whom he considered to have spoken to him disrespectfully. One side of the Cour de la Fontaine, that towards the Jardin Anglais, is terminated by a pavilion of the time of Louis XV.;

the other, formerly decorated with statues, is attributed to Serlio. The fountain from which the court takes its name has been often changed; a poor work by Petitot now replaces the grand designs of the time of François I. and Henri IV. Beyond this court we find (on the left) the *Porte Dorée*, which faces the *Chaussée de Maintenon*, between the 'Etang' and Parterre; it was built under Fran-

CHÂTEAU DE FONTAINEBLEAU

çois I., and decorated by Primaticcio with paintings, restored in 1835. It was by this entrance that Charles V. arrived at the palace in 1539.

The Porte Dorée leads into the *Cour Ovale* (formerly *du Donjon*) surrounded by buildings which date from S. Louis, though so completely altered that the only apparent remnant of the feudal fortress is the tourelle attached to the *Pavillon S. Louis* at the bottom of the court. The noble façade on the right, in the two ranges of arches, was mostly built by François I., and finished by Henry IV. ; the beautiful peristyle is attributed to Serlio ; the capitals of its pilasters and columns bear the ' F ' of François I. In the centre of the south side is the *Chapelle S. Saturnin.* The *Pavillon du Dauphin*, beyond this, is of Henri IV.

'The plan is as irregular as anything in gothic art, and there is a picturesque *abandon* about the whole design which is very charming and appropriate to the situation ; but, strange to say, the effect of the whole is marred by the coarseness and vulgarity of the details.'—*Fergusson.*

The curious *Porte Dauphine* (or *Baptistère*), which forms the approach to the court from the outer side, was built by Henri IV., and received its name at the baptism of Louis XIII., which took place beneath it ; it bears the initials of Henri IV. and Marie de Medicis. In front of the Porte Dauphine, on the outer side, are two colossal Hermes, flanking the entrance to the *Cour des Offices.*

The interior of the palace—open daily from 11 to 4—is usually shown in the following order. Entering by the *Escalier de Fer à Cheval*, in the Cour du Cheval-Blanc, we turn left to—

La Chapelle de la Sainte-Trinité, built (1529) by François I. in the place of the Oratory of S. Louis, of which a gothic arcade remains at the end of the nave. Henri IV. was urged to its rich decorations by the ambassador of Spain, who said, when shown over the palace—' Cette maison serait plus belle, sire, si Dieu y était logé aussi bien que Votre Majesté,'

The paintings of the vault, by *Fréminet*, were continued under Louis XIII.; these are his only existing works. The altar, by Bordogni, dates from Louis XIII. Here Marie Louise d'Orléans, daughter of the Régent d'Orléans, was married to the Prince of Asturias; here Louis XV. was married to Marie Leczinska; and here the last Duc d'Orléans, son of Louis Philippe, was married to Princess Hélène of Mecklembourg.

A staircase now leads to the first floor, and we enter—

The *Appartements de Napoléon I.*, all furnished in the style of the first empire. The *Cabinet de l'Abdication* is the place where he resigned his power. His bedroom (containing the bed of Napoleon I., the cradle of the King of Rome, and a cabinet of Marie Louise) leads to the *Salle du Conseil*, which was the Salon de Famille under Louis Philippe; its decorations are by *Boucher*, and are the best of the period. It was in leaving this room that the Maréchal de Biron was arrested under Henri IV., in a cabinet which is now thrown into the adjoining *Salle du Trône* (previously the bedroom of the Bourbon kings), dating from Charles IX., but decorated under Louis XIII. A fine portrait by Philippe de Champaigne represents Louis XIII. It is accompanied by his device—*Erit haec quoque cognita monstris*, in allusion to his vehemence in the extermination of heresy.

The adjoining *Boudoir de Marie Antoinette* is a beautiful little room, painted by *Barthélemy*. The metal work of the windows is said to have been wrought by Louis XVI. himself, who had his workshop here, as at Versailles. The richly-decorated *Chambre à Coucher de la Reine* was inhabited by Marie de Medicis, Marie Thérèse, Marie Antoinette, Marie Louise, and Marie Amélie. The silk hangings were given by the town of Lyons to Marie Antoinette on her marriage. The *Salon de Musique* was the Salon du Jeu de la Reine, under Marie Antoinette. The *Ancien Salon de Clorinde*, or *des Dames d'Honneur*, is named from its paintings by *Dubois* from the *Gerusalemme Liberata*.

The *Galerie de Diane*, built by Napoleon I. and Louis XVIII., replaces the famous frescoed gallery of Henri IV. It is now turned into a library for the use of the town. In the centre is a picture of Henri IV. on horseback, by *Mauzaise*. The *Salles des Chasses* contain pictures of hunting scenes under Louis XV.

Entering the *Grands Appartements*, we pass through the *Salon des Tapisseries*, hung with fine Flemish tapestry, to the *Salon de François I.*, with a chimney-piece of his date; its medallion, representing Mars and Venus, is attributed to *Primaticcio*. The *Salon de Louis XIII.* is the room in which that king was born, in 1601: it dates from François I., and was decorated by Henri IV. Louis XIII. is represented as a child, riding on a dolphin, in one of the paintings of the ceiling. Below, let into the panelling, is the first glass mirror seen in France. The next halls, of the *Pavillon S. Louis*, were decorated under Louis Philippe.

The halls of the south wing begin with the *Salle des Gardes*, the chimney-piece of which is formed by fragments from the Salon de la belle Cheminée, now destroyed. The *Escalier du Roi*, built by Louis XV., leads to the room occupied by the Duchesse d'Etampes, now called, from its decorations by Primaticcio, *La Chambre d'Alexandre*. Five prettily-decorated and graceful rooms compose the *Appartement de Mme de Maintenon*.

'A Fontainebleau j'ai un tres-bel appartement, sujet au même froid et au même chaud, y ayant une fenêtre de la grandeur des plus grandes arcades, où il n'y a ni volet, ni châssis, ni contrevent, parce que la symétrie en serait choquée.'—*Mme de Maintenon à la Princesse des Ursins*, 23 *Juillet*, 1713.

We now reach the glorious *Galerie d'Henri II.* (or Salle des Fêtes), built by François I., and decorated by Henri II. The walnut-wood ceiling and the panelling of the walls are of marvellous richness. Over the chimney is a gigantic H, and the initials of Henri II. are constantly seen interlaced with those of Diane de Poitiers.

'Les emblèmes de Diane, les arcs, les flèches et surtout les croissants, y sont prodigués à droite et à gauche de la cheminée; deux tableaux représentent *Diane chasseresse* et *Diane aux enfers*. Enfin dans la dernière arcade de droite est peint le portrait, non plus de la déesse, mais de la maîtresse elle-même. Les attributs de Vénus et de Cupidon obligés sont ajoutés à cette figure d'après nature.'—*Poirson*.

The sixty paintings on the walls, including eight large compositions, were executed by *Niccolo dell'Abbate*, and are probably the finest decorations of the kind existing in France.

The *Chapelle Haute* (especial order required) was built by François I, 1545. Below it is the *Chapelle S. Saturnin*, built by François I. on the site and according to the proportions of the ancient chapel which was consecrated by Thomas à Becket. The altar used by Pius VII. in his apartment replaces the original altar, which bore the devices of Henry II. and Diane de Poitiers. From the chapel a corridor leads to the hall constructed by Louis Philippe under the gallery of Henri II., whence by the Porte Dorée and the Cour Ovale we re-enter the château by the Pavillon S. Louis.

The *Galerie de François I.* is a splendid work of the

renaissance. The salamanders and other devices of François I. are to be seen on all sides. The original paintings were mostly by Il Rosso, but have been painted over; the Danae is attributed to *Primaticcio*.

'At the request of the Dauphin Henri, Maître Roux had represented Diane de Poitiers as the nymph of the Fountain Bleau. In his fresco she reclines, a Michelangelesque creature, among the bulrushes, where she is discovered by Bleau, the hound. An Amazon rather than a nymph, with a grave, stern head, mournfully bent, she presents little likeness to the Dauphin's faded and exquisite Diane. But Marie d'Etampes, the mistress of the king, was furious at this apotheosis of her elderly rival. She stormed, she raged, she sulked, till Maître Claude Badouin was employed to paint out the detested fresco. Fortunately Rosso had time to copy it first, and a contemporary engraving by René Boyvin also attests the excellence of the design. A Latin inscription records the wrath of Rosso: "O Phidias, O Apelles, could your age conceive so beautiful a thing as the subject of this painting?—Diana, resting from the chase, and pouring out the waters of the Fountain Bleau, which Francis I., most puissant king of the French, father of the fine arts and of letters, left unfinished in his own palace!"'—*Mary F. Robinson, 'Magazine of Art,' March* 1885.

The rooms usually shown last are those formerly inhabited by Catherine de Medicis and Anne of Austria, and which, under the first empire, were used by Pius VII., under Louis Phillippe, by the Duke and Duchess of Orleans. The most interesting of these are the *Chambre à Coucher*, which bears the oft-repeated A L (the chiffre of Louis XIII. and Anne of Austria), and in which Pius VII. daily said mass, and the *Salon*, with its fine tapestry after Giulio Romano. The *Galerie des Assiettes*, adorned with Sèvres china, only dates from Louis Philippe. Hence, by a gallery in the Aile Neuve, hung with indifferent pictures, we may visit the *Salle du Théâtre*, retaining its arrangements for the emperor, empress, and court.

At the corner of the parterre, near the railing of the park, is a detached building of François I, called the *Pavillon de Sully*, from the residence of that minister—'surintendant des bâtiments de la couronne.'

The *Gardens*, as seen now, are mostly as they were re-arranged by Lenôtre for Louis XIV. The most frequented garden is the *Parterre*, entered from the Place du Cheval-Blanc. In the centre of the *Jardin Anglais* (entered through the Cour de la Fontaine) was the *Fontaine Bleau*, which is supposed by some to have given a name to the palace. The *Etang* has a pavilion in the centre, where the Czar Peter got drunk. The carp in the pool, overfed with bread by visitors, are said to be, some of them, of immense age. John Evelyn mentions the carp of Fontainebleau, 'that come familiarly to hand.'

The *Jardin de l'Orangerie*, on the north of the palace, called Jardin des Buis under François I., contains a good renaissance portal. To the east of the parterre and the town is the park, which has no beauty, but harmonises well with the château.

Visitors should not fail to drive in the *Forest*, 80 k. in circuit, and, if they return late, may look out for its black huntsman—'le grand veneur.'

'On cherche encore de quelle nature pouvait être ce prestige vu si souvent et par tant d'yeux dans la forêt de Fontainebleau. C'était un fantôme environné d'une meute de chiens, dont on entendait les cris et qu'on voyait de loin, mais qui disparaissait dès qu'on approchait.'—*Sully.*

The forest was a favourite hunting-ground of the kings of France to a late period. It was here that the Marquis de Tourzel, Grand Provost of France, husband of the governess of the royal children, fractured his skull, his horse bolting against a tree, when hunting with Louis XVI., in November 1786. The forest is the especial land of French artists, who overrun and possess it in the summer. There are innumerable direction-posts, in which all the red marks —put up by Napoleon III, because so few peasants could read—point to the town. The following points are of interest :—

Rochers d'Avon, 7 k. (going and returning).

Mail de Henri IV. and *Rocher Bouligny*—a walk of three hours.

Parquet de Monts-Aigus (only open Thursdays and Sundays from 10 to 6), and *Grotte du Serment*, three hours.

Gorges du Houx, *Grottes du Parjure* and *du Chasseur Noir*—a round of 10 k.

Mont Ussy and *Vallée du Nid de l'Aigle.*

Fort des Moulins and *Calvaire*, two and a half hours.

Vallée de la Solle, *Futaie du Gros-Fouteau*, *Fontaines Sanguinède et du Mont Chauvet*—a walk of four hours. If only one excursion be made, this may be commended. Leave Fontainebleau by the Barrière de Paris, and, from the Rond-Point, follow (right) the blue arrows. Some of the oaks in this part of the forest are magnificent.

The *Gorges d'Apremont* (14 k. going and returning) are very picturesque.

The *Gorges de Tranchard*, spoilt artistically, as well as the Gorges d'Apremont, by young plantations, were inhabited by hermits from the time of Philippe Auguste to Louis XIV.

The *Gorge aux Loups* (five hours on foot going and returning) is a picturesque spot, but a dull walk, and is best combined with other places in a carriage-excursion. But it is always better to take a carriage for the longer distances, selecting a coachman who knows the forest and is not always suggesting imaginary difficulties. The most usual drives are the *Tillaie du Roi*, the *Hauteur de la Solle*, *Tranchard*, the *Fort de l'Empereur*, and then to the *Gorges d'Apremont*, or the *Gorge aux Loups*.

'Fountaine Beleau forrest is very great and memorable for exceeding abundance of great massy stones in it, whereof many millions are so great, that twenty carts, each being drawn with ten oxen, are not able to moue one of them out of their place. The plenty of them is so great both in the forrest and neare unto it, that many hils and dales are exceeding full of them, in so much that a man being a farre off from the hils and other places whereon they grow, would thinke they were some great city or towne.'—*Coryat's 'Crudities,'* 1611.

The beautiful combinations of rocks and trees were not admired formerly as they are now.

'7 March, 1644. I went with some company towards Fontainebleau. By the way we pass through a forest so prodigiously encompass'd with hideous rocks of whitish hard stone, heaped one on another in mountainous heights, that I think the like is not to be found elsewhere. It abounds with staggs, wolves, boares, and not long after a lynx or ounce was kill'd amongst them, which had devour'd some passengers.'—*John Evelyn.*

An excursion may be made from Fontainebleau to (8 *k*.) the pretty old town of *Moret*, with a station on the Lyons railway. The kings of France had a château at Moret, of which the principal tower remains, dating from Louis le Gros (1128). Henri IV. gave it to one of his mistresses, Jacqueline de Bueil, with the title of Comtesse de Moret. At either end of the principal street is a fine old gothic gateway, relic of the fortifications of Charles VII. (1420), and one of these rises most picturesquely at the end of the bridge of fourteen arches over the Loing. The church, built by Louis le Jeune, and consecrated by Thomas à Becket in 1166, only retains a choir of that date. The triple nave and the transepts (with mullioned windows filling all the surface of the gable wall) are XIII. c.: the

MORET.

tower XV. c.; the principal portal XVI. c. South of the church is a timbered house of XV. c. and a little *Hospice*, where the nuns make excellent barley-sugar. In the main street, a renaissance house is inscribed 'Concordia res parvae crescunt, 1618.'

XV.

CORBEIL, SAVIGNY-SUR-ORGE, MONTLHÉRY, ÉTAMPES.

THIS is a pleasant summer day's excursion from Paris. It is best to take a single ticket at the Gare de Lyon for Corbeil. See the place, and have luncheon at the 'Belle Image.' In returning, only take a ticket to Juvisy, where cross to the Chemin de Fer d'Orléans (alongside) and take a ticket to S. Michel: here an omnibus for Montlhéry meets the train. In the evening, artists may think it worth while to stop between two trains to sketch the picturesque château of Savigny, close to the station. It is necessary to enquire if your carriage goes to the Gare d'Orléans, otherwise you may enter one which follows the Chemin de Fer de Ceinture.

The trains for Corbeil from the Gare de Lyon cross an ugly plain, but approach the Seine on the right, and low wooded hills on the left, where the main line is left at—

15 k. *Villeneuve-S.-Georges.*—The line crosses the Seine to Juvisy.

24 k. *Ris-Orangis.*—Just beyond the station the line passes the Château de *Froment*, which once belonged to the Templars, afterwards to the Président de Thou, the historian, who had alluded to the profligacy of an uncle [1] of Richelieu in his works, which caused the minister of Louis XIII. to exclaim—'De Thou a mis mon nom dans son histoire ; je mettrai son nom dans la mienne,' and De Thou himself having died in 1617, Richelieu beheaded his

[1] 'Moine apostat et coupable de toutes sortes de crimes.'

son in 1642. This is the station for the *Forest of Sénart*, which is traversed by the road from Paris to Melun, and is celebrated by an incident which occurred to Louis XV.

'Chassant un jour dans la forêt de Sénard, une année où le pain avait été extrêmement cher, il rencontra un homme à cheval portant une bière. "Où portez-vous cette bière?" dit le roi. "Au village de . . . ," répond le paysan. "Est-ce pour un homme ou pour une femme?" "Pour un homme." "De quoi est-il mort?" "De faim," répond brusquement le villageois. Le roi piqua son cheval, et ne fit plus de question.'—*Mme Campan.*

There are a number of fine châteaux near this, the most important being that of *Petit-Bourg*, pleasantly situated above the Seine, which belonged to the Duc d'Antin, legitimate eldest son of Mme de Montespan, who received his mother's former lover and Mme de Maintenon here with great honours. Louis XV. also often resorted hither with his mistresses. At the beginning of the Revolution it was inhabited by the Duchesse de Bourbon. At the invasion of the Allies, Schwartzenburg established himself in the château and treated there with Ney and Coulaincourt upon the abdication of Napoleon I. After the Restoration the château was restored by Aguado, Marquis de las Marismas.

30 k. *Eury-sur-Seine*, connected by a suspension bridge with *Etiolles*, which belonged to the husband of Mme de Pompadour. In later days the château was inhabited by Count Walewski, Minister of Foreign Affairs to Napoleon III.

31 k. *Corbeil* (Hotel *Bellevue*, near the bridge : *de la Belle Image*, good and reasonable), a considerable town, at the meeting of the Essonne and the Seine, which is crossed by a handsome bridge of five arches. Of its five ancient churches only one remains, the collegiate church of *S. Exupère* or

S. Spire, founded by Haymon, first Comte de Corbeil in 950, rebuilt 1144, and served till 1790 by a chapter composed of a secular abbé, twelve canons, and six chaplains. It is approached by a very picturesque gateway, *Porte du Cloître*, from the principal street. The west porch is under

PORTE DU CLOÎTRE, CORBEIL.

the tower. In a chapel right of the principal entrance is the tomb of Count Haymon, who is said to have built the church in honour of a victory over a two-headed dragon, and who died on his return from a pilgrimage to Italy seven years after its foundation. In the same chapel is the monument of Jacques de Bourgoin, who founded the College of Corbeil in 1661. The curious shrine of S. Spire was melted down at the Revolution. In the collegiate buildings Abélard established his school, when he fled from Melun.

Nothing remains of the church of S. Jean de l'Ermitage, which contained the relics of SS. Quirin and Pience; of Notre Dame, which claimed to have those of S. Yon; or of S. Jean en l'Isle, founded by Isemburge, the divorced Danish wife of Philippe Auguste, who was buried in its south transept (1256), under a fine tomb, bearing a metal effigy. Near this church was the Palais de la Reine, usually given as a residence to queens-dowager of France, where the chamber of Isemburge was preserved till the Revolution, when it perished like the tomb. Near the bridge, on the left bank of the river, was the château where Charles VIII. imprisoned the famous Georges d'Amboise in 1487.

Twenty minutes' walk from Corbeil is the manufacturing village of *Essonnes*, where Bernardin de S. Pierre had a cottage, which still exists, though much altered.

Those who visit Montlhéry after spending the morning at Corbeil must remember to change their line at Juvisy, to the Chemin de Fer d'Orléans.

(Beyond Corbeil, on the line to Montargis, is—

41 *k. Meunecy*, with a XIII. c. church, near which the Ducs de Villeroy had a fine château, which perished in the Revolution.

53 *k. La Ferté-Alais* (Firmitas Adelaïdis) has an interesting XII. c. church, with a stone spire.

U

60 k. *Boutigny*, with an old gateway. The church is XII c.

65 k. *Maisse* (7 k. east is *Milly*, with a XIII. c. church, containing a sculptured retable offered to S. Julienne. The château dates from 1479, and the curious halles are of the same period).

77 k. *Malesherbes*.—The church (XII. c.-XIII. c.) has an octagonal tower, and contains a S. Sépulcre, sculptured, in 1622, for the convent of Cordeliers. A bust of M. de Malesherbes was given by Louis XVIII. In the churchyard is a curious XIII. c. tomb. The château, originally XV. c., but rebuilt, is still inhabited by the descendants of the brave defender of Louis XVI. On the north is the restored XV. c. *Château de Rouville*.)

———

The Chemin de Fer d'Orléans starts from the Boulevard de Hôpital. It passes—

6 k. *Vitry-sur-Seine*, with a XVII c. château of which the owner, M. de Petitval, with his mother-in-law, two sisters, and five servants were murdered, August 21, 1796, by a band of masked robbers, who carried off the family papers, and were never brought to justice. A little north is *Ivry*, which has an old church, and where Claude Bosc du Bois, Prévôt des Marchands, had a magnificent château in the XVII. c. The Duchesse d'Orléans, mother of Louis Philippe, resided at Ivry, which is now covered by manufactories.

10 k. *Choisy-le-Roi*, formerly Choisy-Mademoiselle, where 'La Grande Mademoiselle,' Mlle de Montpensier, only daughter of the first marriage of Gaston, duc d'Orléans, brother of Louis XIII., employed F. Mansart to build a

château. It was here that she wept for her husband, the Comte de Lauzun, imprisoned at Pignerol, and that she endowed the Duc du Maine with the duchy of Aumale, the countship of Eu, and the principality of Dombes, to purchase his freedom from Louis XIV. The restoration of Lauzun gave small satisfaction to Mademoiselle. He found that she had lost all good looks in pining for him, and treated her with cruel neglect. In vain she flung herself at his feet, crying, 'Reviens à moi, qui t'aime tant,' he answered, 'Louise d'Orléans, tu as tort de pleurer, car tu me parais plus vieille et plus laide que jamais.'

'La galanterie lui dura fort longtemps. Mademoiselle en fut jalouse, cela les brouilla à plusieurs reprises. J'ai ouï dire à Mme de Fontenilles, qu'étant à Eu avec Mademoiselle, M. de Lausun y vint passer quelque temps, et ne put s'empêcher d'y courir des filles; Mademoiselle le sut, s'emporta, l'égratigna et le chassa de sa présence. La comtesse de Fiesque fit le raccommodement : Mademoiselle parut au bout d'une galerie; il était à l'autre bout, et il en fit toute la longueur sur ses genoux jusqu'aux pieds de Mademoiselle. Ces scènes, plus ou moins fortes, recommencèrent souvent dans les suites. Il se lassa d'être battu, et à son tour battit bel et bien Mademoiselle, et cela arriva plusieurs fois, tant qu'à la fin, lassés l'un de l'autre, ils se brouillèrent une bonne fois pour toutes, et ne se revinrent jamais depuis; il en avait pourtant plusieurs portraits chez lui, et n'en parlait qu'avec beaucoup de respect. On ne se doutait pas qu'ils ne se fussent mariés en secret.'—*S. Simon*, '*Mémoires*.'

Mademoiselle bequeathed Choisy to Monseigneur, son of Louis XIV., who exchanged it for Meudon with Mme de Louvois, who lived here 'toute l'été avec bonne compagnie, mais décente et très-gaie, convenable à son âge.'[1] Afterwards Choisy belonged to the Princesse de Conti, the Duc de la Vallière, and eventually to Louis XV., when it became Choisy-le-Roi, and one of his favourite retreats. He em-

[1] S. Simon.

ployed Jacques Gabriel to decorate (and spoil) the architecture of Mansart and to build a smaller château for Mme de Pompadour. Both the châteaux were decorated by Chardin, Nattier, Boucher, Oudry, and other artists of the day. In 1774 Louis XVI. and Marie Antoinette held their Court here, but the Grand and the Petit Château were both utterly destroyed at the Revolution, and nothing remains except *les grands communs*, now occupied by a china manufactory.

Close to Choisy are the village of *Thiais*, which dates from Charlemagne, and *Orly*, where, in 1360, 300 men endured a siege of three months from the English, who brutally massacred them when hunger forced them to capitulate.

15 *k. Ablon.*—A place entirely protestant in the XVI. c. Sully had a villa there, of which there are some remains facing the quay.

17 *k. Athis-Mons.*—The church of Athis has a XIII. c. tower.

20 *k. Juvisy-sur-Orge.*—It was here, in the post-house of the Cour de France, that (March 30, 1814) Napoleon I., on his way to Paris, received the despatch which announced the capitulation of the capital, and returned to Fontainebleau. Near Juvisy is the picturesque double bridge of *Belles Fontaines*.

22 *k. Savigny-sur-Orge.*—Close to the station is the very handsome XV. c. château where Charles VII. is said to have kept Agnes Sorel in a tower, which he could only reach by a ladder. In recent times the château has been inhabited by the Princesse d'Eckmühl, widow of Maréchal Davoust. It now belongs to the Marquis d'Alta-Villa.

24 *k. Epinay-sur-Orge.*—To the left of the railway we now pass the *Forest of S. Geneviève*, or *Sequigny*. Here

Louis XIV. was hunting with his Court, when the wind blew away the hat of one of the ladies in waiting of Madame, and attracted his attention to Marie de Fontange—'belle comme un ange, mais sotte comme un panier,' who soon shared the title of mistress with Mme de Montespan.

'Mlle de Fontange plut assez au roi pour devenir maîtresse en titre. Quelque étrange que fût ce doublet, il n'était pas nouveau. On l'avait vu de Mme de la Vallière et de Mme de Montespan, à qui

CHÂTEAU OF SAVIGNY-SUR-ORGE.

celle-ci ne fit que rendre ce qu'elle avait prêté à l'autre. Mais Mme de Fontange ne fut pas si heureuse ni pour le vice, ni pour la fortune, ni pour la pénitence. Sa beauté la soutint un temps, mais son esprit n'y répondit en rien. Il en fallait au roi pour l'amuser et le tenir. Avec cela il n'eut pas le loisir de s'en dégoûter tout-à-fait. Une mort prompte, qui ne laissa pas de surprendre, finit en bref ces nouvelles amours.'—*S. Simon.*

The Château S. Geneviève, inhabited by Louis XIII.

and Louis XIV., was pulled down by Berthier de Savigny, Intendant de Paris, but he only began to build a new one.

To the right of the railway on the other side of the Orge is *Longport*, where a very curious church is the only remnant of an abbey founded by Guy de Montlhéry and his wife Hodierne, in 1061, on the site of a pilgrimage chapel where an image of the Virgin had been found in a hollow oak. The abbey perished in the Revolution. The church portal, with its mutilated statues, is of great beauty.

29 *k*. *S. Michel.*—Half an hour's walk beyond the brook of the Orge (right) is *Montlhéry* (diligence, 30 c.), which possessed a famous castle, constantly besieged by early kings of France till Hugues de Crécy strangled the owner, Milon de Bray, who was his cousin, and threw the body from an upper window, and afterwards, being challenged to clear himself of the accusation by single combat, confessed the crime, retired to a monastery, and abandoned Montlhéry to the king, Louis le Gros.

S. Louis and his mother afterwards took refuge here during the troubles of his early reign. In 1360 Montlhéry was occupied by the king of England, afterwards by the Armagnacs, and, in the reign of Louis XI., it gave a name to a battle between the royal troops and those of the rebel nobles who formed the *ligue du bien public.* The latter were so far successful that the king was obliged to accord all their demands, and made a treaty 'par lequel,' says Comines, 'les princes butinèrent le monarque et le mirent au pillage; chacun emporta sa pièce.'

'Ce combat, qui prit le nom de Montlhéri, parce qu'il se livra dans une plaine voisine de cette ville, offrit le singulier spectacle de deux armées fuyant au même instant. Des deux côtés aussi les chefs abandonnèrent le champ de bataille: Louis XI., accablé de fatigue, fut porté dans le château de Montlhéri, tandis que le Comte de Charolais, entraîné sur les traces des fuyards pour les rallier, augmenta la terreur de ses Bourguignons en leur faisant croire, par son absence, qu'il était tombé au pouvoir de l'ennemi. Les Français, ne voyant plus leur roi, eurent la même pensée ; d'autres, et ce fut la majorité, crurent ce monarque mort, pendant que, harassé, haletant, il était couché sur un lit de repos, dans ce vieux donjon de Montlhéri, dont la tour indestructible insulte encore les siècles.'—*Lafosse*, '*Hist. de Paris.*'

The plain which was the scene of this bloody battle long bore the name of La Cimetière des Bourguignons. Ruined in the wars of religion, the castle of Montlhéry was afterwards used as a quarry, and the dungeon tower, with fragments of four smaller towers and broken walls, now alone exists. Boileau describes Night going to search for an owl in the Tour de Montlhéry.

> 'Ses murs, dont le sommet se dérobe à la vue,
> Sur le cime d'un roc s'allongent dans la nue.
> Et, présentant de loin leur objet ennuyeux,
> Du passant qui le fuit semblent suivre les yeux.
> Mille oiseaux effrayants, mille corbeaux funèbres,
> De ces murs désertes habitent les ténèbres.
> Là, depuis trente hivers, un hibou retiré
> Trouvait contre le jour un refuge assuré.
> Des désastres fameux ce messager fidèle
> Sait toujours des malheurs la première nouvelle,
> Et, tout prêt d'en semer le présage odieux,
> Il attendait la nuit dans ces sauvages lieux.'—*Boileau.*

One of the old tower gates remains, the *Porte Baudry*, built, as an inscription tells, by Thibault File-Etaupe, in 1015, rebuilt by Henri III. in 1587, restored under Napoleon I. Through the Porte Baudry we reach the suburb of *Linas*, where a great part of the church is XIII. c.

A little west of Montlhéry is *Marcoussis*, which has some

small remains of the fortress built at the end of the XIV. c. by Jean de Montaigu, Chancellor of the Exchequer under Charles VI., beheaded at the Halles in 1409. His body was brought from the gibbet of Montfaucon to be buried here in the Celestine convent which he had founded.[1] In the

PORTE BAUDRY, MONTLHÉRY.

time of Henri III. the château belonged to François de Balzac d'Entragues, the husband of Marie Touchet, mistress

---

[1] His epitaph contained the words: 'Lequel, en haine des bons et loyaux services par lui faits au roi et au royaume, fut, par les rebelles ennemis du roi, injustement mis à mort à Paris.' Behind his head were the lines:—

'Non vetuit servata fides regi patriæque
Ne tandem injuste traderet ipse neci;'

and above it—

'Pour ce qu'en paix tenois le sang de France,
Et soulageois le peuple de grevance,
Je souffris mort contre droit et justice
Et sans raison; Dieu si m'en soit propice.'
See Dulaure, 'Environs de Paris.'

of Charles IX., and it was afterwards the residence of his daughter, Henriette d'Entragues, at one time beloved by Henri IV. The chieftains of the Fronde were imprisoned in the fortress, which was pulled down in 1805. The church, of 1388, has some good stained glass.

The line continues by—

32 k. *Bretigny*, where the line to Tours by Vendôme branches off to the right.

(On the line to Vendôme, easily attainable in a day's excursion from Paris, are—

45 k. *Breuillet*.—4 k. south is the magnificent *Church of S. Sulpice-de-Favières*, founded to receive the relics of S. Sulpice le Débonnaire, Archbishop of Bourges, and almoner of Clotaire II., who died in 644. It is a splendid specimen of late XIII. c. gothic, with a very lofty choir, sculptured stall-work and XV. c. glass. *La Butte-S.-Yon* is said to have been a Roman camp.

47 k. *S. Chéron*.—The neighbouring *Château de Blaville*, begun by the President Guillaume de Lamoignon in 1658, is a very stately building of the time of Louis XIII. Boileau, Racine, and Bourdaloue were frequently here as the guests of Guillaume and François de Lamoignon, and Mme de Sévigné describes the charms of its society in her letters.

56 k. *Dourdan* (Hotel *de la Poste*), a picturesque old town, with an interesting ruined *Castle*, built by Philippe Auguste. The XIII. c. *Church of S. Germain* is very picturesque in outline, and contains a stone pulpit, good wood-carving, and the grave of the poet Regnard, 1709. The *Halle* is XIII. c. At *Grillon*, west of the town, was the residence of Regnard.)

43 k. Lardy.—The *Château de Mesnil Voisin*, belonging to the Marquise de Polignac, is a fine building of the time of Louis XIII.

46 k. Chamarande.—The château, built by Mansart, with a park by Lenôtre, was inhabited, under Napoleon III., by the Duc de Persigny.

49 k. Etrechy, which has a remarkably simple early-pointed cruciform church, with a central tower. The sculpture of the foliage in the pier-capitals is extremely bold.

56 k. Etampes (Hotel *du Grand Courrier; du Grand Monarque; du Cheval Blanc*), a most picturesque and interesting place. The charming public walks and avenues are bordered by remains of the city walls. The long, white, ill-paved town straggles through the hollow, full of curious buildings, possessing four churches of the greatest value to the architectural student, and watered by the little river Juine, which Coulon ('L'Ulysse Français,' 1643) describes as 'pavée d'une si grande quantité d'écrevisses que plus on en pesche, plus il en vient.'

Nearest the station is the *Church of S. Basile*, a gothic building with renaissance details. The west front is romanesque, with a grand portal. The church was partially rebuilt under Louis XII., but only the nave, with very wide aisles, and part of the choir were finished, owing to want of funds; and the architects have left on the east wall the inscription—*Faxit Deus perficiar.* The tower is of the end of the XII. c.

Close by, a Caisse d'Epargne occupies the house which bears the name of Diane de Poitiers. The façade towards the court is of extreme richness and beauty. One of the doors has a medallion of François I.

Very near this, at the angle of the Rue de Paris and Rue S. Croix, is the house of Anne de Pisseleu, Duchesse d'Etampes (1538), of the best period of the XVI. c. The neighbouring house, of the time of Louis XII., is made into a *Hôtel de Ville*.

Above the market-place rises the beautiful *Church of Notre Dame du Fort*, founded by Robert le Pieux, exceedingly picturesque, with its battlemented façade, its

S. BASILE, ÉTAMPES.

buttresses overgrown with wallflowers (*boutons d'or*). The wide gothic portal is under the romanesque tower, which is in the centre of the west front, with a steeple of great beauty, ribbed and ornamented with scales.

'The manner in which the upper octagonal stage of the tower harmonises with the spire lights, and is connected by the pinnacles both with the square base below and the spire above, is worth attention.'—*J. L. Petit.*

Near the Juine is an old hôtel, inscribed *Hostel Saint-Yon*, with octagonal tourelles, and richly sculptured windows.

The fine parish church of *S. Gilles* is chiefly XVI. c., but has a very simple romanesque west portal of the XII. c. The restored interior has many good incised monuments.

S. GILLES, ÉTAMPES.

'The object of the architect has been to adapt, at the intersection of the transepts, a square tower, narrower than either the nave, chancel, or transepts. The base is square, visible above the roof of the nave, but absorbed by the transepts and chancel. From the angles rise triangular slopes, as for the support of an octagon; on these, as well as on the space left on each of the faces of the tower, stand equal gables: four cardinal, and four diagonal. The points of the diagonal ones support the angles of a smaller square tower, the faces of which fall behind the gables resting on the sides of the base.'—*Petit*.

S. Martin (4 k. from the station) has a leaning west tower, standing detached in front of the church, and only connected with it by a porch. The upper part of the west front is free. The church is early-pointed or transitional, having a nave with aisles, small transepts not extending beyond the aisles, and a semicircular apse, from which three radiating chapels project.

The hill behind the station was occupied by the XII. c. Château des Quatre Tours, of which the most important remnant is the curious keep, or *Tour Guinette*. This is of very peculiar form, seeming to be composed by the union of four circular towers. The entrance, on the first floor, was reached by a drawbridge. The apartment of the lord on the second floor was beautifully vaulted in stone; the capitals of the columns still exist.[1] Amongst the other remains of the castle are those of a little chapel of S. Laurent.

The next station beyond Etampes is—

70 k. *Monnerville*, 6 k. from which, on the Juine, is the interesting *Château de Méréville*, of XV. c. to XVII. c., splendidly decorated by the painter Jean Joseph de la Borde, under Louis XVI., at an expense of fourteen million francs. It contains a vast amount of interesting old furniture in its apartments lighted by 365 windows.

[1] See Victor Petit, *Bulletin Monumental*.

XVI.

SCEAUX, CHEVREUSE, AND LIMOURS.

THE Chemin de Fer de Sceaux et d'Orsay starts from Paris near the Barrière d'Enfer. A pleasant little afternoon excursion may be made without any fatigue to Robinson and Sceaux. They will be found a refreshment after some of the Paris sights in this direction—the Gobelins, Val de Grâce, &c. The line passes through a bare country. The great asylum of *Bicêtre* is seen on the left, then the graceful aqueduct crossing a valley, before reaching—

6 *k. Arcueil*, celebrated for its aqueduct, built by Jacques Debrosses for Marie de Medicis to bring water to Paris, but chiefly to feed the fountains of the Luxembourg, on the site of an aqueduct which existed in Roman times, which gave a name (Arculi) to the village, and which served the Palais des Thermes. The church dates from the XIII. c., but was altered in the XV c. In the village, No. 24 Grande Rue, a picturesque building of stone and brick, was the house of the *intendant* of the Duc de Guise, who possessed a splendid château, destroyed in 1753, on the neighbouring hill. A bust, on the Place des Ecoles, commemorates the residence at Arcueil of Laplace, author of the *Mécanique céleste*.

Charles Louis, Comte de Berthollet, celebrated for his scientific and archaeological studies, died at Arcueil, Nov. 9, 1748.

'A sa campagne d'Arcueil il pouvait partager son temps entre l'étude et des goûts simples. Tout son luxe consistait dans son laboratoire, sa bibliothèque, et une serre qui lui tenait lieu de salon, où il se plaisait à recevoir ses amis. Les savants étrangers trouvaient chez lui l'acceuil le plus cordial. On vit arriver dans cette retraite philosophique, même pendant la guerre, les physiciens et les chimistes les plus célèbres, les rivaux de Berthollet en découvertes et en services rendus aux sciences.'—*Hoeffer*.

8 *k*. *Bourg-la-Reine*, where Edward III. of England encamped against Paris in 1359. Here Louis XV., a twelve-year old king, had his first interview with the still younger Infanta of Spain, who was intended for his bride, but was unceremoniously sent back to Spain three years after. The house in the Grande Rue, where the first interview of Louis XV. and the Infanta took place, is believed to have been built by Henri IV. for Gabrielle d'Estrées. At the end of the Grande Rue is the old gate leading to the Château de Sceaux. On the little square a bust commemorates Condorcet (1743-1793), author of *Progrès de l'esprit humain*, who poisoned himself in the prisons of Bourg-Egalité when arrested during the Revolution. The house called *L'Aumônerie* was the scene of the horrible cruelties of the Marquis de Sade in the XVIII. c.

9 *k*. *Fontenay-aux-Roses* (to the right of the railway) was the residence of Scarron. It is a pretty knot of villas, buried in shrubs and gardens. Fontenay is most easily reached by the omnibus which starts every fifteen minutes from 45 Rue Grenelle S. Honoré (50 c.), passing through *Chatillon-sous-Bagneux*.

It is a pleasant walk of 2 k. from the station of Fontenay (open omnibus, 50 c.) to *Robinson*, a very singular and rather pretty village on the edge of a slight hill. It consists of a street of cafés and restaurants, the most important of which has its little dining-parlours under, around, and high in the

ROBINSON.

branches of some curious old chestnut trees. The place is exceedingly popular with Parisians of the middle classes, and crowded in fine summer evenings. Quantities of donkeys and horses are waiting to convey visitors to the neighbouring village of *Aulnay*, which stands at the entrance of the *Vallée aux Loups*, containing the grotesque house of Chateaubriand, about which he says: 'Je précédais la mairie du moyen âge qui vous hébète à present.' Pleasant rides may be taken from Robinson through the Bois de Verrières.

The railway winds oddly and pleasantly amongst gardens to—

12 k. *Sceaux* (which may also be reached by an omnibus starting every hour from the Passage Dauphine, 50 c., and passing through *Bagneux*, where the church of S. Herbland has a fine XIII. c. portal). Sceaux first became celebrated in the XIII. c. from the relics of S. Mammes, martyred in Cappadocia, brought from Palestine by Adam de Colis, and preserved in the church, where they were believed to cure from colic those who approached them. Colbert built a magnificent château at Sceaux, employing Perrault in his buildings, Lebrun for their decoration, and Lenôtre in laying out the garden. Sceaux was purchased in 1690 from the heirs of the Marquis de Seignelay for the Duc du Maine, son of Louis XIV. and Mme de Montespan, the idolised pupil of Mme de Maintenon, who had first become known to the king as his son's governess, and who had printed, in 1677, a book of historical extracts made by him under the title of *Œuvres diverses d'un enfant de sept ans*.

'Sceaux était le théâtre des folies de la duchesse du Maine, et de la honte, de l'embarras, de la ruine de son mari, par l'immensité de ses dépenses, et le spectacle de la cour et de la ville qui y abondait et s'en moquait. Elle y jouait elle-même Athalie avec des comédiens et des comédiennes, et d'autres pièces, plusieurs fois la semaine. Nuits blanches en loterie, jeux, fêtes, illuminations, feux d'artifices, en un mot fêtes et fantaisies de toutes les sortes et de tous les jours. Elle nageait dans la joie de sa nouvelle grandeur, elle en redoublait ses folies.'—*S. Simon,* '*Mémoires*,' 1714.

It was here that Louis XIV. took leave of his grandson, the Duc d'Anjou, on his leaving France to assume the crown of Spain.

'Le samedi 4 décembre, le roi d'Espagne alla chez le roi avant aucune entrée, et y resta longtemps seul, puis descendit chez Monseigneur avec qui il fut aussi seul longtemps. Tous entendirent la messe ensemble à la tribune ; la foule des courtisans était incroyable. Au sortir de la messe ils montèrent tout de suite en carrosse : Mme la duchesse de Bourgogne entre les deux rois au fond, Monseigneur au devant entre Messeigneurs ses autres deux fils, Monsieur à une portière et Madame à l'autre, environnés en pompe de beaucoup plus de gardes que d'ordinaire, des gendarmes et des chevau-légers ; tout le chemin jusqu'à Sceaux jonché de carrosses et de peuple, et Sceaux, où ils arrivèrent un peu après midi, plein de dames et de courtisans, gardé par les deux compagnies de mousquetaires. Dès qu'ils eurent mis pied à terre, le roi traversa tout l'appartement bas, entra seul dans la derrière pièce avec le roi d'Espagne, et fit demeurer tout le monde dans le salon. Un quart d'heure après il appela Monseigneur, qui était resté aussi dans le salon, et quelque temps après l'ambassadeur d'Espagne, qui prit congé du roi son maître. Un moment après il fit entrer ensemble Monseigneur et Mme la duchesse de Bourgogne, M. le duc de Berry, Monsieur et Madame, et après un court intervalle les princes et les princesses du sang. La porte était ouverte à deux battants, et du salon on les voyait tous pleurer avec amertume. Le roi dit au roi d'Espagne, en lui présentant ces princes : "Voici les princes de mon sang et de vôtre ; les deux nations présentement ne doivent plus se regarder que comme une même nation, elles doivent avoir les mêmes intérêts, ainsi je souhaite que ces princes soient attachés à vous comme à moi ; vous ne sauriez avoir d'amis plus fidèles ni plus assurés." Tout cela dura bien une heure et demie. A la fin il fallut se séparer. Le roi conduisit le roi d'Espagne jusqu'au bout de l'appartement, et l'embrassa à plusieurs reprises et le tenant longtemps dans ses bras, Monseigneur de même. Le spectacle fut extrêmement touchant.'—*S. Simon*, '*Mémoires*.'

The Court of Louis XIV. frequently halted at Sceaux on their way to and from Fontainebleau. We find the Duchesse d'Orléans writing :—

'28 oct. 1704. Jeudi dernier, nous sommes partis de Fontainebleau à onze heures, et à cinq heures moins un quart nous étions à Sceaux. J'allai au potager, je voulais voir ce dont le pauvre M. de Navailles, ancien gouverneur de mon fils, avait fait un si grand éloge. Du temps de M. Colbert, il vint exprès pour voir Sceaux. On lui montra la belle cascade, la galerie d'eau qui est admirable, la salle des marronniers, les berceaux, bref, tout ce qu'il y a de beau à y voir. Il ne loua rien du tout, mais, arrivé au potager où était la salade, il s'écria : "Franchement la vérité, voilà une belle chicorée !" J'allai donc aussi voir la belle chicorée.'—*Correspondance de Madame.*

But Sceaux is chiefly connected with the follies and extravagances of the Duchesse du Maine, Anne Louise Bénédicité de Bourbon-Condé, granddaughter of the Grand Condé, and the sufferings of her fickle-minded husband.

'Mme du Maine depuis longtemps, avait secoué le joug de l'assiduité, de la complaisance, et de tout ce qu'elle appelait contrainte ; elle ne se souciait ni du roi ni de M. le Prince qui n'aurait pas été bien reçu à contrarier où le roi, qui était entré dans les raisons de M. du Maine, ne pouvait plus rien. A la plus légère représentation il essuyait toutes les hauteurs de l'inégalité du mariage, et souvent pour des riens, des humeurs et des vacarmes qui avec raison lui firent tout craindre pour sa tête. Il prit donc le parti de la laisser faire, et de la laisser ruiner en fêtes, en feux d'artifice, en bals et en comédies qu'elle se mit à jouer elle-même en plein public, et en habits de comédienne.'—*S. Simon*, 1705.

'Mme du Maine se mit de plus en plus à jouer des comédies avec ses domestiques et quelques anciens comédiens. Toute la cour y allait ; on ne comprenait pas la folie de la fatigue de s'habiller en comédienne, d'apprendre et de déclamer les plus grandes rôles, et de se donner en spectacle public sur un théâtre. M. du Maine, qui n'osait la contredire de peur que la tête ne lui tournât tout-à-fait, était au coin d'une porte, qui en faisait les honneurs. Outre le ridicule, ces plaisirs n'étaient pas à bon marché.'—*S. Simon*, 1707.

'M. du Maine . . . avec de l'esprit, je ne dirai pas comme un ange, mais comme un démon auquel il ressemblait si fort en malignité, en noirceur, en perversité d'âme, en desservices à tous, en services à personne, en marches profondes, en orgueil le plus superbe, en fausseté exquise, en artifices sans nombre, en simulations sans mesure, et encore en agrémens, en l'art d'amuser, de divertir, de charmer quand il voulait plaire ; c'était un poltron accompli de cœur et de l'esprit, et à force de l'être, le poltron le plus dangereux.

'Il était plus poussé par une femme de même trempe, dont l'esprit, et elle en avait aussi infiniment, avait achevé de se gâter et de se corrompre par la lecture des romans et des pièces de théâtre, passion à laquelle elle s'abandonnait tellement qu'elle a passé des années à les apprendre par cœur, et à les jouer publiquement elle-même. Elle avait du courage à l'excès, entreprenante, audacieuse, furieuse, ne connaissant que la passion présente et y postposant tout, indignée contre la prudence et les mesures de son mari qu'elle appelait misères de faiblesse, et à qui elle reprochait l'honneur qu'elle lui avait fait de l'épouser, qu'elle rendit petit et souple devant elle en le traitant comme un nègre, le ruinant de fond en comble sans qu'il osât proférer une parole. Il souffrait tout d'elle dans la frayeur qu'il en avait et dans la terreur que la tête achevât tout-à-fait de lui tourner. Quoiqu'il lui cachât assez de choses, l'ascendant qu'elle avait sur lui était incroyable, et c'était à coups de bâton qu'elle le poussait en avant.'—*S. Simon.*

Nothing could exceed the magnificence as well as the extravagance of 'les grandes nuits de Sceaux.'

'Leur commencement, comme de toutes choses, fut très-simple. Mme la duchesse du Maine, qui aimait à veiller, passait souvent toute la nuit à faire différentes parties de jeu. L'abbé de Vaubrun, un de ses courtisans les plus empressés à lui plaire, imagina qu'il fallait, pendant une des nuits destinées à la veille, faire paraître quelqu'un sous la forme de la Nuit enveloppée de ses crêpes, qui ferait un remerciement à la princesse de la préférence qu'elle lui accordât sur le Jour : que la déesse aurait un suivant qui chanterait un bel air sur le même sujet. . . . L'idée en fut applaudie, et de là vinrent les fêtes magnifiques données la nuit par différentes personnes à Mme la duchesse du Maine.'—*Mlle Delaunay.*

It was at Sceaux that, under the Regency, the Duc du Maine was arrested for treason, as he was coming out of the chapel, and hurried off to a year's imprisonment at Dourlans, at the same time that his wife, arrested in Paris, was taken to Dijon. Upon the death of the duke (1736), after terrible sufferings from a cancer in the face, Mme du Maine ceased her political intrigues and devoted herself entirely to amusements and belles-lettres. Those were the brightest days of Sceaux, when Fontenelle, Lamotte, Chaulieu, were its constant guests, and more especially Voltaire, who had a fixed apartment in the château.

The Duchesse du Maine died in 1753. Her eldest son, the Prince de Dombes, was killed in a duel with the Maréchal de Coigny two years after; but her second son, the Comte d'Eu, spent twenty years at Sceaux and greatly embellished it. After his death the place passed to his cousin, the Duc de Penthièvre (father-in-law of the Princesse de Lamballe) whose gentleman-in-waiting was the poet Florian, who wrote part of his *Pastorales* at Sceaux, and died there. The Duc de Penthièvre gave Sceaux to his daughter, the Duchesse d'Orléans, from whom it was snatched by the Revolution, under which the château was demolished, and the park destroyed, except a very small portion.

This fragment, dignified by the name of *Parc de Sceaux* is entered at once from the railway station. It is appropriated as a tea-garden, but is always open to the public.

'Sceaux possède un autre attrait non moins puissant sur le Parisien. Au milieu d'un jardin d'où se découvrent de délicieux aspects, se trouve une immense rotonde ouverte de toutes parts, dont le dôme, aussi léger que vaste, est soutenu par d'élégants piliers. Ce dais champêtre protège une salle de danse.'—*De Balzac*, '*Le bal de Sceaux.*'

The garden is very quaint in its avenues, arcades, and circles of clipped limes. Here, where all other memorials of the favourite son of Louis XIV. are destroyed, one may still see the tomb of a cat of the Duchesse du Maine, inscribed—'Ci-gît Mar-la-main, le roi des animaux.'

Close also to the station is the *Church*, with a good flamboyant tower. The monogram of Colbert, by whom it was rebuilt, is to be seen on the vaulting of the choir

Over the high-altar is a group by Puget, representing the Baptism of Christ, which comes from the chapel of the Duc du Maine. Against a pillar on the left are propped up the broken fragments of a black-marble monument inscribed to 'le très-haut et très-puissant Louis-Auguste de Bourbon, Duc du Maine, Prince légitimé de France, 1736, et la très-haute, très-puissante Princesse Louise Bénédicité de Bourbon, Princesse du Sang, avec le Comte d'Eu leur fils. . . .' In the churchyard a bust commemorates Florian, who is buried there, having been brought up in the house of the Duc de Penthièvre, nephew of the Duc du Maine.

(It is 5 *k.* from Sceaux to Verrières by *Châtenay*, where Voltaire (François Marie Arouet) was born, February 20, 1694.)

The Chemin de Fer d'Orsay branches off from that of Sceaux at Bourg-la-Reine and then passes —

11 *k. Antony*, a village which belonged to the abbey of S. Germain des Prés at Paris from the IX. c.

14 *k. Massy.*—The church has a XIII. c. portal and heavy tower. (There is an omnibus from this station to *Verrières*. At the *Château de Villegenis* (right) Prince Jerome Napoleon, ex-king of Westphalia, died June 24, 1860.

17 *k. Palaiseau* has a handsome church, partly XII. c. and XIII c. Against the inner wall of the facade is placed the tombstone of the family of Arnauld of Port-Royal, who were exhumed from the destroyed abbey in the night of September 13, 1710, and reburied fifteen years after, September 30, 1725. The church tower is connected with the favourite story of *La Pie Voleuse*, for there it is said that a

magpie was discovered to have hidden the plate, for the theft of which an innocent young girl—Ninette—was condemned, and was just about to be executed. A pleasant drive or walk of 15 *k.* leads hence to Versailles by (3½ *k.*) *Igny*, where M. Tourneaux has built (1852) a fine château in the style of the renaissance; and *Bièvre*, amongst whose seigneurs was the Marquis de Bièvre (1747-83) who collected the Bievriana. In a neighbouring valley some farm buildings are all that remain of the Benedictine *Abbaye du Val profond* or *Abbaye aux Bois*, which afterwards received the name of Val de Grâce from Anne de Bretagne. In 1621 its nuns were removed to the Faubourg S. Jacques at Paris. A path turning aside from the hill which is ascended by the road to Versailles leads to the artificial caves known as *Grottes de Bièvre*. It is of the valley of Bièvre that Victor Hugo wrote, in his *Feuilles d'automne*—

'Une rivière au fond, des bois sur les deux pentes;
Là des ormeaux, brodés de cent vignes grimpantes,
Des prés, où le faucheur brunit son bras nerveux;
Là des saules pensifs, qui pleurent sur la rive,
Et, comme une baigneuse indolente et naïve,
Laissent tremper dans l'eau le bout de leurs cheveux;
Là bas, un gué bruyant dans les eaux poissonneuses,
Qui montrent aux passants les jambes des faneuses,
Des carrés de blé d'or; des étangs en flot clair;
Dans l'ombre, un mur de craie et des toits noirs de suie;
Les ocres des ravins, déchirés par la pluie;
Et l'aqueduc au loin, qui semble un pont de l'air.'

In the church of *Chilly*, a little east, are monuments of the family of Effiat. The tomb of Martin Ruzé bears his kneeling figure wearing the order of the S. Esprit.

23 *k. Orsay*, famous for the robber chieftains who occupied its castle in the reign of Charles VI. and VII.

The existing château is surrounded by a moat, supplied by the Yvette. One of the seigneurs of the neighbouring *Bures*, distinguished in the crusades, was made Viceroy of Jerusalem during the captivity of Baldwin II.

26 k. *Gif.*—Some small remains exist of the Benedictine abbey of *Notre-Dame du Val de Gif*, founded in the XII. c., enclosed in the garden of Mme Edmond Adam (Juliette Lamber), the authoress. A crypt is of the end of the XI. c.

31 k. *S. Remy.*—An omnibus (20 c.) meets all the trains for (2 k.) *Chevreuse*—Caprosia—(Hotel *de l'Espérance*, a pleasant clean little country inn, a good centre for artists) a little town nestling under a steep hill crowned by the ruins of a large château—known in the country side as *La Madeleine* from its former chapel, ruined long before the Revolution. The seigneury of Chevreuse was given by François I. to the Duchesse d'Etampes; but after the death of François I. her domains passed to Claude de Lorraine, Archbishop of Rheims. In 1612 Chevreuse was made a duchy for Marie de Rohan-Montbazon, widow of the Connétable de Luynes, whose second husband was the younger son of Balafré, Duc de Guise. From its donjon tower, Racine, placed there by his uncle, the *intendant* of the house of Luynes, to overlook some workmen, metaphorically dated his letter of *Babylone*, January 26, 1661. There are some XII. c. remains of an *Abbey of S. Saturnin* opposite the portal of the church. No. 14 Rue de Versailles is the curious *Maison des Bannières*. The ascent to the castle, with its steps in wood, presents many picturesque points of view.

A carriage (10 fr.) may be taken from Chevreuse for the

excursion to Dampierre and Vaux-le-Cernay, and, reaching Chevreuse in the middle of the day, there is plenty of time for this, and to return to Paris in the evening.

In the midst of the trim village of (4 k.) *Dampierre*, handsome wrought-iron gates open towards the château of the Duc de Luynes, a vast red and yellow building with towers at the angles, and great 'dépendances.' It was

CHEVREUSE.

chiefly rebuilt by J. H. Mansart for the Cardinal de Lorraine. The château is backed by wooded hills and green avenues. The buildings were restored in 1840 by the well-known archaeologist and historian Honoré, Duc de Luynes. Ingres was permitted by the duke to destroy some fine works of Gleyre in the gallery, but the frescoes with which the great artist began to replace them were so indelicate that his work at Dampierre was speedily cut short.

Amongst the treasures of the château is a silver statue by Rude of Louis XIII. as a child; but the interior of the building is not usually shown. The late duke, famous for his love of art, died of his service in the papal ambulance after the battle of Mentana.

(The pretty scenery of the Yvette near Levy-S Nom and Mesnil-S.-Denis may be visited from hence, and one may return to Paris from the station of Verrières. See Ch. XVII.)

Beyond Dampierre is good French home scenery— woods alternating with open fields sprinkled with fruit trees. Beyond the pretty village of *Senlisse*, which has an old church, and a moated XVI. c. manor-house, the carriage should be left at *Le Grand Moulin*, and regained at another old mill, and *Le Repos des Artistes*, five minutes further on. A path leads along the right bank of the Yvette, through a little wood painted by a thousand artists, full of great stones stained with crimson lichen, between which the Yvette tosses in little rapids (called here *les cascades*) to a limpid sheet of water in the more open ground.

2 *k.* further, 10 *k.* from Chevreuse, is the village of *Vaux-le-Cernay* (*Au Rendez-vous des Artistes*—a good artist-inn), below which, reached through an old gateway close to a château, are the remains of the abbey of which Guy de Montfort, bishop of Carcassonne, was abbot, and Pierre des Vallées-Cernay, historian of the Albigensian war, was a monk. To enter the grounds it is necessary to have written beforehand to the proprietor, the Baroness Nathaniel de Rothschild, 33 Faubourg S. Honoré, but the ruined church with its noble rose-window, is well seen from the road.

'L'abbaye des Vaux-le-Cernay était un établissement purement agricole. Fondé en 1128, on trouve dans le plan la simplicité d'ordonnance et la regularité des édifices enfantés par Cîteaux : toujours les quatre chapelles ouvertes à l'est dans le transept, et comme à Cîteaux une abside carrée. Le grand bâtiment qui prolonge le transept contenait au rez-de-chaussée la salle du chapitre, la sacristie, parloirs, etc. : au-dessus, le dortoir. Près de l'entrée, il existe une grange très-vaste. Le colombier se trouve éloigné du cloître dans les vastes dépendances qui entourent l'abbaye.'—*Viollet-le-Duc.*

The abbey of Vaux-le-Cernay was an especially coveted possession. The poet Desportes possessed it, but without

AT VAUX-LE-CERNAY.

interfering with any spiritual government. Henri III. asked him why he had refused the archbishopric of Bordeaux; he replied that he dreaded the charge of souls. ' "Voire," dit le roi, "et vous êtes abbé ! N'avez-vous pas charge des âmes de vos moines ?" "Non," répondit Desportes, "car ils n'en ont point."' Another abbot commendatory was Henri de Bourbon de Verneuil, bastard of Henri IV., who, after a nominal rule of sixty years, threw it up to marry at the age of sixty-nine; it was then given to King Casimir of Poland, who had abdicated to take orders.

Pedestrians who wish to vary their return to Paris may join the line to Rambouillet at *Les Essarts du Roi*.

40 *k*. *Limours* has a good XVI. c. church. The château, 'des mignons et des mignonnes des rois de France,' was destroyed at the Revolution. Anne de Pisseleu, Diane de Poitiers, and the Duc de Joyeuse were amongst its owners. At 4 *k*. east, passing *Forges-les-Bains*, is *Briis*, where a large square tower, with a round tourelle attached to it, is called the *Tour d'Anne de Boleyn*, and is pointed out as the remnant of a convent where the unfortunate Queen of England lived in her youth. When she came over to France as maid of honour to Princess Mary on her marriage with Louis XII., she was left by her father to complete her education at Briis. It is supposed that a convent was chosen here for that purpose, because her ancestor, Walter de Boleyn, was vassal-kinsman to the lord of Briis in 1344.[1]

[1] See Strickland's *Queens of England*, iv. 167.

XVII.

MEUDON, BELLEVUE, PORT ROYAL, RAMBOUILLET.

THE *Gare Montparnasse* is on the boulevard Montparnasse, on the left bank of the Seine, at a great distance from the hotels usually frequented by English visitors. The trains as far as Versailles run every half-hour from 6.35 till 9.5 A.M.; after 10.5 at every hour.

The places to the right of the carriages are best for the view.

6 *k. Clamart,* after which the railway passes beneath the fort of *Issy.* On the left the villages of *Val* and *Fleury* are seen, then Meudon with its terrace. On the right there is a fine view over the valley of the Seine, with Paris, the Bois de Boulogne, Mont Valérien, S. Cloud, and Sèvres. The gorge of *Val-Fleury* is crossed before reaching—

8 *k. Meudon.* It is an ascent of 1½ *k.* from the station, in a straight line, to the famous *Terrace* of Meudon, which is always open to the public, and which has incomparably the most beautiful and pictorial view in the neighbourhood of Paris. To the left the great mass of the city is seen, backed by the heights of Montmartre and by fainter blue distances. The dome of the Invalides glitters to the right of the windings of the Seine with its bridges, and, further to the right, southern Paris extends into long lines of houses for miles, only broken by S. Sulpice, S. Germain, the Pantheon,

and the Val de Grâce ; further still to the right, the wooded hill in the foreground is surmounted by the *Hospice de Fleury.* In the deep hollow below is the pretty little town of Meudon, with its old houses, and rich masses of chestnut and acacia foliage around the XVI. c. church, interesting from its association with François Rabelais, son of a publican, who, born (1485) on a métairie near Chinon, died curé of Meudon, though he never resided or performed any ecclesiastical duty there.

The Cardinal de Lorraine, who bought Meudon from the famous Duchese d'Etampes, mistress of François I., built a château here from designs of Philibert Delorme. This château, says Corrozet, 'was a house furnished forth with columns, busts, paintings, grotesques, compartments and devices of blue and gold, and more colours than it is possible to mention.' The heirs of the cardinal sold his château to Servient, Surintendant de Finances from 1664 to 1669, who made the fine terrace above the village. From his son, Meudon passed to Louvois, minister of Louis XIV., from whose widow it was bought by the king.

'Le roi, accoutumé à dominer dans sa famille autant pour le moins que sur ses courtisans et sur son peuple, et qui la voulait toujours rassemblée sous ses yeux, n'avait pas vu avec plaisir le don de Choisy à Monseigneur, et les voyages fréquents qu'il y faisait avec le petit nombre de ceux qu'il nommait à chacun pour l'y suivre. Cela faisait une séparation de la cour, que, à l'âge de son fils, ne se pouvait éviter, dès que le présent de cette maison l'avait fait naître, mais il voulut au moins le rapprocher de lui. Meudon, bien plus vaste et extrêmement superbe par les millions que M. de Louvois y'avait enfouis, lui parut propre pour cela. Il en proposa donc l'échange à Barbésieux, pour sa mère, qui l'avait pris dans les biens pour 500,000 liv., et le chargea de lui en offrir 400,000 liv. de plus avec Choisy en retour. Mme de Louvois, pour qui Meudon était trop grand et trop difficile à remplir, fut ravie de recevoir 900,000 liv. avec une maison plus à sa portée et d'ailleurs fort agréable ; et le même jour que le roi témoigna désirer cet échange, il fut conclu. Le roi ne l'avait pas fait sans en avoir parlé à Monseigneur, pour qui les moindres apparences de désir étaient des ordres. Mme de Louvois passa depuis ses étés en bonne compagnie à Choisy, et Monseigneur n'en voltigea que de plus en plus de Versailles à Meudon, où, à l'imitation du roi, il fit beaucoup de choses dans la maison et dans les jardins, et combla les merveilles que les cardinaux de Meudon et de Lorraine et MM. Servient et de Louvois y avaient successivement ajoutées.'—*S. Simon*, '*Mémoires*,' 1695.

The son of Louis XIV. was never called Dauphin.

'Monseigneur fut Monseigneur toute sa vie, et le nom de dauphin éclipsé. C'est le premier et l'unique Monseigneur tout court qu'on ait connu.'—*S. Simon.*

After he became the owner of Meudon, Monseigneur lived there whenever he could escape from the Court, and amused himself in the creation of gardens and buildings, as his father did at Versailles : he especially loved, by taking refuge at Meudon, to avoid the tedious monotony of the Voyages de Marly. His morganatic wife, known by the name of Mlle Chouin,[1] resided at Meudon, united to him (*c.* 1695) in secret bonds of matrimony, as Mme de Maintenon was to Louis XIV., but occupied a very different position, living in one of the attics of the house, and seen by none but Monseigneur. The king never came to Meudon (which, after all, he disliked as alienating his son from the Court) till he was summoned thither (1711) by the news of Monseigneur's dangerous illness. Then he established himself there till his son's death (from small-pox), which was very sudden at the last.

'16 avril, 1711. Quel spectacle, madame, quand j'arrivai dans le grand cabinet de Monseigneur ! Le roi assis sur un lit de repos, sans verser une larme, mais avec un frisson et un tremblement depuis les pieds jusqu'à la tête ; Mme la duchesse se désespérant, Mme la

[1] Marie Emilie Joly de Chouin, ob. 1732.

princesse de Conti pénetrée, tous les courtisans en silence, interrompu par des sanglots et par les cris qu'on entendoit, qui se faisoient dans la chambre à chaque moment qu'on croyoit qu'il expiroit.'—*Mme de Maintenon à la Princesse des Ursins.*

'Pendant que le roi soupait tranquillement, la tête commença à tourner à ceux qui étaient dans la chambre de Monseigneur. Fagon et les autres entassèrent remèdes sur remèdes sans en attendre l'effet. Le curé, qui tous les soirs avant de se retirer chez lui allait savoir des nouvelles, trouva contre l'ordinaire toutes les portes ouvertes et les valets éperdus. Il entra dans la chambre, où, voyant de quoi il n'était que trop tardivement question, il courut au lit, prit la main de Monseigneur, lui parla de Dieu, et, le voyant plein de connaissance, mais presque hors d'état de parler, il en tira ce qu'il put pour une confession, dont qui que ce soit ne s'était avisé, et lui suggéra des actes de contrition. Le pauvre prince en répéta distinctement quelques mots, confusément les autres, se frappa la poitrine, serra la main au curé, parut pénétré des meilleurs sentiments, et reçut d'un air contrit et désireux l'absolution du curé.

'Cependant le roi sortait de table, et pensa tomber à la renverse lorsque Fagon se présentant à lui lui cria, tout troublé, que tout était perdu. On peut juger quelle terreur saisit tout le monde en ce passage si subit d'une sécurité entière à la plus désespérée extrémité.

'Le roi, à peine à lui-même, prit à l'instant le chemin de l'appartement de Monseigneur, et réprima très-sèchement l'indiscret empressement de quelques courtisans à le retenir, disant qu'il voulait voir encore son fils, et s'il n'y avait plus de remède. Comme il était près d'entrer dans la chambre, Mme la princesse de Conti, qui avait eu le temps d'accourir chez Monseigneur dans ce court intervalle de la sortie de table, se présenta pour l'empêcher d'entrer. Elle le repoussa, même des mains, et lui dit qu'il ne fallait plus désormais penser qu'à lui-même. Alors le roi, presque en faiblesse d'un renversement si subit et si entier, se laissa aller sur un canapé qui se trouva à l'entrée de la porte du cabinet par lequel il etait entré, qui donnait dans la chambre. Il demandait des nouvelles à tout ce qui sortait, sans que presque personne osât lui répondre. En descendant chez Monseigneur, car il logeait au-dessus de lui, il avait envoyé chercher le père Tellier, qui venait de se mettre au lit, et fut bientôt habillé et arrivé dans la chambre, mais il n'était plus temps, à ce qu'ont dit depuis tous les domestiques, quoique le jésuite, peut-être pour consoler le roi, lui eût assuré qu'il avait donné une absolution bien fondée. Mme de Maintenon accourue auprès du roi, et assise sur le même canapé, tâchait de pleurer. Elle essayait d'emmener le roi, dont les carrosses étaient déjà prêts dans le cour, mais il n'y eut pas moyen de l'y faire résoudre que Monseigneur ne fût expiré.

'Cette agonie sans connaissance dura près d'une heure depuis que le roi fut dans le cabinet. Mme la duchesse et Mme la princesse de Conti se partageaient entre les soins du mourant et ceux du roi, près duquel elles revenaient souvent, tandis que la faculté confondue, les valets éperdus, le courtisan bourdonnant, se poussaient les uns sur les autres, et cheminaient sans cesse sans presque changer de lieu. Enfin le moment fatal arriva. Fagon sortit qui le laissa entendre.

'Le roi, fort affligé, sortit emmené par Mme de Maintenon et par les deux princesses. Il monta avec peine en carrosse appuyé des deux côtés, Mme de Maintenon tout de suite après, qui se mit à côté de lui; Mme la duchesse et Mme la princesse de Conti montèrent après elle, et se mirent sur le devant. Une foule d'officiers de Monseigneur se jetèrent à genoux tout du long de la cour, des deux côtés, sur le passage du roi, lui criant avec des hurlemens étranges d'avoir compassion d'eux, qui avaient tout perdu et qui mouraient de faim.'—*S. Simon,* '*Mémoires,*' 1711.

In the reign of Louis XV., the Duchesse de Berry exchanged Amboise for Meudon, which was reunited to the crown in 1726. In 1736, Stanislaus, king of Poland, was lodged here. In 1789, the first Dauphin, son of Louis XVI., died here. During the Revolution the older château was transformed into a fortress, and Napoleon I. pulled it down, using some of its marbles in building the arch of the Place du Carrousel. A second château, which had been built by the second Dauphin, was repaired and intended to be used as a college for kings! Marie Louise and the King of Rome lived there during the Russian campaign. Afterwards (1833) Pedro, king of Portugal, his daughter, Doña Maria, the Duc d'Orléans, and Marshal Soult, inhabited it in turn. Under the second empire it was the residence of Jerome Napoleon, once king of Westphalia.

Y

It was destroyed during the German war of 1870, and the terraces are now the only memorials of the two châteaux. Only the lower terrace is open to the public: at the end is an observatory.

At Meudon, during the Reign of Terror, there was a tannery of human skins, 'such of the guillotined as seemed worth flaying, of which perfectly good wash-leather was made.'[1] The skin of the men was superior in toughness (*consistance*) and quality to chamois, that of the women was good for almost nothing, being so soft in texture.[2]

Le Bois de Meudon is a favourite resort of Parisian pedestrians. Mme Roland used to be brought thither in her childhood.

'A cinq heures du matin, le dimanche, chacun était debout. Un habit léger, frais, très-simple, quelques fleurs, un voile de gaze, annonçaient les projets du jour. Les odes de Rousseau, un volume de Corneille ou autre, faisaient tout mon bagage. Nous partions tous les trois [elle, son père et sa mère]. On allait s'embarquer au pont Royal, que je voyais de mes fenêtres, sur un petit batelet, qui, dans le silence d'une navigation douce et rapide, nous conduisait au rivage de Bellevue, non loin de la verrerie. Là, par des sentiers escarpés, nous gagnons l'avenue de Meudon. . . . Le dîner se faisait chez l'un des suisses du parc. . . . Aimable Meudon ! combien j'ai respiré sous tes ombrages en bénissant l'auteur de mon existence, en désirant ce qui pourrait la compléter un jour ; mais avec ce charme d'un désir sans impatience qui ne fait que colorer les nuages de l'avenir des rayons de l'espoir ! Combien j'aimais me reposer sous ces grands arbres, non loin des clairières, où je voyais passer la biche timide et légère ! Je me rappelle ces lieux plus sombres où nous passions les moments de la chaleur : là, tandis que mon père, couché sur l'herbe, et ma mère, doucement appuyée sur un amas de feuilles que j'avais préparé, se livraient au sommeil de l'après-dîner, je contemplais la majesté de tes bois silencieux, j'admirais la nature, j'adorais la Providence dont je sentais les bienfaits.'—'*Mémoires.*'

[1] Montgaillard, iv. 290.
[2] See Carlyle's *French Revolution*, iii. 7.

> 'Pourquoi pas montés sur des ânes ?
> Pourquoi pas au bois de Meudon ?
> Les sévères sont les profanes ;
> Ici tout est joie et pardon.
>
> Rien n'est tel que cette ombre verte,
> Et que ce calme un peu moqueur,
> Pour aller à la découverte
> Tout au fond de son propre cœur.
>
> Tout chante ; et pas de fausses notes.
> L'hymne est tendre ; et l'esprit de corps
> Des fauvettes et des linottes
> Eclate en ces profonds accords.'—*Victor Hugo*.

Louis XVI. was hunting at Meudon on October 6, 1789, the very day of the attack of the people of Paris upon Versailles, and Marie Antoinette had to send messengers to hasten his return, so that he might reach the palace before the expected arrival of the furies of the Halles.[1]

A charming walk of 1 *k*. leads from the end of the terrace at Meudon, down a lime avenue to Bellevue (a restaurant on the way, good but dear).

9 *k. Bellevue* (Hotel *de la Tête Noire*).—Here Mme de Pompadour, admiring the view from the hill above the left bank of the Seine, built a château (1748-50), which Louis XV. frequently used as a residence, and which he purchased in 1757. After the death of Louis XV. the château became the private residence of his daughters—Mesdames, Tantes du Roi—till their flight before the coming Revolution in 1791.

'Mesdames, tantes du roi, partirent de Bellevue au commencement de l'année 1791. Je fus prendre congé de Madame Victoire. Je ne croyais pas voir pour la dernière fois de ma vie cette auguste et vertueuse protectrice de ma première jeunesse. Elle me reçut seule dans ses cabinets, et m'assura qu'elle espérait, autant qu'elle le désirait,

[1] *Mémoires de Weber*.

rentrer bientôt en France ; que les Français seraient trop à plaindre si les excès de la révolution arrivaient à un degré qui dût lui faire prolonger son absence. Je savais par la reine que le départ de Mesdames avait été jugé nécessaire, pour laisser le roi libre dans ses démarches, lorsqu'il serait contraint de s'éloigner avec sa famille.'—*Mme Campan, 'Mémoires.'*

The château of Mesdames was sold during the Revolution, and has been almost entirely destroyed. The only remaining fragment, now known as *Brimborion* (a pavilion inhabited by Louis XV. whilst the château was building), is in private hands. A fine view over Paris (though inferior to that from Meudon, turning to the left from the station and taking the second turning to the right) is to be obtained from the terrace at the end of the Avenue Mélanie

'Un jour le dauphin (fils de Louis XV.) étoit appuyé sur le grand balcon du château de Bellevue, les yeux fixés sur Paris ; un homme qui le voyait familièrement, s'approcha de lui, et lui dit : "M. le dauphin a l'air bien pensif." "Je songeais," répondit le prince, "aux délices que doit éprouver un souverain, en faisant le bonheur de tant d'hommes." '—*Morceaux historiques.*

The chapel of *Notre Dame des Flammes*, near the station, commemorates a terrible railway accident of May 8, 1842, when a train of eighteen carriages was thrown off the line, set on fire by the engine, and forty-five persons were burnt to death.

13 *k. Chaville* possessed a magnificent château, built by Louvois, but it was utterly destroyed at the Revolution.

14 *k. Viroflay.*—There is a pleasant walk from hence to Versailles (4 *k.*) by *Jouy* and *Buc.*

18 *k. Versailles.* (See Chap. II.) Continuing the same line to Rambouillet we pass—

22 *k. Saint-Cyr.*—This place derives its name from the

little Gaulish christian Cyrus, who was thrown from a rock by the Roman governor, at three years old, for refusing to change his religion after the martyrdom of his mother. A convent afterwards existed here. But S. Cyr was of no importance, till Mme de Maintenon received it as a wedding present from Louis XIV., and transferred hither the college for indigent young ladies of noble birth, which she had previously instituted in the Château de Noisy near Versailles, and which she placed under the care of her friend, Mme de Brinon, an ex-Ursuline nun. Mansart was employed by Louis XIV. to build the immense edifice, which still exists, to please Mme de Maintenon.

'Son goût pour S. Cir paroissoit ne pouvoir devenir plus vif, et le devenoit tous les jours. Plus elle y faisoit de bien, plus elle vouloit y en faire. Environnée de tous les plaisirs de la cour, elle trouvoit mille prétextes pour les quitter. S. Cir la consolait de tous les ennuis. Elle ne craignoit point, en s'éloignant du roi, de le trouver à son retour moins empressé, ou moins complaisant ; elle n'avoit point cette curiosité pour les affaires qui appréhende toujours d'en perdre le fil. Elle haïssoit les voyages de Fontainebleau, parce qu'ils la séparoient trop long-temps de sa famille ; car elle disoit souvent, qu'elle n'en avoit d'autre que S. Cir. "Quand me verrai-je," écrivoit-elle à la Supérieure, "à cette grande table, où environnée de toutes mes filles je me trouve plus à mon aise qu'au banquet royal?" De tous les vers faits a sa louange, les quatre plus mauvais furent les seuls qui lui plurent, parce qu'elle y trouva S. Cir.

'"Elle voit les honneurs avec indifférence :
Son cœur de vains désirs n'est jamais combattu :
Sa maison même de plaisance
Est une école de vertu."'
De la Beaumelle, 'Mémoires de Mme de Maintenon.'

In order to obtain admittance to S. Cyr it was necessary to prove four degrees of nobility on the paternal side. The number of pupils was restricted to 250, the mistresses were forty, and there were forty 'sœurs converses' for the service of the house. Whilst Mme de Maintenon was still living at Versailles, she often amused Louis XIV. by making the young ladies of S. Cyr get up one of the newly written plays of Racine, and act them in his presence. Mme de Sévigné describes seeing the performance of *Esther*.

'21 février, 1689. Je fis ma cour l'autre jour à Saint-Cyr, plus agréablement que je n'eusse jamais pensé. Nous trouvâmes nos places gardées. Je me mis au second banc derrière les duchesses. . . . Nous écoutâmes, le Marechal de Bellefond et moi, cette tragédie avec une attention qui fut remarquée, et de certaines louanges sourdes et bien placées. Je ne puis vous dire l'excès de l'agrément de cette pièce : c'est une chose qui n'est pas aisée à représenter, et qui ne sera jamais imitée : c'est un rapport de a musique, des vers, des chants, des personnes, si parfait et si complet, qu'on n'y souhaite rien ; les filles qui font des rois et des personnages sont faites exprès : on est attentif, et on n'a point d'autre peine que celle de voir finir une si aimable tragédie, tout y est sublime et touchant ; cette fidélité de l'histoire sainte donne du respect ; tous les chants convenables aux paroles, qui sont tirées des Psaumes ou de la Sagesse, et mis dans le sujet, sont d'une beauté singulière ; la mesure de l'approbation qu'on donne à cette pièce, c'est celle du goût et de l'attention. J'en fus charmée, et le Maréchal aussi, qui sortit de sa place, pour aller dire au roi combien il étoit content, et qu'il étoit auprès d'une dame qui étoit bien digne d'avoir vu *Esther*. Le roi vint vers nos places ; et après avoir tourné, il s'adressa à moi, et me dit : "Madame, je suis assuré que vous avez été contente." Moi, sans m'étonner, je répondis : "Sire, je suis charmée, ce que je sens est au-dessus des paroles." Le roi me dit : "Racine a bien de l'esprit." Je lui dis : "Sire, il en a beaucoup ; mais, en vérité, ces jeunes personnes ont beaucoup aussi ; elles entrent dans le sujet, comme si elles n'avoient jamais fait autre chose." "Ah, pour cela," reprit-il, "il est vrai." Et puis sa Majesté s'en alla, et me laissa l'objet de l'envie ; comme il n'y avoit quasi que moi de nouvelle venue, le roi eut quelque plaisir de voir mes sincères admirations sans bruit et sans éclat.'

Mme de Maintenon ruled the institution of Saint Cyr as an autocrat, even during the lifetime of Louis XIV. When he was upon his deathbed, as soon as he had lost consciousness, she obeyed his wishes, by retiring there altogether, probably to avoid complications with his family, having lost those members of it who were fond of her, and having reason to distrust the rest. The day after she reached S. Cyr, the king died. Mlle d'Aumale came into her room and said, 'Madame, toute la communauté est à l'eglise.' She understood, rose silently, and went herself to the church, where the office of the dead was being recited. The king had left her nothing in his will, but had simply recommended her to the care of his nephew, afterwards Regent. The Duc d'Orléans was worthy of this confidence. A few days after the king's death, he paid her a visit, and continued her pension of 48,000 livres, inserting in the brevet that 'son rare désintéressement la lui avait rendue nécessaire.'

The retreat of Mme de Maintenon was once interrupted. When the Czar Peter came to France in 1717, he insisted upon seeing the woman who, for thirty years, had played such an important part in the world. She comically describes the interview in a letter to Mme de Caylus.

'11 juillet, 1717. Le czar est arrivé à sept heures du soir. Il s'est assis au chevet de mon lit. Il m'a demandé si j'étais malade; j'ai répondu qu'oui. Il m'a fait demander ce que c'était mon mal; j'ai répondu : "Une grande vieillesse." Il ne savait que me dire, et son trucheman ne paraissait pas m'entendre. Sa visite a été fort courte. . . . Il a fait ouvrir le pied de mon lit pour me voir : vous croyez bien qu'il en aura été satisfait !'

The disgrace of the Duc du Maine, whose governess she had been, and whom she had brought up as her own child, was a bitter affliction to Mme de Maintenon. She could not rally from it. 'Mourir est le moindre événement de ma vie,' she said one day to Besse, her doctor. She had no illness, only experienced ' une grande difficulté de vivre,'

One day when Besse had forbidden her to eat, she wrote to Mme de Glapion, Superior of S. Cyr :

'J'ai beau dire que j'ai beaucoup d'appétit et point de mal :

> Fagon, en des maux plus présents,
> M'abandonnait à ma sagesse,
> Et, pour un rien, Saint-Cyr, de concert avec Besse,
> Me refuse des aliments !
> Et voilà ce que c'est qu'avoir quatre-vingts ans.

Ordonnez donc, ma chère fille, qu'on m'envoie ce que je demande. Voulez-vous que la postérité dise—

> "Cette femme qui, dans son temps,
> Fit un si brillant personnage,
> Eut à Saint-Cyr beaucoup d'enfants,
> Et mourut faute d'un potage."'

Mme de Glapion answered by sending the *potage*, with these lines—

> 'Que Besse en veuille à Glapion,
> Malgré la Faculté vous serez obéie.
> Vous, mourir d'inanition !
> Eh ! de tous vos enfants la grande passion
> Serait de vous donner leur vie.'

The Duc de Noailles, who had married her niece, was present at the deathbed of Mme de Maintenon. 'Adieu, mon cher duc,' she said. 'Dans quelques heures d'ici, je vais apprendre bien des choses.' She died April 15, 1719. She had desired to be simply buried in the churchyard of S. Cyr. But the Duc de Noailles erected a magnificent tomb to her in the middle of the choir, which was destroyed in the Revolution. Neither of her two husbands was mentioned in her epitaph.

'Mme de Maintenon se retira à Saint-Cyr au moment même de la mort du roi, et eut le bon sens de s'y réputer morte au monde, et de n'avoir jamais mis le pied hors du cloître de cette maison. Elle ne voulut y voir personne du dehors, rien demander, ni recommander à personne, ni se mêler de rien où son nom pût être mêlé.

'Mme de Maintenon, outre ses femmes de chambre, car nul homme de ses gens n'entrait dans la clôture, avait deux, quelque fois trois anciennes demoiselles et six jeunes pour être de sa chambre, dont, vieilles et jeunes, elle changeait quelquefois. Comme à la cour, elle se levait matin et se couchait de bonne heure. Ses prières duraient long-temps, elle lisait aussi elle-même des livres de piété, quelquefois elle se faisait lire quelque peu d'histoire par ces jeunes filles, et se plaisait à les faire raisonner dessus et à les instruire. Elle entendait la messe d'une tribune tout contre sa chambre, souvent quelques offices, très-rarement dans le chœur. Elle communiait deux fois la semaine, ordinairement entre sept et huit heures du matin, puis revenait dans sa tribune, où ces jours-là elle demeurait long-temps.

'Elle nommait toutes les supérieures, première et subalternes, et toutes les officières. On lui rendait un compte succinct du courant; mais, de tout ce qui était au-delà, la première supérieure prenait ses ordres. Elle était Madame tout court dans la maison; où tout était en sa main, et quoiqu'elle eût des manières honnêtes et douces avec les dames de Saint-Cyr, et de bonté avec les demoiselles, toutes tremblaient devant elle. Il était infiniment rare qu'elle en vît d'autres que les supérieures et les officières, encore n'était-ce que lorsqu'elle en envoyait chercher, ou, encore plus rarement, quand quelqu'une se hasardait de lui faire demander une audience, qu'elle ne refusait pas. La première supérieure venait chez elle quand elle voulait, mais sans en abuser; elle lui rendait compte de tout et recevait ses ordres sur tout. Mme de Maintenon ne voyait guère qu'elle. Jamais abbesse, fille de France, comme il y en a eu autrefois, n'a été si absolue, si ponctuellement obéie, si crainte, si respectée, et, avec cela, elle était aimée de presque tout ce qui était enfermé dans Saint-Cyr. Les prêtres du dehors étaient dans la même soumission et dans la même dépendance. Jamais, devant ses demoiselles, elle ne parlait de rien qui pût approcher du gouvernement ni de la cour, assez souvent du feu roi avec éloge, mais sans enfoncer rien, et ne parlant jamais des intrigues, des cabales, ni des affaires.'—*S. Simon*, '*Mémoires.*'

'Mme de Maintenon se tenait dans une chambre haute, lambrissée de chêne, sans peinture, et meublée tout uniquement en cuirs vernissés. Devant chacun des sièges, il y'avait un carreau de tapisserie pour mettre sous les pieds, parce qu'il n'y avait pas même de tapis sur le parquet, tant l'ameublement était simple.'—*Souvenirs de la Marquise de Créqui.*

The Emperor Napoleon I. restored S. Cyr—pillaged at the Revolution—as a military school. Its enormous monotonous white buildings, with high slated roofs, contain 350 pupils, and it annually gives about 140 young officers to the army. The greater part of the former gardens are now a *Champ de Mars*. A black-marble slab in the chapel covers the remains of Mme de Maintenon, collected after the Revolution, and is inscribed—' Cy-gît Mme de Maintenon, 1635-1719-1826.'[1]

28 *k. Trappes,* 4 *k.* south (by the Bois de Trappes), is the site of the famous *Abbey of Port Royal des Champs.*[2]

'He whose journey lies from Versailles to Chevreuse will soon find himself on the brow of a steep cleft or hollow, intersecting the monotonous plain across which he has been passing. The brook which winds through the verdant meadows beneath him, stagnates into a large pool, reflecting the mutilated gothic arch, the water-mill and the dovecot which rise from its banks; with the farmhouse, the decayed towers, the forest-trees, and innumerable shrubs and creepers, which clothe the slopes of the valley. France has many a lovelier prospect, though this is not without its beauty; and many a field of more heart-stirring interest, though this, too, has been ennobled by heroic daring; but through the length and breadth of that land of chivalry and of song, the traveller will in vain seek a spot so sacred to genius, to piety, and to virtue. In those woods Racine first learnt the language—the universal language—of poetry. Under the roof of that humble farmhouse, Pascal, Arnauld, Nicole, De Saci, and Tillemont,

---

[1] Her original epitaph, of great length, in Latin and French, contained the words—

'Ici repose très illustre dame, madame Françoise d'Aubigné, marquise de Maintenon, dame d'atour de Christine-Victoire de Bavière, dauphine de France. . . . Aussi persévéramment que sagement chère à Louis-le-Grand. Femme excellente au-delà de toutes les femmes de son siècle et de plusieurs précédents. . . . Une seconde Esther par la manière dont elle a su plaire au roi; une seconde Judith par l'amour de la retraite et l'oraison avec ses chères filles. Pauvre, au milieu des richesses, par la libéralité envers les misérables; humble, au comble de sa gloire, par son affection pour la modestie chrétienne. Elle est décédée le 15 avril, 1719, âgée de 83 ans.'

[2] Port-Royal may be reached by the omnibus which runs between Verrières and Massy on the line from Paris to Limours

meditated those works which, as long as civilisation and Christianity survive, will retain their hold on the gratitude and reverence of mankind. There were given innumerable proofs of the graceful good-humour of Henry IV. To this seclusion retired the heroine of the Fronde, Anne Geneviève, Duchess of Longueville, to seek the peace which the world could not give. Mme de Sévigné discovered here a place "tout propre à inspirer le désir de faire son salut."'—*Fitzjames Stephen.*

The Benedictine abbey of Port Royal was founded in 1204, by Eudes de Sully, Bishop of Paris. It was a poor abbey and only intended for twelve nuns. The lords of Montmorency and Montfort were its principal benefactors. Gradually it increased in prosperity. Honorius III. authorised the celebration of the sacred office within its walls, even when the whole country might lie under interdict, and a nun was permitted to keep seven fragments of the wafers consecrated on her profession, and with them to administer the Holy Sacrament to herself on as many successive days. Still, for four centuries, Port Royal was not remarkable. In the XVI. c. the rule of the convent had greatly relaxed when Marie-Angélique, one of the twenty children of Antoine Arnauld, having become a nun at eight, was appointed abbess at eleven years old (in 1602), her sister Agnes, of five years old, becoming abbess of S. Cyr. Six years later, the young abbess of Port Royal became its reformer.

'Un capucin, qui était sorti de son couvent par libertinage, et qui allait se faire apostat dans les pays étrangers, passant par hasard à Port-Royal en 1608, fut prié par l'abbesse et par les religeuses de prêcher dans leur église. Il le fit, et ce misérable parla avec tant de force sur le bonheur de la vie religieuse, sur la beauté et sur la sainteté de la règle de Saint Benoît, que la jeune abbesse en fut vivement émue. Elle forma dès lors la résolution, non-seulement de pratiquer sa règle dans toute sa rigueur, mais d'employer même tous ses efforts pour la faire aussi observer à ses religieuses. . . . En moins de cinq ans la communauté de biens, le jeûne, l'abstinence de viande, le silence, la veille de la nuit, et enfin toutes les austérités de la règle de Saint Benoît, furent établis à Port-Royal.'—*Racine.*

The abbess Angélique secluded Port Royal from the world, and herself set the example of cutting off unnecessary communication with it, by refusing admittance to her own parents and her sister Mme le Maître, when they came to visit her one day ever after known as 'la journée du guichet.'

'How deep was the peace, how holy the spirit of humility and retirement, how pure and spiritual the temperance and self-denial, and how fervent and zealous the spirit of charity which reigned within the walls of its enclosure. In this truly admirable community might be seen united a rare example of industry, inspired by charity, and continued without intermission or relaxation; of prayer without any suspension; of faith, bearing continual and abundant fruits. In this society ambition had no place, nor was any contention found, but who should fill up the most vile, the most laborious, the most humiliating offices. No impatience was to be discovered in the sisters, nor any caprice in the mothers: and it might be truly said that, in this blessed community, Christian love burnt with a bright, a burning, a clear and steady flame; alike rendering obedience prompt, command reasonable, and devotion to God all in all.

'But nothing ever approached to the complete and entire disinterestedness which so eminently characterised Port Royal, and which, from the abbess to the last of the servants, glowed as one soul, with an open and munificent generosity.'—*Schimmelpenninck.*

'La simplicité de l'église, la modestie des domestiques, la solitude des parloirs, le peu d'empressement des religieuses à y soutenir la conversation, leur peu de curiosité pour savoir les choses du monde et même les affaires de leurs proches, le travail sans relâche, la prière continuelle.'—*Racine.*

'L'auguste majesté de Dieu se faisoit sentir dans ces saints lieux. Jésus Christ présent sur l'autel y étoit adoré continuellement, nuit et jour, sans interruption. Les saints mystères y étoient offerts avec une terreur sainte, religieuse, pleine de foi. L'ardent amour que ces pieuses filles avoient pour Jésus-Christ leur faisoit désirer sans cesse de recevoir souvent la divine Eucharistie, avec un empressement et un feu dont l'activité pourtant étoit quelquefois retenu par un vif sentiment d'humilité et de pénitence.'—*Petitpied.*

The success which crowned the labours of the brave Angélique for the reformation of her own abbey led to her being employed in the reform of other religious houses, especially that of Maubuisson, which had fallen into great licence under the rule of a sister of the famous Gabrielle d'Estrées. Many of the nuns from this convent afterwards sought a refuge at Port Royal, but fever soon drove them from the over-crowded buildings, and the whole community was obliged to take refuge in the Rue S. Jacques at Paris, where a house had been purchased for them by Mme Arnauld, mother of the Mère Angélique. Here—in the 'Convent of Port Royal de Paris'—it was that they became intimate with Saint-Cyran, then a prisoner at Vincennes, and that they first began to follow him and Jansenius as their teachers.

Meanwhile, the deserted buildings of Port Royal des Champs were occupied by three nephews of the Mère Angélique, the brothers Lemaître, one of whom, Simon Lemaître de Sacy, had translated the Bible and Terence; and another, Antoine, was famous as an advocate.

'Leur exemple y attira encore cinq ou six autres, tant séculiers qu'ecclésiastiques, qui, étant comme eux dégoûtés du monde, se vinrent rendre les compagnons de leur pénitence. Mais ce n'était pas une pénitence oisive; pendant que les uns prenaient connaissance du temporel de cette abbaye, et travaillaient à en rétablir les affaires, les autres ne dédaignaient pas de cultiver la terre comme de simples gens de journée; ils réparèrent même une partie des bâtiments qui y tombaient en ruines, et, rehaussant ceux qui étaient trop bas et trop enfoncés, rendirent l'habitation de ce désert beaucoup plus saine et plus commode qu'elle n'était.

'La vie à Port-Royal était ascétique et singulièrement laborieuse.

Les solitaires se levaient à trois heures du matin. Après matines et laudes, ils baisaient la terre à la manière des Chartreux, puis ils passaient en prières de longues heures. Ils buvaient du cidre et de l'eau, un seul excepté. Quelques-uns portaient le cilice ; tous couchaient sur la paille. . . . Les pratiques dévotes n'absorbaient pas néanmoins tout le temps des solitaires. Pour arracher aux Jésuites la direction de la jeunesse, c'est-à-dire l'avenir, ils avaient établi à Port-Royal des écoles qui firent sa gloire et qui donnèrent Racine à la France. Lancelot fut le précepteur par excellence, Nicole le secondait, et Antoine Lemaistre ne dédaignait pas de fatiguer, au service d'un auditoire d'enfants, sa voix éloquente. Il y avait des heures consacrées au travail des mains, à élaguer des arbres, à pourvoir aux plantations. Mais ce qui devait immortaliser l'emploi de tant de graves journées, c'étaient tous ces doctes ouvrages que la littérature et l'enseignement doivent à Port-Royal. Ils vivaient ainsi heureux et fiers et s'énivrant d'espérances célestes. Quelquefois ils montaient, au déclin du jour, sur les hauteurs et ils faisaient retentir de leurs cantiques les échos de la vallée.'—*Louis Blanc,* '*Hist. de la révolution française.*'

Arnauld d'Andilly, father of the Mère Angélique, had now joined the band of recluses known as the 'solitaires de Port-Royal.' With his companions, who included the well-known author Nicole, and the hellenist Lancelot, he also devoted himself to the work of education. Amongst their pupils the most illustrious was Jean Racine, who became the historian of a community in which his sister had taken the veil, and to which his mother had retired. Many of the best known literary works of the age emanated from Port Royal. The *Logique* of Arnaud; the *Traités rudimentaires* of Lancelot; the *Ethiques* of Nicole; the *Histoire ecclésiastique* of Lenain de Tillemont, were written there. The abbey became a famous school, in which statesmen were proud of having studied. 'Ils sont marqués au coin de Port-Royal,' became a phrase of literary or religious commendation.

Twenty years had elapsed since the flight of the nuns from the malaria of Port Royal, when S. Cyran, who guided their actions from his prison at Vincennes, bade them return. 'If the site was unhealthy, it was as easy to serve God in a hospital as in a church, and no prayers were more acceptable to Him than those of the afflicted.' The Mère Angélique answered, that in a church, where the presence of angels and an ever holier Power had once rested, it must be resting still, and therefore she would do his bidding. Many of her nuns accompanied her. They were welcomed by the 'solitaires,' who included the nearest relatives of the abbess. This was their only meeting. The men returned to the farm of Les Granges: the gates of the abbey were closed upon the nuns. Gradually the report of the holy atmosphere of Port Royal des Champs led many great persons, weary of the turmoil of life, to establish themselves in their neighbourhood. The Duc and Duchesse de Luynes built a château there, and the Duchesses de Liancourt and de Longueville made frequent retreats at the abbey.

'Bound by no monastic vows, the men addressed themselves to such employments as each was supposed best qualified to fill. Schools for the instruction of youth in every branch of literature and science were kept by Lancelot, Nicole, Fontaine, and De Saci. Some laboured at the translation of the Fathers, and other works of piety. Arnauld plied his ceaseless toils in logic, geometry, metaphysics, and theological debate. Physicians of high celebrity exercised their art in all the neighbouring villages. Le Maître and other eminent lawyers addressed themselves to the work of arbitrating in all the dissensions of the vicinage. There were to be seen gentlemen working assiduously as vine-dressers; officers making shoes; noblemen sawing timber and repairing windows; a society held together by no vows, governed by no corporate laws, subject to no common superior, pursuing no joint designs, yet all living in unbroken harmony; all following their respective callings, silent, grave, abstracted, self-afflicted by fastings, watchings, and humiliations—a body of penitents on their progress through a world which they had resolved at once to serve and to avoid.

'Like the inhabitants of Les Granges, the nuns employed themselves in educating the children of the rich and poor, in almsgiving, and in other works of mercy. Angélique, as abbess, exhibited a princely spirit of munificence—nourished and sustained by the most severe and self-denying economy. She and her sisterhood reserved for themselves little more than a place on their own list of paupers. So firm was her reliance on the Divine bounty, and so abstemious her use of it, that she hazarded a long course of heroic improvidence, justified by the event and ennobled by the motive; but at once fitted and designed rather to excite the enthusiasm of ordinary mortals, than to afford a model for their imitation. Wealth was never permitted to introduce, nor poverty to exclude, any candidate for admission as a novice or a pupil. On one occasion twenty thousand francs were given as a relief to a distressed community; on another, four times that sum was restored to a benefactress, whose heart repented a bounty which she had no longer the right to reclaim. Their regular expenditure exceeded by more than sevenfold their certain income; nor were they ever disappointed in their assurance, that the annual deficiency of more than forty thousand francs would be supplied by the benevolence of their fellow-Christians.'—*Fitzjames Stephen.*

As advocate to Parliament, Antoine Arnauld, the father of the Mère Angélique, had pleaded before the Sorbonne for the expulsion of the Jesuits. This is supposed to have been the first cause of the remorseless vindictiveness of the Jesuits against his family. Arnauld also had praised the *Augustinus* of Jansenius, a Flemish bishop, unknown to ordinary readers, in which the Jesuits pretended that five heretical propositions were to be found, attacking the mystery of divine grace. The very existence of these propositions in the work he had approved was utterly denied by Arnauld. On this insignificant subject arose the great quarrel of Jesuits and Jansenists. The work of Jansenius had been condemned by the Pope, and the Port-Royalists were condemned by the Jesuits for not finding in that work the passages which the Pope said were to be found there. Anne of Austria was appealed to, and sent her officers to eject the nuns and recluses of Port Royal, but for the time the abbey was saved by an apparent miracle. Mlle Perrier, niece of Blaise Pascal, a scholar eleven years old, was apparently cured of *fistula lacrymalis* upon her eye being touched by a thorn from the Holy Crown preserved at Port Royal! The Court surgeon confirmed the truth of the story, and the queen-mother revoked her mandate against the place to which so great a grace had been granted.

The quarrel between the Jesuits and the Port-Royalists lasted sixty years, during which the Jesuits represented scholastic, the Jansenists spiritual, religion. During this time Blaise Pascal, who had joined the recluses of Port Royal des Champs, published his *Lettres Provinciales*. This for a time assisted to ward off the fall of the abbey, but at length an edict was obtained from Louis XIV., closing its schools, and forbidding the further admission of postulants to the convent: the number of the nuns was reduced by three-fourths.

At this time the Mère Angélique was in extreme old age. She went to die in the convent at Paris, and on her arrival found the royal officers already in possession and employed in dispersing the inmates. But she was permitted to expire within the monastic walls, and was brought back for burial to Port Royal des Champs, where the spot selected for her grave was just outside the grille of the nuns' choir.

After the death of their mother, the society of Port Royal, both at Paris and in the country, underwent renewed persecution from the Archbishop of Paris. 'They may be pure as angels,' he said, 'but they are proud as devils,' and he set himself to grind them to submission. But the Port-Royalists found a new defender in Anne Geneviève de Bourbon, Duchesse de Longueville (sister of the great Condé and the Prince de Conti), the heroine of the Fronde, who, at the close of its cruel and last war, had retired to the valley of Port Royal, and whose disinterested and generous conduct had obtained for her not only the pardon, but the reverence of Louis. By the personal influence of the duchess with the king, and by her eloquent letters to the pope (Clement IX.), the imprisoned Port-Royalists were set at liberty and the abbey and schools were reopened. Mme de Longueville herself came to reside permanently at Port Royal, in a hôtel which she built close to the abbey. It was here that she heard of the death of her son, killed in battle in 1672.

'Mme de Longueville fait fendre le cœur. . . . Mlle de Vertus étoit retournée depuis deux jours à Port-Royal, où elle est quasi toujours: on est allé la querir avec M. Arnauld, pour dire cette terrible nouvelle. Mlle de Vertus n'avoit qu'à se montrer ; ce retour si précipité marquoit bien quelque chose de funeste. En effet, dès qu'elle parut : "Ah ! Mademoiselle, comment se porte Monsieur mon frère ?" Sa pensée n'osa aller plus loin. "Madame, il se porte bien de sa blessure ; il y a eu un combat." "Et mon fils ?" On ne lui répondit rien. "Ah ! Mademoiselle, mon fils, mon cher enfant, répondez-moi, est il mort ?" "Madame, je n'ai pas de paroles pour vous répondre." "Ah ! mon cher fils ! est-il mort sur le champ ? n'a-t-il pas eu un seul moment ? ah, mon Dieu, quel sacrifice !" et la-dessus elle tombe sur son lit, et tout ce que la plus vive douleur peut faire, et par des convulsions, et par un silence mortel, et par des cris étouffés, et par des larmes amères, et par des élans vers le ciel, et par des plaintes tendres et pitoyables, elle a tout éprouvé. Elle voit certaines gens, elle prend des bouillons, parce que Dieu le veut ; elle n'a aucun repos ; sa santé, déjà très-mauvaise, est visiblement altérée, pour moi je lui souhaite la mort, ne comprenant pas qu'elle puisse vivre après une telle perte.'—*Mme de Sévigné*, '*Lettres.*'

Ten years of rest passed over the valley, in which the

most distinguished of the original recluses died, and were laid in its peaceful cemetery, with Racine, the warrior Prince de Conti, and the Duc de Liancourt, who had also sought a retreat there. In 1679 the Duchesse de Longueville also died. Mme de Maintenon, herself governed by the Jesuits, was now ruling the conduct of Louis XIV., the disreputable Harlay was Archbishop of Paris, and Port Royal, bereft of all powerful protectors, was doomed. The famous recluses were banished, the nuns were despoiled of their estates, they were interdicted the sacraments of the Church, and on October 29, 1709, the last fifteen remaining nuns were driven out of their convent by an armed force, some being so old and infirm that they had to be carried away in litters, and died from their removal.

'In a grey autumnal morning, a long file of armed horsemen, under the command of D'Argenson, was seen to issue from the woods which overhung the ill-fated monastery. In the name of Louis he demanded and obtained admission into that sacred enclosure. Seated on the abbatial throne, he summoned the nuns into his presence. They appeared before him veiled, silent, and submissive. Their papers, their title-deeds, and their property were then seized, and proclamation made of a royal decree which directed their immediate exile. It was instantly carried into effect. Far and wide along the summits of the neighbouring hills might be seen a thronging multitude of the peasants whom they had instructed, and of the poor whom they had relieved. Bitter cries of indignation and of grief, joined with fervent prayers, arose from these helpless people, as, one after another, the nuns entered the carriages drawn up for their reception. Each pursued her solitary journey to the prison destined for her. Of these venerable women, some had passed their eightieth year, and the youngest was far advanced in life. Labouring under paralysis and other infirmities of old age, several of them reached at once their prisons and their graves. Others died under the distress and fatigues of their journey. Some possessed energies which no sufferings could subdue. Mme de Renicourt, for example, was kept for two years in solitary confinement; in a cell lighted and ventilated only through the chimney; without fire, society, or books. "You may persecute, but you will never change Mme de Renicourt," said the archbishop; "for [such was his profound view of the phenomenon] she has a square head, and people with square heads are always obstinate."

'Last in the number of exiles appeared, at the gates of the abbey, the prioress, Louise de S. Anastasie Mesnil de Courtiaux. She had seen her aged sisters one by one quit for ever the abode, the associates, and the employments of their lives. To each she had given her parting benediction. She shed no tears, she breathed no murmur, nor for a moment betrayed the dignity of her office, nor the constancy of her mind. "Be faithful to the end," were the last words which she addressed to the last companion of her sorrows. And nobly did she fulfil her own counsels. She was conducted to a convent, where, under a close guard, she was compelled to endure the utmost rigours of a jail. Deprived of all those religious comforts which it is in the power of man to minister, she enjoyed a solace, and found a strength, which it was not in the power of man to take away. In common with the greater part of her fellow-sufferers, she died without any priestly absolution, and was consigned to an unhallowed grave. They died the martyrs of sincerity; strong in the faith that a lie must ever be hateful in the sight of God, though infallible popes should exact it, or an infallible Church, as represented by cardinals and confessors, should persuade it.

'Unsatiated by the calamities of the nuns, the vengeance of the enemies of Port Royal was directed against the buildings where they had dwelt, the sacred edifice where they had worshipped, and the tombs in which their dead had been interred. The monastery and the adjacent church were overthrown from their foundations. Workmen, prepared by hard drinking for their task, broke open the graves in which the nuns and recluses of former times had been interred. With obscene ribaldry, and outrages too disgusting to be detailed, they piled up a loathsome heap of bones and corpses, on which dogs were permitted to feed. What remained was thrown into a pit, prepared for the purpose, near the neighbouring churchyard of S. Lambert. A wooden cross, erected by the villagers, marked the spot; and many a pilgrim resorted to it, to pray for the souls of the departed, and for his own. At length no trace remained of the fortress of Jansenism to offend the eye of the Jesuits, or to perpetuate the memory of the illustrious dead with whom they had so long contended. The mutilated gothic arch, the water-mill, and the dovecot, rising from the banks of the pool, with the decayed towers and the farmhouse on the slopes of the valley, are all that now attest that it was once the crowded abode of the wise, the learned, and the good. In that spot, however, may still e seen the winding brook, the verdant hills, and the quiet meadows—Nature's indestructible monuments to the devout men and women who nurtured there affections which made them lovely in their lives, and hopes which rendered them triumphant in death.'—*Fitzjames Stephen.*

'La reine-mère, et le roi plus qu'elle dans les suites, séduits par les jesuites, s'étaient laisser persuader par eux le contradictoire éxact et précis de la vérité ; savoir que toute autre école que la leur en voulait à l'autorité royale, et n'avait qu'un esprit d'indépendance et républicain. Le roi là-dessus, ni sur bien d'autres choses, n'en savait pas plus qu'un enfant. . . . Ils parvinrent donc à disposer en plein de lui à leur gré, et par conscience et par jalousie de son autorité sur tout ce qui regardait cette affaire, et encore sur tout ce qui y avait le moindre trait, c'est-à-dire sur toutes choses et gens qu'il leur convenait de lui montrer par ce côté.

'C'est par où ils dissipèrent ces saints solitaires illustres que l'étude et la pénitence avait assemblés à Port-Royal, et qui firent de si grands disciples, et à qui les chrétiens seront à jamais redevables de ces ouvrages fameux qui ont répandu une si vive et si solide lumière pour discerner la vérité des apparences, le nécessaire de l'écorce, en faire toucher du doigt l'étendue si peu connue, si obscurcie, et d'ailleurs si déguisée, éclairer la foi, allumer la charité, développer le cœur de l'homme, régler ses mœurs, lui présenter un miroir fidèle, et le guider entre la juste crainte et l'espérance raisonnable. C'était donc à en poursuivre jusqu'aux derniers restes, et partout, que la dévotion du roi s'exerçait, et celle de Mme de Maintenon conformée à la sienne, lorsqu'un autre champ parut plus propre à présenter à ce prince.'—*S. Simon*, '*Mémoires*,' 1715.

'Je ne veux pas dire que en ce qui regarde les solitaires de Port-Royal, l'accusation de jansénisme soit tout à fait sans fondement ; mais ces doctrines, dans la mesure où les professaient les maîtres de l'école, étaient certainement inoffensives. Quelles que fussent d'ailleurs les opinions de ces solitaires, leurs mœurs étaient irréprochables. On n'en pouvait pas dire autant de leurs adversaires. Cette guerre déclarée à une institution qui ne s'était révélée que par ses mérites, dont les membres n'aspiraient à aucune domination, est une des pages les plus tristes qui appartiennent à l'histoire du xviie siècle. Du côté de Port-Royal étaient des vertus, la conscience, les lumières, les grandes œuvres ; du côté de leurs adversaires était la ruse. Ce fut la ruse qui triompha.'—*P. Barrère*, '*Les écrivains français*.'

It was in January 1710 that the destruction of the buildings of Port Royal was ordered by royal edict, and, in 1712, the church was pulled down. The bodies of the Arnauld family, of Racine, De Saci, and Lemaître had already been removed by their relations, but the tombs of the other Port-Royalists were desecrated and their remains exhumed.

Port Royal is now the property of the Duc de Luynes,

PORT ROYAL.

who has cleared out the area of the noble church (built by the architect of Amiens cathedral), showing the bases of its columns. A walnut tree is pointed out as contemporary with the Mère Angélique, and a well which is called 'la fontaine de la Mère Angélique.' The cellars of the Hôtel de Longueville also exist, and considerable remains of Les Granges. Amongst the many monumental slabs torn up from the church were those of the Arnaulds, and Sacys, of Nicole,

Pascal, and Racine. The last, after finding a temporary resting-place in the church of Magny-les-Hameaux, is now in S. Etienne du Mont at Paris. Many of the bodies from Port Royal were removed to the church of S. Lambert on the road to Chevreuse, with some monuments to the nuns, which may still be seen.

A drive from Versailles or Trappes to Port Royal may easily be continued to embrace Dampierre and Chevreuse, whence one may return to Paris by the line from Limours (see Ch. XVI.). It is 5 *k.* from Port Royal to Dampierre, or 6 *k.* (direct) to Chevreuse, which is 4 *k.* from Dampierre. The great agricultural institute of *Grignon* (Ch. XVIII.) established in a Louis XIV. château, which was sometimes used as a residence by Napoleon I., may also be visited from Trappes.

33 *k. La Verrière,* which takes its name from a château, which belonged to the Comte de la Valette. An omnibus leaves the station of La Verrière twice a day for Dampierre (Ch. XVI.), 13 *k.* (75 c. ; 50 c.). The road passes *Mesnil S. Denis,* a château of temp. Louis XIII. In the church are two XVI. c. statues of SS. Fiacre and Catherine. To the south is the pretty little valley of the Yvette, on the north bank of which is a XIII. c. chapel, which is the only existing remains of the *Abbey of Notre Dame de la Roche.* In the interior of the nave and transept are a number of gravestones of abbots, and the choir tombs of the family of Levy, followers of Simon de Montfort in the Albigensian crusade. The keys of the chapel are kept at the farmhouse, which has a fine old chimney-piece.

Twenty minutes of descent take us from the chapel to *Levy-Saint-Nom,* a picturesque village on the Yvette. In the church is an ancient (stucco) image of the Virgin, brought from the chapel of Notre Dame de la Roche, and supposed to have been originally dug up by a bull with his horns, of a miraculous reputation, which twice a year (March and September) brings mothers to touch it with the linen of their children. A payment of 10 c. is demanded for every shirt which touches the holy image. At the bottom of the valley are the ruins of an unfinished château, begun in the XVI. c. by Jacques de Crussol, 'grand-panetier de France.'

(An omnibus runs between La Verrière and Montfort l'Amaury, 12 *k.* distant (see Ch. XVIII.). The road passes the ruined castle of *Maurepas*, one of the domains which Louis XIV. gave to his minister, Louis Phélippaux, in exchange for Marly. When this castle was taken by the English, in the reign of Charles VI., and its garrison were tried, one of them, named Moniquet, confessed to having thrown down seven men alive into the castle well and crushed them by hurling huge stones upon their heads.[1] The village of *Le Tremblay* is remarkable for its château, which belonged to the family of Leclerc du Tremblay, of which the famous Père Joseph, the confidential friend of Cardinal Richelieu, was a member.)

A little east is the moated *Château de Pontchartrain* (see Ch. XVIII.).

38 *k. Les Essarts du Roi.*—To the right of the railway, before reaching this station the train passes the site of the *Priory of Haute-Bruyère* (destroyed at the Revolution), which was founded by the notorious Bertrade de Montfort, queen of Philippe I. Its chapel contained her tomb, with those of her illustrious descendants the Comtes Simon and Amaury

---

[1] *Journal du règne de Charles VI.*

de Montfort. Here also the heart of François I., afterwards moved to S. Denis, was long preserved in a vase of white marble. Nothing remains except the Chapelle des Pères, for in the order of Fontevrault a convent for men was always attached to a monastery for women.

The château of *Artoire* was built under Louis XIV. Pedestrians may reach the ruins of Vaux le Cernay (Ch. XVI.) in a walk of 1½ hour from Les Essarts.

CHÂTEAU DE RAMBOUILLET

48 *k. Rambouillet* (Hotel *du Lion d'Or; Dauphin; Croix Blanche*). A town almost confined to a single street, La Grande Rue, 3 *k.* in length : in it is a Hospice founded by the Comte de Toulouse in 1731.

The *Château*, preceded by a Cour d'Honneur, has an enormous round tower, battlemented and machicolated, the only remnant of the ancient moated castle, which was entered by a drawbridge, and which belonged to the family D'Angennes, of whom Jean d'Angennes sold Cherbourg to the English. The last of the family was Charles d'Angennes, whose wife, the Marquise de Rambouillet, was celebrated as the literary leader of the XVII. c. Her eldest daughter brought Rambouillet by marriage to the Duc de Montausier, governor of 'Monseigneur,' son of Louis XIV. The property was sold by Fleuriau d'Armenonville to the Comte de Toulouse, the legitimised younger son of Louis XIV. and Mme de Montespan, whose son, the Duc de Penthièvre, sold it for sixteen million francs to Louis XVI. The king was devoted to the place, but Marie Antoinette detested it. 'Que voulez-vous que je fasse dans cette crapaudière?' she said, when the king wanted to take her there. Rambouillet became national property under the Republic; it was part of the civil list of Napoleon I., Louis XVIII., Charles X., and Napoleon III.

The main buildings of the château date from the XV. c., but have been altered in the XVI. c. and XVII. c. They are very picturesque as seen from the gardens, which were adorned by the Comte de Toulouse with tanks, lime-avenues, and statues, after the fashion of Versailles.

Cardinal de Bellay was frequently here in the time of D'Angennes, to whom he was nearly related, and in his suite, as a doctor, came Rabelais.

'Il y a au pied du château, une fort-grande prairie, au milieu de laquelle, par une bizarrerie de la nature, se trouve comme un cercle de grosses roches, entre lesquelles s'élèvent de grands arbres qui font un ombrage très-agréable. C'est le lieu où Rabelais les divertissait, à ce qu'on dit dans le pays. Et encore aujourd'hui, on appelle une certaine roche creuse et enfermée la marmite de Rabelais.'—*Tallemant des Réaux*, 1658.

The spot thus spoken of is now surrounded by water and called *L'Ile des Roches*, but the cave of Rabelais is still to be seen there. The *Ferme expérimentale* is due to Louis XVI., and the *Laiterie de la Reine* was made by him for Marie Antoinette, to console her in temporary absences from her beloved Trianon. It was afterwards a favourite spot with Marie Louise, for whom Napoleon I. redecorated

GARDENS OF RAMBOUILLET.

the little temple, the original decorations having been removed to Malmaison.

It was in the old palace of Rambouillet that François I. died, March 13, 1547.

'Une fièvre lente consumait ce monarque, qui usait de château en château sans trouver nulle part de repos ni de soulagement ; il fut enfin obligé de s'aliter à Rambouillet, et les progrès d'un ulcère invétéré, qui le tourmentait depuis huit ans, ne laissèrent bientôt plus d'espoir. Ses derniers avis à son fils furent de diminuer les impôts, de conserver pour ministres d'Annehaut et le cardinal de Tournon, de ne point rappeler Montmorenci aux affaires, et de se garder surtout d'y appeler les Guises, "parce qu'ils tendroient de mettre lui et ses enfants en pourpoint et son peuple en chemise."

'Les paroles du mourant devaient être oubliés avant que son corps fut refroidi: Diane de Poitiers et le Comte d'Aumale étaient là, épiant joyeusement les progrès de l'agonie royale. "Il s'en va, le galand, il s'en va," disait François de Guise.'—*Martin, 'Hist. de France.'*

Catherine de Medicis and Charles IX. waited at Rambouillet for the issue of the battle of Dreux. Since then its principal visitors have been fallen royalties in flight. Léon Gozlan says that the gate of the château is the funeral arch through which the dynasties of France have passed to the grave. Henri III. fled hither from Paris on the day of the barricades, and 'y coucha tout botté.' Marie Louise came hither, March 29, 1814, flying from Paris, followed, on the next day, by Joseph Bonaparte. Returning to Rambouillet a month later, the Empress received the visit of the allied sovereigns here, and set out hence for Vienna. In the following year Napoleon came hither after his second abdication, on his way to Rochefort, where he intended to embark for America. At the close of the 'comédie de quinze ans' Charles X. fled hither (July 31, 1830) from S. Cloud, and here he abdicated and the Duc d'Angoulême abandoned his rights, in favour of the Duc de Bordeaux, who was proclaimed as Henri V.[1]

'Le roi Charles X. arriva à Rambouillet; il avait rejoint sur la route Mme la duchesse de Berry; il était escorté par les gardes du corps et par la gendarmerie d'élite.

[1] Louis XIV. reigned: his son did not reign; Louis XV. reigned: his son did not reign; Louis XVI. reigned: his son did not reign; Napoleon I. reigned: his son did not reign; Charles X. reigned: his son did not reign; Napoleon III. reigned: his son did not reign.

'Il fut reçu, non plus avec les démonstrations de joie et les airs de fête qui y accueillaient naguère sa présence, mais en prince malheureux et fugitif. Aucune lumière n'avait été préparée dans la cour d'honneur. La voiture vint se ranger au pied du perron.

'C'était dans ce même château que Napoléon, fuyant de la Malmaison, était venu, lui aussi, passer la première nuit de son éternel exil.

'Le lendemain 1ᵉʳ août, à cinq heures du matin, y arriva Mme la duchesse d'Angoulême, partie de Vichy l'avant-veille. . . . Elle tourna Paris, traversa Versailles costumée en paysanne, et dans une des petits voitures publiques qui desservaient les environs, traversa les bandes d'insurgés et atteignit enfin Rambouillet en compagnie du Dauphin, qui, averti, était venu au-devant d'elle. Le roi s'avança jusqu'au perron pour la recevoir; elle se jeta dans ses bras.

'"Ah! mon père," s'écria-t-elle, "mon père, qu'avez-vous fait? Du moins," ajouta-t-elle, "nous ne nous séparerons plus."'—*Souvenirs du Duc de Broglie.*

Under Napoleon III. the palace of Rambouillet was made a refuge for the children of officers—'l'Ecole d'essai des enfants de troupe.'

There are pleasant drives and walks in the Forest of Rambouillet. At *S. Hilarion* are ruins of a XIII. c. chapel.

XVIII.

MONTFORT-L'AMAURY AND DREUX.[1]

THE line (from the Gare Montparnasse) is the same as Ch. XVII., as far as S. Cyr: hence it crosses featureless corn-lands by—

29 *k. Villepreux-les-Clayes.* In the woods of *Arcy* near Villepreux, a fête is held on Whit Monday, at the *Chapelle S. Jouan.*

33 *k. Plaisir-Grignon.* An omnibus takes travellers in fifteen minutes to the great agricultural institution of Grignon, founded in 1827. The handsome church of Grignon is XIII. c.

40 *k. Villiers-Néauphle.* On the right, in the valley of the Mauldre, at *Néauphle-le-Vieux,* are considerable remains of a Benedictine abbey and church, founded 1066, and now turned into a farm. 2 *k.* left of the station is the noble moated *Château de Pontchartrain,* built by Paul Phélypeaux Secretary of State (ob. 1621), and enriched by his descendants, who for four generations filled high government offices. It is now occupied by Comte Henchel de Donnersmack.

An omnibus connects the station with *Beynes,* where the

---

[1] These two places may be united in a pleasant summer day's excursion from Paris. It will then be necessary to leave Montfort-l'Amaury station for Dreux at 1.56.

church contains a magnificent renaissance retable, and which has remains of a moated castle, flanked by eight towers.

45 k. *Montfort-l'Amaury.* It is 2 k. from the station, by a straight avenue of planes, to the quaint, seldom-visited town (omnibus, 40 c. ; Hotel *des Voyageurs; de Paris*—good restaurant), which is overlooked by the ruined castle of the Comtes de Montfort. This famous family descended from Charlemagne, through Judith (daughter of Charles le Chauve), who married Baudouin Bras-de-fer, Comte de Flandre. Their grandson, Guillaume, Comte de Hainaut, married the heiress of Epernon and Montfort. He fortified the latter place, which took the name of his son, Amaury. Simon, son of Amaury, was the father of the famous Bertrade, who fled from her first husband, Foulques de Réchin, Comte d'Anjou, to marry Philippe I. of France, who was already married himself. The pair were excommunicated, nevertheless Bertrade lived prosperously with the king for sixteen years, and even contrived to reconcile her first and second husbands, and dine with them together at Angers, and sit with them under the same canopy at church—the king by her side, Foulques on a stool at her feet. Bertrade died a nun. Her brother, Amaury IV., a famous warrior, sometimes the ally and often the enemy of his sovereign, was the grandfather of the celebrated and cruel Simon de Montfort, who overthrew the Counts of Toulouse, and acquired their dominions. His son, Amaury VII., resigned the countship of Toulouse to Louis VIII., for the dignity of constable.

But the family history was by no means ended yet. The son of Amaury VII. only left a daughter, who married (1250) the Comte de Dreux Yolande, heiress of Dreux and

Montfort, married first Alexander III. of Scotland, and secondly Arthur II., Duc de Bretagne. The son of her second marriage, Jean de Montfort, disputed the ducal crown with his niece, Jeanne, wife of Charles de Blois. The son of Jean de Montfort, of the same name, after gaining the battle of Auray, where his rival was killed, became duke, and the Dukes of Brittany continued to be also Counts of Montfort till the marriage of Anne of Brittany with Charles VIII., and afterwards with Louis XII. In 1537, François I. gave up to Spain the countship of Montfort-l'Amaury, but recovered it seven years after. It afterwards belonged to Catherine de Medicis, to her son the Duc d'Anjou, then to the Duc d'Alençon. At the death of the latter, Henri III. gave it to the Duc d'Epernon. Returning to the Crown, it was exchanged, in 1692, by Louis XIV. with the duchy of Chevreuse. Never had fortress so many illustrious owners.

The splendid *Parish Church*, chiefly renaissance, has some small remains of the original building, given to the abbey of S. Magloire at Paris, in 1072. The choir is XV. c., except the flying buttresses added in the XVI. c., to which the nave belongs. The tower is of 1613. The vaulting of the side aisles has very rich pendants. A great deal of fine stained-glass of 1578 remains, most of the windows—superb in colour—representing scriptural subjects, with the donors kneeling in front, often presented by their patron saints. In the first window (right) kneel Henri III. and Catherine de Medicis, attended by pages and ladies. Facing the church is the castle on its hill, and *La Porte Bardou* closing the uphill street, and supposed to derive its name from Hugues Bardoulf, father-in-law of Simon de Montfort.

From a side street on the right, in ascending the hill, a pretty flamboyant portal gives access to the XV. c. cloisters of a convent, with good wooden vaulting, the enclosed space being now used as a cemetery. Amongst the tombs is that of the Duchesse de Béthune-Charost, daughter of the Marquise de Tourzel, governess of Louis XVII. Little remains of the castle except two towers, one hexagonal, of admirable brick- and stone-work. There are some ruins of another castle near the château of *Groussaye.*

PORTE BARDOU, MONTFORT-L'AMAURY.

The modern chapel of *Notre Dame du Chêne,* on the road to Artoire, contains a 'miraculous' statue of the Virgin, said to have been found in an oak. Near this is the XVII. c. château of *Mesnuls,* which belongs to the Comte de Nogent. In the neighbouring forest of *S. Léger* was the

Château de S. Hubert, a richly-decorated hunting-lodge, built by Gabriel for Louis XIV. and destroyed by Louis XVI.

56 k. *Tacoignières*. To the right of the line is *Richebourg*, which has a fine XV. c. church, with a peculiar and graceful spire.

63 k. *Houdan* (omnibus, 25 c.), the ancient Hodincum, retains its old fortress-tower, built by Amaury III. de Montfort (*c.* 1130). It has a fine unfinished gothic church, and (39 Rue de Paris) a richly-ornamented old timber mansion. 6 k. east, at *Gambais*, is a large moated château of the XIV. c.

82 k. *Dreux* (Hotel *du Paradis*, good), crowned by its royal burial-place, and the remains of the castle of the Comtes de Dreux.

The town—said to have been the capital of the Durocasses in the reign of Agrippa—has sustained many sieges, and (December 19, 1562) was the scene of a sanguinary battle, between the protestants under Condé and Coligny, and the catholics under the 'triumvirate' of the Constable de Montmorency, the Duc de Guise, and Maréchal S. André. Eight thousand men fell in the battle, in which the catholics were victorious, the Prince de Condé on the protestant side, and Montmorency on the catholic side, being taken prisoners, and S. André being killed.

The magnificent *Church of S. Pierre* is chiefly flamboyant, but the choir and the columns of the nave are XII. c. and XIII. c. The fine gothic portal is by Clément Métézeau, a native of Dreux. The stained glass is of great beauty and interest. In the nave are remains of a series of the Apostles; in the choir several noble life-size figures of saints ; in the south transept the Descent from the Cross and the Sacrifice of Isaac. In the side chapels are a Crucifixion ; scenes from the story of the sainted shoemakers, Crispin and Crispinian ; the Ascension ; the Baptism of Clovis ; S. John ; Notre Dame de Pitié ; S. Blaise ; S. Sebastian ; fragments of the story of Notre Dame de Lorette, and of that of S. Fiacre. The (restored) windows of the Chapelle de la Vierge narrate the history of the

DREUX.

Virgin. Some of the side chapels of the nave have remains of frescoes representing the pilgrimage of the inhabitants of Dreux to S. James of Compostella, in the XVII. c. and XVIII. c. On the wall facing the altar is an armed knight, with the epitaph of Mercœur de France, 1562. A curious *bénitier* of XII. c. comes from the old collegiate church of S. Etienne. The organ is of 1614.

Near the church is a very fine old clock-tower. The renaissance *Hôtel de Ville* was built 1512-1537. It contains a sculptured portal from the Château de Crécy, and armour found on the battlefield of Ivry. The bell, founded under Charles IX., is surrounded with a representation of the Procession des Flambarts, which formerly took place at Christmas at Dreux.

The Orleans Chapel rises picturesquely on the hill at the end of the principal street. There are two ascents, one for carriages, and a shorter one for pedestrians, winding up to the grounds of the château, which are open to the public. Very little of the ancient castle remains, but its enclosure is occupied by a garden, in the centre of which is the *Chapelle royale*, built by the Dowager Duchess of Orleans in 1813, and gothicised by Louis Philippe in 1839. The architecture is wretched, but the contents are of the deepest interest. For admission apply to the *concierge* on the left of the entrance to the garden. Only funeral services are now held here. Since the 'château en planches' was destroyed in 1848, the family have arrived for the services in the morning, leaving again in the afternoon.

The beautiful stained windows of the antechapel represent Christ in the Garden of Olives; the Deposition; S. Arnould washing the feet of pilgrims; and S. Adelaide, Queen of Hungary, distributing alms.

The rotunda or choir is the original part of the church. The beautiful glass of the windows has figures of saints— the Duc d'Orléans is represented as S. Ferdinand, Princess Louise as S. Amélie, Louis Philippe as S. Philippe. A stair descends behind the altar to the crypts and chapel of the Virgin, entirely occupied by the royal monuments.

Right of the steps is the tomb of Mlle de Montpensier, the two-years-old daughter of Louis Philippe, by Pradier.

Left of the steps, the Duc de Penthièvre, eight years-old son of Louis Philippe.

Facing the steps, the huge tomb of King Louis Philippe and Queen Marie Amélie, arranged to support their effigies—that of the king standing, with his hand resting upon the kneeling queen.

Right. Princess Marie, Duchess of Wurtemberg. The angel above was her last work in sculpture.

Right, in the sanctuary. The Duc d'Orléans, eldest son of Louis Philippe, 1842. The tomb was designed by Ary Scheffer, and is very noble and touching. Behind (in a separate chapel, being a Protestant) is Hélène de Mecklembourg-Schwerin, Duchesse d'Orléans (1858), her hand outstretched from the dark chapel, so as almost to touch her husband.

Right. Maria Clementina of Austria, Princess of Salerno, mother of the Duchesse d'Aumale.

Left. Mme Adélaïde, 1847, sister of Louis Philippe, beautiful in lace and ermine; by Millet.

Left. The crowned figure of the Duchesse d'Orléans, mother of Louis Philippe, and foundress of the chapel—exquisitely beautiful.

Left. The Duchesse de Bourbon-Condé, aunt of the king, and mother of the Duc d'Enghien.

Turning left from the steps. Two children of the Comte de Paris; an exquisite work of Franceschi. A child, bearing a cross with one hand, lifts his baby brother to eternity with the other.

Left. Prince Ferdinand, son of the Duc de Montpensier; by Aimé Millet. An exquisitely beautiful tomb, and simple touching figure.

Opposite, right. Prince Louis, son of the Duc de Montpensier; by Millet. A veiled figure.

Left. Six children of the Duc d'Aumale.

Left. Louis Philippe, Prince de Condé, eldest son of the Duc d'Aumale, who died at Sydney in his twenty-first year, September 1866.

Left. François, Duc de Guise, last son of the Duc d'Aumale, who died at eighteen, July 25, 1872.

Right, opposite. Caroline, Duchesse d'Aumale, 1869, with a beautiful statue by Alfred Lenoir.

Turning right from steps. Prince Robert, son of the Duc de Chartres, aged eighteen.

A beautiful series of windows represents the life of S. Louis.

The tomb of the Duc de Penthièvre, maternal grandfather of Louis Philippe (father-in-law of the Princesse de Lamballe), was violated in 1793. In side passages are some exquisite windows, each being a picture on a single sheet of glass, executed at Sèvres by Brongniart and Robert.

A little north-east of Dreux is *Abondant*, whither Mme de Tourzel, governess of the children of Louis XVI., retired after the death of Robespierre, having escaped miraculously from the guillotine, with her two daughters—the Duchesse de Charost, and Pauline, afterwards Comtesse de Béarn and authoress of *Souvenirs de Quarante Ans*. Here this faithful friend of Marie Antoinette is buried, with the epitaph—

'Hic jacet L. E. F. T. A. M. J. de Croy, Ducissa de Tourzel, regiae sobolis gubernatrix. Fortis in adversis, Deo regique fidelis, vere mater pauperum, pertransivit benefaciendo, omnibus veneranda, magno prolis amore dilecta. Abiit anno aetatis 82. Requiescat in pace.'

Architects especially will not fail to prolong their excursion to the interesting remains of the *Château d'Anet*, near the station of Ezy-Anet, 21 *k*. from Dreux, on the line to Louviers. See *Western France*.

INDEX.

A.

Abbaye aux Bois, 312
    Corneille, 234
    de Maubuisson, 196
    de Port Royal, 330
    de Royaumont, 203
    S. Denis, 162
    du Val, 192
    du Val Profond, 312
    de la Victoire, 224
Ablon, 292
Abondant, 358
Andilly, 188
Anet, 358
Antony, 311
Arcueil, 302
Argenteuil, 160
Artoire, 345
Asnières, 106
Athis-Mons, 292
Auger S. Vincent, 225
Aulnay, 151, 305
Aumône, 197
Auvers, 193

B.

Barbery, 225
Bayons, 160
Beauregard, château de, 264
Beaumont-sur-Oise, 204
Bellevue, 323
Beynes, 350
Bicêtre, 302
Blèvre, 312
Blaville, château de, 297
Bois de Meudon, 322
    le Roi, 268
    de Vincennes, 253
Boissy-S.-Léger, 255
Bondy, 257
Boran, 205
Bougival, 125
Bourg-la-Reine, 303
Boutigny, 290
Bretigny, 297
Breuillet, 297
Brie-Comte-Robert, 256
Briis, 317
Brimborion, 324
Brunoy, 265
Buzenval, château de, 125

C.

Célestins, château des, 154
Celle S. Cloud, 125
Chaillot, 158
Chamant, 225
Chamarande, 298
Chambourcy, 118
Champlâtreux, château de, 204
Channevières, 255
Chantilly, 212
Charenton-le-Pont, 263
Chasse, château de la, 188
Chastenay, 311
Chatillon-sous-Bagneux, 303
Chatou, 108
Chaville, 324
Chaud-Moncel, 255
Chelles, 258
Chevreuse, 313

Chilly, 312
Choisy-le-Roi, 290
Clagny, 105
Clamart, 317
Colombes, 158
Compiègne, 228
Conflans, 263
Conflans-S.-Honorine, 145
Corbeil, 287
Courbevoie, 1
Creil, 206
Crépy-en-Valois, 225
Créteuil, 264
Crosne, 264
Cucufa, pool of, 123

D.

Dammarie-les-Lys, 268
Dammartin, 242
Dampierre, 314
Domont, 202
Dourdan, 297
Dreux, 354

E.

Echaffour, forest of, 108
Ecouen, 201
Enghien-les-Bains, 185
Epinay-sur-Orge, 292
Epône, 151
Ermenonville, 243
Essonnes, 289
Etampes, 298
Etrechy, 298
Eury-sur-Seine, 287

F.

Fleury, 318
Fontainebleau, 269
Fontaine-le-Port, 268
Fontenay-aux-Roses, 303
Forest of Carnelle, 204
    Chantilly, 219
    Compiègne, 234
    Fontainebleau, 282
    Halatte, 227
    Marly, 142
    Montmorency, 188

Forest of Rambouillet, 349
    S. Geneviève, 292
    S. Germain, 117
    S. Léger, 353
    Sénart, 287
    Sequigny, 292
Forges-les-Bains, 317
Froment, château de, 286
Fourqueux, 142

G.

Gambais, 354
Gassicourt, 155
Gif, 313
Grignon, 343
Grillon, 297
Grolay, 188
Gros Bois, château de, 255
Groslay, 201

H.

Halatte, forest of, 227
Haute-Bruyère 344
Houdan, 354

I.

Issy, 318
Ivry, 290
Jonchère, La, 125
Juilly, 240
Juvisy-sur-Orge, 292

L.

L'Abbaye, 264
La Ferté-Alais, 289
Lamotte, 227
Lardy, 298
La Varenne S. Maur, 255
La Verrière, 343
Les Essarts du Roi, 344
Les Loges, 118
L'Isle Adam, 204
Le Tremblay, 344
Levy-S.-Nom, 343

INDEX

Limay, 154
Limours, 317
Livry, 257
Longport, 294
Longueil S. Marie, 227
Louveciennes, 143
Luzarches, 204

M.

Maisons-Alfort, 264
Maisons Laffitte, 144
Maisse, 290
Malesherbes, 290
Malmaison, La, 121
Mantes, 151
Maffliers, 203
Marcoussis, 295
Mareil Marly, 118
Marly-la-Machine, 126
Marly-le-Roi, 126
Massy, 311
Maubuisson, 196
Maule, 151
Maurepas, 344
Meaux, 260
Medan, 149
Melun, 265
Méréville, château de, 301
Meriel, 191
Mery, 191
Mesnil-Aubry, 202
Mesnil, château de, 156
Mesnil S. Denis, 343
Mesnuls, château de, 353
Meudon, 318
Meulan-les-Mureaux, 150
Meunecy, 289
Milly, 290
Monnerville, 301
Monsoult, 203
Monte Cristo, villa of, 109
Mont-l'Evêque, château de, 224
Montfort-l'Amaury, 351
Montgeron, 264
Montlhéry, 294
Montmorency, 186
Mont Valérien, 1
Moret, 284
Morfontaine, 211
Morienval, 239
Morlaye, château de, 205

N.

Nanterre, 106
Nantouillet, 240
Néauphle-le-Vieux, 350
Nogent-les-Vierges, 207
Nogent-sur-Marne, 254
Notre Dame de la Roche, 343

O.

Orsay, 312

P.

Palaiseau, 310
Parc-aux-Dames, 225
Pecq, Le, 109
Persan-Beaumont, 204
Petit Bourg, 287
Pierrefonds, 236
Poissy, 145
Pontchartrain, château de, 344
Pontoise, 193
Pont-S.-Maxence, 227
Port Marly, 126
Port Royal, 330
Presles, 204
Puteaux, 1

R.

Raincy, Le, 257
Rambouillet, 345
Retz, Désert de, 142
Ris-Orangis, 286
Rivecourt, 228
Robinson, 305
Roche-Guyon, La, 156
Roquemont, 204
Roquencourt, 118
Rosay, 157
Rosny, 157
Rouville, château de, 290
Royaumont, 203
Rueil, 119

S.

S. Brice, 201
S. Chéron, 297
S. Cloud, 2

S. Corentin, 157
S. Corneille, abbey of, 234
S. Cyr, 324
S. Denis, 162
S. Fiacre, 118
S. Firmin, 219
S. Geneviève, château de, 293
S. Germain-en-Laye, 109
S. Hilarion, 349
S. Hubert, château de, 354
S. Jean aux Bois, 239
S. Leu-d'Esserent, 205
S. Leu Taverny, 189
S. Maur-les-Fossés, 254
S. Maur-Port-Créteil, 254
S. Michel, 294
S. Pierre, 235
S. Remy, 312
S. Sauveur, hermitage of, 154
S. Sulpice de Favières, 297
S. Waast-de-Longmont, 228
Sarcelles-S.-Brice, 201
Sartrouville, 145
Savigny-sur-Orge, 292
Sceaux, 306
Sénart, 287
Senlis, 220
Senlisse, 314
Sequigny, 292
Sèvres, 13
Soisy, 186
Sucy-Bonneuil, 255
Suresnes, 1
Survilliers, 211

T.

Tacoignières, 354
Taverny, 191
Thiais, 292
Trappes, 330
Trianon, Grand, 95
   Petit, 99
Triel, 149

V.

Val, 318
Val, abbaye du, 192
Valmondois, 193
Vaux, 149
 le-Cernay, 315

Vaux-le-Pény, 266
 -Praslin, 266
Vétheuil, 156
Verberie, 227
Verneuil, 149
Vernouillet, 149
Versailles, 16
 Antichambre du Roi, 64
  de la Reine, 73
 Appartements du Duc de Bourgogne, 77
  de Cardinal Fleury, 77
  du Duc de Maine, 30
  de Mme du Barry, 57
  de Mme de Maintenon, 78
  de Mesdames, 88
  de Monsieur, 86
  du Duc de Penthièvre, 77
  Petits, de Marie Antoinette, 63
  de Louis XV., 53
 Attique du Nord, 33
 Bassin d'Apollon, 93
  de Neptune, 93
 Bibliothèque de Louis XVI., 56
 Bosquet d'Apollon, 94
  de la Colonnade, 93
  de la Reine, 93
 Cabinet de Chasses, 56
  des Perruques, 52
  du Roi, 52
 Cathedral of S. Louis, 104
 Chambre à Coucher de Louis XIV., 57
  de la Reine, 75
 Chapelle, 26
 Cour des Cerfs, 56
  de la Chapelle, 26
  Grande, 25
  de Marbre, 24
  des Princes, 25
  des Statues, 24
 Escalier des Ambassadeurs, 56
  des Cent Marches, 104
  de Marbre, 78, 83, 85
  des Princes, 86
  de Provence, 86
  du Roi, 87

Versailles—
    Galerie des Batailles, 78
            de Constantin, 33
            des Glaces, 50
            de Louis XIII., 88
            des Peintures, 44
            des Peintures Historiques, 80
    Galeries de l'Empire, 86
            de l'Histoire de France, 30
            des Sculptures, 32, 86
    Gardens, 89
    Grand canal, 93
    Musée, 29
            de la Révolution Française, 105
    Orangerie, 92
    Parterre du Midi, 92
    Pavillon de la Surintendance, 78
    Pièce d'Eau des Suisses, 92
    Place d'Armes, 24
    Quinconce du Midi, 93
    Salle d'Abondance, 47
            des Amiraux, 87
            d'Apollon, 48
            des Bonaparte, 84
            des Bourbon, 78
            des Cent Suisses, 77
            des Connétables, 87
            du Conseil, 52
            des Croisades, 33
            de Diane, 47
            des Etats-généraux, 47
            des Gardes, 64
            des Gardes de la Reine, 75
            de la Guerre, 50
            des Guerriers Célèbres, 88
            d'Hercule, 45
            du Jeu de Paume, 104
            de Mars, 47.

Versailles—
    Salle des Maréchaux, 87
            des Marines, 86
            de Mercure, 48
            de l'Œil de Bœuf, 62
            de l'Opéra, 30
            d'Or et d'Argent, 56
            d'Orléans, 83
            de la Paix, 64
            des Pendules, 55
            des Porcelaines, 56
            de la Reine, 70
            des Résidences royales, 87
            des Rois de France, 87
            du Sacre, 75
            des Tableaux-Plans, 87
            des Tombeaux, 86
            de Vénus, 47
    Tapis Vert, 92
    Vestibule de Louis XIII., 87
Vésinet, Le, 108
Viarmes, 203
Victoire, abbaye de la, 224
Vigny, 150
Villecresnes, 256
Ville d'Avray, 13
Villegenis, château de, 310
Villemouble-Gagny, 258
Villeneuve-l'Etang, 12
            S. Georges, 264, 286
Villepreux-les-Clayes, 350
Villers S. Paul, 210
Villiers Néauphle, 151, 350
Vincennes, 245
Viroflay, 324
Vitry-sur-Seine, 290

Y.

Yères, 264
Yvette, the, 314

PRINTED BY
SPOTTISWOODE AND CO., NEW-STREET SQUARE
LONDON

www.ingramcontent.com/pod-product-compliance
Lightning Source LLC
Chambersburg PA
CBHW050303170426
43202CB00011B/1797